# 蒙台梭利文集

第三卷

家庭中的儿童
童年的秘密

[意]蒙台梭利 著

田时纲 译

人民出版社

# 目  录

# 目 录

## 第一部分

## 第二部分

## 第三部分

# 家庭中的儿童

Il bambino in famiglia

# 一张白纸

　　我们的方法（为了同众多创建新型学校的现代试验相区分，以个人名称命名）提供发现儿童道德特征的机会，这些特征以前从未被观察过。换言之，"未被理解的儿童新形象"出现在我们面前。

　　正因为这一点，致使我们完成一个积极的社会行动，以便更好地理解儿童和捍卫儿童，并且承认儿童的权利。因为，如果众多人类弱者生活在强者之间却不被理解——从而儿童生命深层需求的隐秘声音从未被成人社会自觉倾听——这一事实几乎象征无可置疑的灾难深渊。

　　当儿童置身于应用我们方法的学校——那里是平静工作之地，那里被成人理解的心灵得以成长、开放——向我们展现实际行动的能力和可能，同人们普遍确信的儿童真正行为截然相反，或确实相距甚远，引导我们反思过去对儿童不知不觉所犯错误的严重性。

　　儿童向我们展现的现象，揭示出儿童心灵隐秘的方向。他们的活动揭示出的倾向，无论心理学家还是教育者都从未注意到。

　　儿童并未趋向成人设想他们喜欢的东西，比如玩具；也未对奇妙的故事感兴趣。他们首先试图在所有力所能及的活动中摆脱成人而独立，清晰地表现出不想被帮助的意愿，如果不是绝对需要帮助的话。他们平静、专注，持之以恒地工作，心态平和得令人惊奇。

　　显然，这些源于内在生命神秘力量的自发活动，曾经被成人的不适当的、粗暴的干预所扼杀。成人认为这样做是为了儿童，他们在用自己的活动代替儿童的活动，并且不断强迫儿童服从他们的规划和意志。

我们成人在理解和对待儿童方面，不仅仅是在某些教育细节上犯错误，或者仅仅是学校的某些形式不完善，而是我们已走上一条根本错误的道路。因此，现在提出了一个新的社会与道德问题。在成人和儿童之间有过历时数百年未受触动的对立。今天，儿童动摇了斗争两极间的社会平衡。正是这种剧变促使我们采取行动，不仅涉及教育者，而且关乎全体成人，尤其是孩子的父母。

我们的方法得到广泛传播，这种方法在不同习俗和文明背景下，构建各个民族学校，就足以证明成人和儿童之间冲突的普遍性。这种冲突让人一出生就处于受压迫状态，对此越浑然不知就越危险。在被视为高度文明的国家，比如意大利，这种冲突因社会生活的艰难，明显远离自然生活和缺乏行动自由，从而变得十分尖锐。

儿童生活在由成人创造的环境中，生活在并不适应其生命需求的环境中，不仅是身体、生理的需求，而且主要是心理发展及智力、道德提高的需求。儿童受到比他们强大的成人的压制，成人支配他们，并强迫他们适应那种环境，成人十分幼稚地认为，儿童终究有一天应当作为社会个体在那种环境中生活。

几乎所有所谓教育活动都受如下理念制约：促使儿童直接地、因而强制地适应成人世界。这种适应以无可置疑的征服和绝对的服从为基础，必将导致否定儿童的个性。由于这种否定，儿童成为承受不公正判断、辱骂和惩罚的对象；而成人之间绝不允许这样相待，即使上级对下属也不行。

这种立场根深蒂固，在家庭中父母对自己钟爱的孩子也这样；在学校更甚，因为学校是系统地、墨守成规地执行让儿童直接并必须提前适应成人世界的地方；因此，在学校存在强制工作和严酷纪律，人类娇嫩的萌芽（纯粹的精神生活就存在于这种萌芽中）被置于一个有害的、不相干的环境中。家庭和学校的教育协议往往以强者反对弱者的联盟达成（旨在弱者胆怯、不确定的声音在世界不产生反响）；儿童竭力争取被人倾听，其心灵却被屈辱地伤害，从而坠入屈从的可怕深渊。

相反，成人对儿童的正确、关爱的态度，应当是为他们准备"一个适合的环境"，这一环境和性格定型并强大的成人在其中活动的环境截然不同。教育实践应当从建构环境开始，这种环境能保护儿童，使他们能克服艰难、危险的障碍，使他们能对抗成人的世界。它是遮风挡雨的避难所，它是沙漠中的绿洲，它是心灵安宁之地，这里可以执行"servite Domino in laetitia"①的命令，为了保障儿童健康成长，我们恰恰应当在世上创造这样的环境。

从未有一个社会问题像压迫儿童引起的社会问题这样普遍。被压迫者在文明生活进程中不断地争取自身解放，但他们人数终究有限：奴隶、农奴，最后是工人。在被压迫者和压迫者的公开斗争中，往往通过暴力来解决冲突。美国南北战争，因林肯要废除奴隶制而爆发；法国大革命反对统治阶级，直至今日诸多革命的目标是实现新的经济原则。这是成人集团间可怕决斗的例证，它们深陷不能自拔的谬误泥潭。

然而，儿童社会问题没有种族、种姓和民族的界限。儿童并没有在社会上发挥作用，而仅仅作为成人的附庸。当为造福一部分人类而压迫另一部分人类的罪恶，足以动摇整个社会或被集体意识所感知的话，成人才低下高傲的头，看到并证实儿童在受难者、被压迫者的队伍之中；人们才众口一词地呼吁捍卫儿童，指出儿童是无辜的，儿童是牺牲品，他们承受的痛苦比成人严重得多。如此脆弱的成人附庸，在权利面前一言不发，他们往往撞击人们的心灵，唤起对他们的独特的恻隐之心，从而对他们施以某些特殊善行。人们常说被压迫儿童和幸福儿童、穷苦儿童和富有儿童、遭人遗弃儿童和备受钟爱儿童，直至英雄主义；当人们这样指明时，其实是成人间清晰看见的冲突在人类再生萌芽中的反映。

事实上，儿童是什么人？他们是成人的再生产，而成人拥有作为无可争议财产的那种萌芽。从来没有一种奴隶，作为奴隶主的财产，像儿童作为成人的财产那样。从未有一种奴仆，其服从程度比儿童更无可置疑和持续不断。从来没有一条法律条文，对人权的漠视如对待儿童那

---

① 拉丁文，含义是"你们要高兴地为主服务"。

样。从来没有工人像儿童那样，应按雇主的随心所欲劳动，还不能申诉。哪怕是工人，还有自由支配的时间和一个家庭住所，在那儿他的声音在某些心灵中引起反响。从未有成人像儿童那样劳作，儿童总受到成人压制，被迫执行根据成人的"终审式"标准制定的作息时间。

在社会中，儿童被视为自身"不存在的"生命。因此，人们希望儿童能够生活在成人的舒适之家，这里妈妈精心照看，爸爸辛勤劳动，双亲都有能力关爱孩子。人们希望学校（幼儿园）可能反映家庭的温馨：仿佛这里能对儿童致以最良好祝愿。

然而，儿童作为自在的重要个体（为实现人生崇高目标，具有有待满足的、和成人截然不同的需求），从未被考察过。他们反被视为依靠成人帮助的弱小生命，从未作为人类个体，因为他们没有权利，并受成人压迫。

儿童像成人那样劳作，如牺牲品那样受难，在人生之路上支持我们，是我们最好的伙伴，但其形象尚未被认识。在人类历史上，儿童形象仍是一张白纸。

我们渴望在这张白纸上开始描画。

# 新生儿

　　我们的文明是什么？是持续不断帮助人们更容易地适应其环境。若是如此，谁负责新生儿环境的突然、彻底的改变呢？相反，为帮助新生儿，我们的文明创造了哪些热忱关怀？伴随降生从一种生存状态过渡到另一种生存状态，那个小生命对环境的适应将会多么艰难？

　　因此，在人类文明史册的首页上，应当叙述文明人如何帮助新生儿适应截然不同的环境。

　　与此相反，什么也没有写。生命之书首页也没有写，由于没有人试图发现新生命的需求。

　　但经验让我们认识到可怕的真相：我们会将幼年的恶习保持终身。胚胎的生命和儿童的发育成长，对于成人的健康和种族的未来是决定性的（人们业已普遍承认这一点）。那么，为什么"出生"，即人在整个一生中要度过的最艰难时刻，却未被认真研究呢？为什么人们没有想到这一可怕、艰难的危机，不仅对母亲而言，而且对新生儿而言？

　　新生儿的悲剧是同母体的完全脱离，此前母亲为他做出巨大牺牲。新生儿同母体脱离后，他凭借自己微弱的力量，必须独自突然行使生命的所有功能。此前，他在母体中缓慢发育，在那儿为他创造了温暖的液体，以便他能舒适地休息，保护他免受任何碰撞，免受温度的骤变；在那儿任何微弱光线都照不进，最轻微声音都听不到。

## 家庭中的儿童

就这样，新生儿离开那个环境，以便在空气中生活。变化突然而至，没有连续的过渡阶段：起初他在静养，突然他必须承受来到世上的艰难困苦。他的身体几乎被压扁，仿佛成人被迫在驴子拉的可怕石碾下受难，这使他的关节移动并灵活。就这样，他来到我们中间，原先舒适休息的他，刚刚完成难以言表的艰难努力，被搞得筋疲力尽。他就像一个从远方国度来到意大利的朝圣者，疲惫不堪，伤痕累累。而我们准备怎样接待他、帮助他呢？所有人都在母亲身边忙忙碌碌。医生草草地瞥了他一眼，以判定他是否健康、活泼，仿佛对他说："你现在活泼健康，你能长大成人！"亲戚们既激动又欢快地静观他，他们在接受上帝赐给的礼物时，自私地感到幸福之极："生了一个漂亮男孩，生了一个儿子。"孩子满足并实现幸福的希望：大人有了子女，子女的出现会让家人充满爱心。

父亲可能想看看那双眼睛，竭力要让婴儿睁开双眼，以便知道有一天注视他的眼睛是什么颜色。

然而，当人们让母亲处于黑暗和宁静的环境中（由于母亲已筋疲力尽）时，有谁想过也让婴儿处于这样的环境，因为他也筋疲力竭，并让他逐渐适应新环境呢？没有人把刚出生的婴儿视为遭受痛苦的人类一员，也无人思考未被触摸过的幼小身躯的极端敏感性、每次接触时的无数新体验。

人们常说：自然自给自足。自然给予必要帮助；此外，每种生物都应经受自身考验。

然而，文明在人类中创造了第二自然，它压倒第一自然，并阻碍第一自然自由表现，正如其他生物所发生那样。若我们观察动物，会发现母兽藏匿自己的幼崽，一定时期内为它们遮光，用自己温暖、柔软的身体保护它们。母兽珍爱自己的幼崽，不许"外人"靠近它们，不许它们被移位、被观察。

相反，对新生儿来说，无论自然还是文明都未注重减轻这一崇高、娇嫩生命适应环境的艰难。

人们认为，孩子生命安全就足够了：唯一可见的目标是出生的努力没有白费。

新生儿刚生下就变得麻木，他们立即被穿上衣服，从前甚至被裹在褓褓中，他们脆弱的四肢被迫伸直。

人们还说，孩子健壮，会适应环境并具有抵抗力。我们难道没有抵抗力和适应性吗？我们为什么冬季取暖，拥有柔软地毯和舒适安乐椅，想方设法让自己生活得更便利、更愉快？我们不是比刚出生的婴儿更强壮吗？我们那么强壮，为什么没有被遗弃在森林中呢？

还有死亡和出生一样，是一种自然规律，所有人都必须遵循这一规律。虽然我们知道不可能战胜死亡，为什么大家想方设法减轻那一可怕时刻的痛苦呢？

由此可见，在我们身上存在奇怪的空白，这是在我们的精神中，在我们构建的文明中，存在的盲目的东西，类似于某种眼底的盲点，这是生命深层次的盲点。

人们应当充分认识新生儿的呆滞，从而凸显让幼小生命起点顺利的绝对必要性。出生的婴儿应当成为精心呵护的对象。抱起刚刚出生的婴儿是件非常棘手的活儿，若不是小心翼翼、轻拿轻放，就不要挪动他。人们将懂得，在满月前，必须让婴儿保持安静。其实，在新生儿着衣史上，衣服数量逐渐减少，直至今天穿得极少。人们将懂得，婴儿应当裸体，应靠环境的热量取暖，而不是靠衣服取暖，由于他自身没有许多热量御寒，从而衣服帮助不大。

现在，我不想就这个题目展开，因为我相信每位妇女都能对我说，我不了解各国对婴儿的照料方法。但我应当回答，我了解这些照料方法，我在不同国家研究过、细心观察过。我发现，为了郑重地迎接出生的婴儿，缺少，我再重复一遍，缺少所需的良心。

千真万确，人们已尽其所能，但什么是进步，若没有发现从前未看到的东西，并且没有做从前未做的事情，那么能给看似完整和完美的东西添加新内容吗？

在任何地方孩子都没有得到应当得到的理解。

在初期，我们就显露出刻意掩饰的恐惧，怕孩子损害我们、麻烦我们。我们几乎都有捍卫自身、反对孩子的本能，有紧握自己东西并颇为吝啬的本能，即使那东西一钱不值。

从婴儿降生那刻起，成人就是如此。他们忧心忡忡：孩子不要损毁，不要弄污，不要淘气，不要破坏其日常生活的平静。

谁家若有个孩子，大人就急匆匆地拯救物品，甚至逃避孩子以不受打扰；此外，大人要同孩子的任性斗争，为了不让孩子成为任性的牺牲品，为了让孩子成为具有良好素养的人。这似乎是成人的首要道德责任。

然而，在执行这一职责时，我们犯下对孩子缺乏理解的严重错误，我们认定孩子任性，其实根本不是。

举一个例证，孩子在一岁时开始显露、快到两岁时凸显如下本能：孩子为了建构自己的心智，需要观察总在同一位置、并有特定用途的东西。若这一现象没有发生，有人挪动东西或改变其用途，孩子就被冒犯、被伤害，这就为他设置了障碍，他将奋起反抗，竭力让人恢复东西的原来位置和原先用途。

这是真正的生命需求，在学校我们发现这一点：幼小的学童具有让所有物品各就各位、并在各自位置上找到它们的本能。

我们再举一个例证。

一个孩子看见地板上有沙土，他凝视着沙土；母亲发现地板上散落着沙土，就把沙土扫走。于是，孩子开始号啕大哭，母亲不知他哭的原因；孩子去取沙土，并把沙土散落在原地，接着继续观察沙土。这样，母亲明白孩子为什么啼哭，她认为这是一种任性行为。

还有一位母亲感觉热，就脱去大衣并搭在手臂上；孩子就开始放声大哭，谁也不知道他为什么哭；母亲重新穿上大衣，孩子就不哭不闹了。他看到一件异常的事情，这使他困惑不安。

成人想要纠正孩子的这些缺点，但我认为，纠正当他长大成人后就不再有的缺点徒劳无益；当他长大结婚后，看到夫人脱掉大衣时，肯定不会号啕大哭！

若我们没有理解事情本身，就错认为是一种任性行为，至少应当懂得那一缺点必将消逝，就大可不必杞人忧天了。当我们走上这条道路后，开始懂得很多事情，并开始钟爱孩子、喜欢他们身上美好的小缺点，那种缺点在狡猾、复杂的成人那里不再存在。我说，我们享受那种小缺点，当我们想到终有一天它们将会消逝时，甚至会感到伤感。

另一个例证：一个两岁男孩，保姆总让他在同一澡盆、按同一方式洗澡。一天，保姆有事暂时离开男孩，让她的同事替她。每当新保姆给他洗澡时，他就大哭大闹，人们不知何故。在原保姆回来后，问这个男孩："你为什么哭？那位阿姨不好吗？"孩子回答道："不是，因为洗澡时她把我放颠倒了。"原先保姆放头的地方，替班保姆放了脚。孩子需要看见相同事物，这属于其生活的一部分，他尽可能捍卫这一点，而我们把这种捍卫称做孩子的"任性"。

# 精神胚胎

新生儿是"精神胚胎"，视为降临人世化为肉体的精神。

而科学认为新生命来自细胞。于是，它是肉身，而不是精神；在它身上只能证实构成生命整体的组织和器官的发展。这也不可思议。

新生儿形象是给人深刻印象的出发点。婴儿出生时毫无活力，并且长时间内仍无活力，他不能直立，仿佛一个病人、一个瘫痪者需要有人照看；婴儿长时间内沉默不语，不让人听到其话语，只让人听到哭声和痛苦的呼叫。他让人奔向他，就像奔向一个祈求救助者。只是经过数月、一整年或更长时间，他才不再像个病人；他才长成幼童的身体。再经过数月数年，他才能发出真正的人声。

生理及心理发育的确定现象将这样实现"活体化"。

活体化是一种能量使新生儿无活力的身体生气勃勃的神秘过程，这种能量赋予其四肢功能，其说话能力，活动及表达自己意愿的能力。这样，人才将成为活生生的个体。

其实，给人深刻印象的是，婴儿在降生时，并在长时间内毫无活力，而哺乳动物的幼崽降生后，经过很短时间就能站立、行走，跟在母兽后奔跑，并会说一种独特兽语，尽管声音微弱，发音很不完美。千真万确，小猫崽会喵喵叫；小羊羔会胆怯地咩咩叫；小马驹会嘶鸣，虽然声音微弱。从而，世界没有回响着动物幼崽的呼叫和哀鸣。动物幼崽准备的时间很短，这种准备也很容易。动物生下来，就可以说已经由决定其行动的本能赋予活力。人们可以发现，小虎崽生下后不久，就像猫那样灵巧，像狍子那样跳跃，而狍子刚生下就能站立。每一种来到世上的生物都不仅仅是一个物理身体，而是自身具有潜在功能，不是其生理器官的功能，而是由本能决定的功能。所有本能都通过运动来表现，这些本能代表物种的特性，是身体形态本身最恒定、最具决定性的特征。动物，顾名思义，其特征是由其活力、灵魂而不由其形态决定。我们可以把所有不属于营养组织的特征综合，称做心理特征。现在，动物从出生时就具有这些特征，为什么恰恰婴儿就缺少呢？

一种科学理论解释说，动物的运动是物种在以往时代的经验的结果，并经代代相传。为什么恰恰人类拒绝承袭其祖先呢？然而，人们总是直立行走，总说一种发音清晰的语言，关注把自己了解的东西传给后人。

在这些矛盾现象中应当存在隐秘的真理。我们暂时作个远离此题的比较：和我们生产的物品比较。

我们生产的批量产品，它们几乎完全相同，因为它们是用一个铸型或一部机器急匆匆地生产出的。还有用手工缓慢制作的物品，它们每件都不相同。手工制品的优点是件件带有工匠的直接印记。一件绣品有着灵巧刺绣女工的印记，它若是艺术品，那就是天才的印记。动物和人类之间的心理差异可以说正是如此：动物如同批量生产的物品，每个个体立即再现在整个物种中形成的统一特性；人类如同手工制品，人人相异，每人都有自己的创造性精神，这种精神创造出浑然天成的艺术品。然而，劳动是缓慢而漫长的。在外在结果显现之前，首先应当进行内在的不懈工作，但这不是固定类型的再生产，而是新类型的积极创造。因此，这是神妙莫测的工作，将产生令人惊讶的结果。这样的工作需很长时间并内在地进行，恰恰如一件艺术品诞生那样，艺术家在向公众展示作品之前，在工作室里殚精竭虑，不断地修改并完善作品。

这种形成人们个性的工作，是一种让人成为活生生个体的隐秘事业。无活力的人是一个谜。人们唯一知道他可能做一切，但不知他将成为什么人，或我们面前的新生儿将从事什么活动。一个无活力的身体包含所有生物中最复杂机制，但这种机制恰恰是它所独有的。人属于自身：他应当凭借自己的意志成为活生生个体。音乐家、发出天籁之音的歌唱家、艺术家、体育家、暴君、英雄、罪犯、圣徒，他们出生时大同小异；他们的未来是个谜，通过个体的发展，通过其在世上的活动才能解开这个谜。

出生婴儿毫无活力的现象得到证实，并引起哲学反思，但迄今没有引起医生、心理学家和教育者的注意。这是众多明显事实中的一个，对那些事实只能证实，别无所求。于是，许多现象长期被置之不理，被锁在潜意识的保险柜里。然而，在日常生活的实际中，幼童天性的这些条件会带来许多后果，对幼童的心理生活造成巨大危险。它们让人错误地认为：不仅仅是肌肉消极，即不仅仅肌肉没有活力，而且幼童本身也没有活力，幼童成为缺乏心理生活的消极被动的生物体。面对幼童发展的神奇却迟至的景象，成人错误地确信是他们的关照和帮助使得幼童生机勃勃。成人履行了自己的义务和职责，仿佛成为儿童的塑造者和其心理生活的建构者。成人假设从外部可以完成一件创造性事业，激励儿童，给儿童指示和建议，旨在发展其智力、情感和意志。这样，成人就赋予自己一种神力：他们最终确信自己就是儿童的上帝，他们就像《创世纪》中所说那样想象自己："我们要照着我们的形象，按着我们的模样造人。"人的原罪是高傲，代替上帝是其衰落、贫困的原因。其实，儿童若自身携带打开个人迷宫大门的钥匙，若自己拥有其发展指令和确定心理预设，那么他们在潜在的阶段所拥有的东西，在尝试实现的过程中将特别微妙。现在，成人强制的、不适时的干预（这种干预被其想象力所颂扬），可能删除那些预设，或让其隐秘实现走上歧路。确实如此，成人从新生儿一生下就反对神圣预设，并且代代相传，人们认为自己来到人世时就变形了。这是一个大问题：儿童拥有积极的心理生活，即使还未能表现出来，因为必须长时间秘密地建构，才能艰难地显现。

这一思想致使一个给人印象深刻的真理凸显：被禁锢的、灰暗的心灵竭力要问世、诞生、成长，并且逐渐让毫无活力的肉体生机勃勃，用意志的呼喊唤醒肉体，通过一个小生命来到世上的努力，意识之光冉冉升起。然而，在新环境中，另一个无比强大、巨大的生命体，在等着它，要统治它。为了迎接这一新生儿降生的神奇事实，成人未做任何准备。对于如此微妙的事业，预先未采取任何保护措施；如此艰难的努力没有得到任何帮助；一切都变成障碍。

降生的婴儿是个精神胚胎，这个胚胎本身应当在环境中生存。但正如母体内胚胎，这个精神胚胎需要得到外部环境的保护，那个环境必须生机勃勃、爱意浓浓、营养丰富，在那样的环境中，一切都在迎接它，没有任何障碍。

这一现实一旦实现，成人应当对幼童改变立场。幼童的形象，作为正在活体化的精神胚胎的形象，使我们感到震撼，赋予我们新的责任。那个娇嫩、优雅的小身躯，令我们喜爱，但我们仅仅关爱身体，在我们手中仿佛一个玩具；现在面貌一新，令人肃然起敬。Multa debetur puero reverentia.①

以隐秘的艰难为代价实现降世为人；围绕这种创造性工作，将上演一出尚未写出的、不为人知的戏剧。任何生物都不能理解尚未存在的意志的感受，但这种意志会传递给无活力的东西，以便让它们积极活跃并井然有序。一旦脆弱、无活力的生命有了意识，感官和环境将发生关系，再通过肌肉的锻炼，在连续不断的努力下最终成为具体个体。幼童的这种隐秘努力必然是神圣的。我们必须对这种艰难困苦的表现做好准备，因为在这一创造性时期，人的未来个性得以确定。面对这种责任，我们有义务积极工作，凭借科学手段的帮助，探测儿童的心理需求，并为他们准备好生机勃勃的环境。这是有待长期发展的科学巨著的第一页；成人应当贡献自己的智慧，齐心协力发展这门科学；因为能对人类发展认识作结论性陈述之前，需要孜孜不倦地做大量工作。

---

① 拉丁文，含义是"孩子应该有许多敬畏"。

# 爱的导师

儿童对他们想要服从的成人那里听到的一切特别敏感；我们没有认识到，他们准备如何服从我们，直至其身体的肌纤维和神经纤维永远地、完美地服从；甚至，这决定他们的性格特征。下面是个小轶事。一个孩子把拖鞋放在床上，他妈妈对他说："拖鞋很脏，不能把它放床上。"然后，用手把床罩上的尘土扫掉。于是，每当孩子看到拖鞋，想一想后就说："脏！"接着用手清扫床单。

我们想知道更多东西吗？儿童在一定时期特别敏感，其敏感程度迫使成人不得不对自己的一言一行高度警惕，因为成人的言行会让他们铭记在心。他们是完全服从的，因为服从对他们来说就是生活。

成人受到儿童的尊重和爱戴，从成人口中涌出指导他们的睿智话语，他们对此印象深刻，就像一颗精神子弹击中他们的心脏。

面对一个任性的孩子，我们应当想到这或许是个朝气蓬勃的孩子，他在进行影响深远的自卫，我们应当反思儿童总是爱戴我们并服从我们。

儿童爱戴成人，我们的头脑应牢记这点。我们说："就像大人爱孩子那样！"甚至提及女教师："她像爱自己孩子那样！"

人们说必须教诲孩子爱母亲、爱父亲、爱老师；必须教诲他们热爱一切和所有人。谁担任这种爱的导师呢？谁愿意教孩子们爱呢？难道不是那种判定他们所谓任性恰恰是其一切表现、是对压制他们的反抗的

## 家庭中的儿童

人们？成人不会成为爱的导师，他们若没有经过特殊训练，若没有让其意识张开自己眼睛，看到广阔无垠的世界的话。

儿童非常爱戴成人。当他们上床睡觉时，总希望靠近一个亲近的人。亲近的人说："必须制止这种任性行为！孩子不应当养成坏习惯——无人陪伴就不能入睡。"

亲人或者说："孩子愿和我们一起就餐，若不让他来就哭，仿佛他不愿我们吃饭！"这是大人的话，没有对孩子的一丝爱意。

孩子希望他的亲人吃饭时他在场；他不吃饭，因为他是只吃奶的一岁婴儿。当我们吃饭时他哭，若把他放在餐桌旁和我们在一起，他就不哭了；或者他放声大哭，因为亲人闷头用餐对他不闻不问：他渴望被人观望，认为在同亲人对话。

谁会有一天因渴望看见我们而痛哭流涕，即使他在禁食，而我们在大吃大喝？总有一天我们将伤感地说道："当我正昏昏入睡时，再没有人因想让我接近他而放声痛哭。每个人都想着自己，回顾过去的一天而沉沉入睡，有谁会记起我？"

只有孩子记得，并在每天晚上说："不要离开我，靠近我！"而大人却说："我不能，我有事要做，还有，你这不是任性？"大人想要纠正孩子的任性，因为否则大家都沦为其爱的奴隶！

有时孩子在清晨醒来，就去叫醒仍想睡觉的爸爸和妈妈。通常大家都会抱怨这是一种任性行为。但孩子从床上滑下，是所有人都应做的纯洁行为；当太阳升起，大家都应当起床，但父母却在赖床，这个小生命独自去找他们，几乎要对他们说："请你们学会圣洁地生活，早晨要醒来起床。"但孩子不是导师，他前去找他们只为看望他们，因为他爱他们；他刚一醒来，愿望就把他带到亲人身边；他可能要穿过几个黑暗的房间，房门关着以防阳光提前射入；孩子磕磕绊绊地走着，他不怕黑，不怕半掩的门，终于来到爸爸和妈妈身旁，他用小手轻柔地触摸他们。他们会一次次地说："孩子，清晨不要吵醒我们！"而孩子回答道："我没有吵醒你们，只亲了你们一下！"父母苦苦思索纠正他的方法。然而，何时还会发生：在生活中有人刚醒就跑到我们身旁，他克服重重困难，并不想吵醒我们，只想看望我们并给我们一个热吻，谁还会对我们这样做呢？

我们说，孩子应当改掉这些任性行为，但这些示爱的事实对我们并非无关紧要。

儿童喜欢醒来，不仅仅在清晨；父亲和母亲睡的时间过长，往往一生都在沉睡！我们大家具有一种漫不经心的倾向，需要一个新生命来唤醒我们，采用与我们截然不同的方式，让我们保持头脑清醒，这个新生命行为方式和我们不同，每天清晨都来对我们说："快来看，有另一种生活，请你们更好地生活。"

更好地生活，因为人们在走向衰退，而儿童帮助我们上进。若成人没有注意到这一点，就会颓废沦丧；身上逐渐长出坚硬外壳，变得麻木不仁。

# 新教育

　　人们从各个方面不厌其烦地说，教育应当从婴儿出生开始。然而，如何进行教育仍然是个问号。除了人们认为对儿童在卫生上要照料外，这样进行教育仿佛是纯理论的而实际不可实现的事情；有些医生曾设想让一岁幼童做一种特殊体操，以活动他们的四肢，帮助他们掌握以后应当完成的运动。我们认为这是一种错误认识，我们感到应承认可怜的新生儿有许多事情要做，他们会被这种教育激怒。然而，我们不仅限于这种感受，我们能用清晰原则回答：这样了解新生儿教育是一种错误，因为我们知道成人活动婴儿四肢，就用自己的运动代替了他们的运动。采用了一种带普遍性的错误方法。成人不应当替婴儿大包大揽，而应当让他们克服被动消极性，并且要不断地、深入地理解他们。

　　运动应当源于内在精神，由内在生命组织决定：我们把这种组织称做活体化。若肌肉不为意志服务，我们就不可能考察肌肉的正确发展。运动是活动的人格的表现。我们只能等待生命组织起来；然而，当生命在发展时，当生命缺乏表现，特别是语言表达可能性时（只有语言才能正确地表达个体的意愿），我们自身应提高理解生命的可能性。我们会逐渐地、更深刻地理解，但显然首先需要确立一种信念：存在有待观察的东西。

　　我们一般地看待儿童，把他们放置一旁，仿佛他们身体如植物那样生长，或是令人讨厌的个体，因为他们要求种种照料，并用哭闹打扰大人；我们把他们放置一旁很长时间，甚至整整一年未做一件大事，我们对他们的心理生活漠不关心。千真万确，宗教把幼童也视为社会个体；基督徒让幼童受洗；因为基督徒认为他们已有灵魂，承认他们的心理生活。然而，尽管如此，基督徒没有看到儿童存在潜在个性，童年对整个人格发展是至关重要的时期。由于一个错误的后果发生在正在发展的事物上，而不是发生在已充分发展的事物上，这个错误就特别有害。于是，一个破坏儿童发展的错误将贻害无穷，因为能影响应当形成的整个人格。因此，我们必须理解，这个问题不仅对教育，而且对整个人类都至关重要。

我们应当努力观察儿童的那些微小表现，这些表现证明儿童在出生后不久立即发展其心理生活，从他们出生最初几月就取得可观的进展。

刚长一点儿的婴儿，就被教育者界定为一只软蜡，可按自己的方式塑形。现在，真实思想寓于软蜡的定义，但错误在于教育者要利用这种条件以塑造儿童；相反，儿童自己应当塑造其软蜡；这是 sine qua non[①]的条件，这一原则旨在让儿童的表现器官真正充满活力。作为这些小生命的无所不能的主人，成人用盲目的、野蛮的、不适当的干预，可能会删除儿童开始为自己软蜡塑形的草图。如果我们说这种干预如地狱般残酷、魔鬼般恐怖也不为过。

一个日本传说说，婴儿死后升入天国获得永生，在那儿他们用大量小石头辛勤地修筑小塔，但恶魔随后推倒这些小塔，毁塔的速度比建塔的速度要快。这是对儿童的痛苦折磨。

由此可见，成人的行为恰恰如此，即使是无意识的，其破坏和瓦解作用也是灾难性的。把儿童辛勤、精心构建的内在生活的一切都毁于一旦；成人没有发觉这一点，儿童又重新开始，成人再次捣毁。从儿童尚软弱无能，尚未能够组织自己运动，也不能说话时起，就开始了这种斗争。

于是，人们理解在这个教育至关重要的微妙时期（随后教育更重

---

① 拉丁文，含义是"没有他（成人）"。

要），成人必须被动行事，不要盲目地或不适当地干预，以避免成为一股瓦解和破坏的力量。

为了不回地狱和变成魔鬼，我们要记住两个观念：神圣美德创造，魔鬼邪恶破坏。我们可以选择作为教育者的道路。为了选择道路，我们必须用自己的感受理解儿童成长的必要行动，需要理解禁止我们自己的行动，以避免变成魔鬼，也就是变成破坏者。创造者是儿童，肯定不是我们。这一思想应当很清晰，但让人们普遍接受并不容易，因为我们生活在偏见之中：我们成人才是新生活的创造者。因此，需要认识净化工作，我们应当从我们无所不能的、不合时宜的、魔鬼般的幻觉偏见中解放出来。

在完成认识净化工作后，我们应当继续努力，更好地理解儿童的人格。因此，教育者的首要职责，无论对新生儿还是对幼童，都是承认新生命的人格，并且尊重其人格。当儿童在我们生活的地方打扰我们，我们不愿接受他们，而是把他们放逐到另一个地方，就是对他们的不尊重。在陪伴一个令人尊敬的人士之前，我们先要问问他，是否允许我们这样做；在带领幼童去散步前，我们也应这样做，而不要犯错误。如果我们在用午餐，而孩子被置于另一房间，我们会发现他又哭又闹，因为他不愿身处家庭之外，我们缺乏对他的尊重，让他脱离我们的环境；我们应当思考怎样对待一位贵宾，孩子愿和我们一起津津有味地用餐，对此我们应当感到荣幸，并把孩子放在我们身旁。人们可能会说，这样做从卫生学角度看对孩子有害，但对此无须特别担心，因为许多事物对他有害，我们都听之任之；我们更会说，说真话，这位贵宾令我们厌烦，总不请求我们原谅。

如下说法可能会令人吃惊：幼童是目光锐利的观察家，他们能看到我们想象他们不可能观察的东西，以至当我们想要引起他们注意，认为最好把鲜艳颜色展现在他们面前，或者用手势及高声给他们产生深刻印象。我们不知道儿童有很强的观察力，并能强烈吸收众多形象，不仅是事物形象，而且是行为形象。儿童把事物形象吸收到自己的心理世界，并吸收事物间的一致性；当我们还不能设想儿童的发展时，其实已得到充分发展。例如，一个四周大的男婴，还没有离开其出生的房间，只分别看见两个人，他父亲和他叔叔；有一天他看见他们两人在一起，靠得很近。男婴显现出惊奇的神色，长时间地看看这人又看看那人。父亲和叔叔站在男婴面前，给他充分时间让他观察。如果两人走开，或说让男婴分心的话语，男婴就不会全神贯注于给他深刻印象的区分工作。其后，两人缓慢地分开，直至他有充分时间观察这人和那人，能够确认他们是不同的两个人。成人教育者为帮助幼童进行最初心理构建的训练就应如此。

我还想列举不会走路、不会说话的幼童的例子。

一位母亲抱着一个几个月大的男婴，男婴在餐厅墙上看到画着各种水果的静物画，他凝视着那些水果，做出要吃水果的动作。他还在吃奶，但他已经观察大人用餐的动作。于是，那位母亲发觉男婴的兴趣和乐趣，把他抱到静物画前，让他自发练习，直至他失去兴趣。

这位母亲曾是教育者，她允许自己的孩子做显然模仿所见成人动作的内在练习。

再举一例。在一个大厅里有几座芭蕾舞演员的雕像；一个男童看到那些雕像，就开始手舞足蹈；因为他看过人们跳舞，他发现跳舞者都有在雕像中认出的几种姿势。

孩子们发现在一个房间里总有相同物品。如果有人把一件以前没有的新物品放在那里，他们恰恰会认出那是以前没有的新物品，并问那是什么物品。我还想提及一个很小的女童。她被带到她家别墅花园里散步，她看到靠墙有一块石碑；这块石碑给她留下深刻印象，每当她走出房间，就要驻足观赏一会儿，然后心满意足地走开。

无疑，孩子们喜爱阳光、鲜花，爱看动物运动。我们容易理解这点，因为我们知道儿童是细致入微的观察家，他们善于将形象排序。儿童为满足其观察的爱好而活动。他们观察成人说话时的口形。而我们认为，为了唤起儿童对我们的注意，必须大声呼叫，点他们的名字；根本不是这样。因为我们不用说话，而是用嘴清晰地做出微小动作，他们就会全神贯注地观察我们的动作。某些东西在吸引他们，因为唤醒他们对应当从事工作的兴趣：语言敏感期开始了。若把一个四周婴儿置于大人身旁，那个大人只用嘴做动作，可以发现婴儿兴致勃勃。显然，他喜欢那些动作胜于自然物，因为能刺激他的那种模仿能力，其后这种能力同其内在发展的必要性相吻合。

现在，我们谈谈大一点儿的孩子。我看到一些日本父亲对自己的孩子有深刻认识，远远超过我们。一位父亲陪自己两岁的男孩散步，当这个男孩坐在人行道上时，父亲并没有对他说："有灰尘，你真任性！我们走！"而是耐心地等待，直至男孩站起愿继续走路。这也是教育者的一种训练，因为这位父亲让其统治者人格服从孩子人格，他尊重孩子的活动。我还看到另一位类似的父亲，他两腿分开站立，因为孩子围着爸爸的双腿转悠，玩得兴高采烈。这位可怜的男士表情严肃、若有所思地保持站姿。我非常欣赏这种教育者的智慧，许多民族已经拥有这样的教育者，或许这些民族曾经维护传统；相反，我们过去只关注成人在社会生活中的所作所为。

我看到一位母亲（她曾上过我们的一期课程）领着她的孩子走在米兰的街道上。此时，天空中回荡着教堂的钟声，孩子想要止步倾听钟声，而母亲拒绝孩子享受那种欢乐，一边责备他，一边强迫他继续走路。正如大家所见，成人很容易对儿童采取这种消极态度。成人必须努力领会儿童的需求，善于遏止自己塑造者的傲慢态度。成人应当认识儿童内在生活自我教育的必要性。

相反，今天我们仅仅关心儿童是否有新鲜空气和充足阳光。新鲜空气和充足阳光确实是美好的东西，但只对身体成长有益；如果说阳光对儿童身体足矣，那么他们的心理世界则缺少这样的阳光。儿童内在世界的构建缓慢、微妙并至关重要，却恰恰遭到成人粗暴、盲目的破坏。

现在，成人应当具有的感受，是必须承认儿童的所有需求，只有这样，成人才能给予儿童所需的帮助。如果人们希望确定一个原则，我们会说：必须让儿童参与我们的生活，因为在他们应当学习活动的时期，如果他们没有看到有人示范，他们就不可能学好，正如他们若耳聋听不到声音，就不可能学好语言。成人给予儿童这种礼遇，也就是邀请他们参与我们的生活，将会非常困难，但成人无须付出任何代价；这只取决于成人的精神准备。不能活动的儿童，不会让任何人厌烦。儿童的参与，几乎是精神的参与。然而，偏见反对这种礼遇，这种偏见被卫生学专横地、残忍地强化：儿童应当多多睡觉。但为什么要强迫儿童睡觉呢？如果我们允许他们按自己意愿不去睡觉，并且让他们和我们在一起，我们将会发现他们所需睡眠时间并不长。

强制儿童睡觉的偏见在北欧国家民众中很普遍，这种偏见没有任何根据，我们无须讨论就断然摒弃它。有一次，一个孩子到我这儿来，对我说他想看一种特别美的东西，以前多次听人说过，那就是星星；但他从未见过，因为人们只能在夜晚看见，而他早就上床睡觉了。于是，很容易明白，这个孩子被强制睡觉，他会感到其内在构建工作非常困难，因为他要同成人斗争，正是成人破坏了其内在世界的构建。

正如基督教诲人们要仁爱时所说那样："不要熄灭正在冒烟的蜡烛"，也就是说，"不要最终熄灭正在熄灭中的火光"。于是，我们可以重复教育的仁爱原则："不要删除儿童在其内在软蜡上所画的图画。"作为成长中儿童教育者的成人的最大责任就在于此。

因此，教育的基本思想是不要给儿童的发展设置障碍。知道我们应当做什么，并非十分艰难；但认识我们应当抛弃傲慢自大的态度，根除那些愚蠢的偏见，才能对儿童进行教育，这才是至关重要和特别艰难的。

# 关于我的一般方法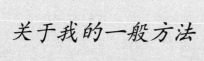

由于力求达到的目的是让儿童自身适应社会生活形式，但那恰恰是成人的社会形式，因此，这种形式在儿童生命的最初几年就和其天性格格不入。从而，显然在旧式学校、在家庭教育的旧形式下，儿童的真正存在并不被重视。儿童只是"未来"，只代表"成长"，因此直至成为成人那天之前，根本无足轻重。

然而，儿童正如所有个体一样，具有自己完整的个性。他们自身拥有创造者精神的美和尊严，这些不可能被抹煞，因此，他们纯洁、敏感的心灵需要我们无微不至的关爱。我们不仅应当关心他们娇小、脆弱的身体，不仅为他们提供充足营养，给他们洗澡，给他们穿衣，千方百计地照料他们。人类即使在童年也不仅靠面包生活：物质的东西处于低层次，并能让任何年龄的个体丧志。奴隶制在儿童中，正如在成人中，总能孳生低下情感，造成尊严的缺失。

我们创造的环境和儿童格格不入，他们不理解这个环境，因此被迫远离这个环境，他们不会适应我们的社会，他们被排除在这个社会之外，他们被托付给学校，而学校往往成为他们的监狱。今天，我们终于清晰地看到学校致命的后果，这里仍应用陈旧方法在教学：儿童不仅身体受折磨，而且精神也受折磨。儿童教育的根本问题就在于此，换言之，迄今为止，对儿童的性格教育被学校所忽视。

此外，在家庭中也存在相同的原则错误：人们只想孩子的明天，他们的未来存在；从不关注现在，即从不关注他们童年生活所需一切。至多，在现代家庭中开始关注孩子的身体健康：合理膳食、沐浴、符合卫生的服装、户外自由活动，是这个领域近期取得的进步。

大多数人忽视儿童的所有需求：他们的精神、心灵的需求。儿童中活跃的人性对我们隐匿。他们向我们显现的是为抵抗我们奋起自卫所需的一切努力和全部力量：哭闹、呼喊、任性、胆怯、淘气、说谎、自私、破坏精神。此外，当我们把自卫手段视为儿童性格的本质特征时，我们就犯下更为严重的错误。于是，我们认为自己最急迫的职责是以最严厉、最无情的努力去根除这些"恶习"，以致有时我们对他们进行体罚；相反，这些儿童的反应往往是一种精神疾病的征兆，往往是一种真正神经性疾病的前兆，甚至终身都会遭受这种疾病的后果。我们大家都知道，成长时期是一生中最重要的时期：精神上的营养不良、心灵受到毒害，对人来说是致命的，绝不亚于肢体的营养不良对身体未来健康的严重危害。因此，儿童教育是人类的最重要问题。

我们感到必须全力以赴地理解儿童心灵的细微差异，密切关注我们同儿童世界的关系。迄今我们几乎满足于扮演法官的角色，对儿童毫不留情，和我们——美德的化身相比，他们显得浑身缺点。现在，我们应当满足于一个相当卑微的角色，该角色符合爱默生① 对耶稣启示的解释："童年是永恒的救世主，他不断地返回衰落的人类怀中，恳求人类重返天国。"

如果我们这样开始认识：必须绝对、急迫地关照儿童，为他们创造一个世界、一个适宜的环境，我们将会完成一项造福人类的伟大事业。

儿童在成人的复杂世界中不可能过一种正常生活。同时，显然，成人用持之以恒的监督、不断的警告、独断的命令，破坏并阻碍儿童的发

---

① 爱默生（R.W.Emerson, 1808—1882），19 世纪美国散文家、思想家、演说家和超验主义文学运动领袖。

展。这样，正在萌发的一切美好力量幼芽都将被摧残；儿童别无选择：强烈希望尽可能摆脱一切和所有人。

因此，我们要抛弃狱卒的角色，相反，应关爱儿童并为他们准备环境，在那种环境中，他们不会由于我们的监督和教学而感到厌烦。我们必须认识到，环境越符合儿童的需要，教师的活动就越有限。然而，这里不应忘记一个重要原则。我们给予儿童自由，不意味着让他们放任自流，更不是对他们漠不关心；我们给予儿童心灵帮助，不应当面对其发展的各种困难而采取消极、冷漠的态度，而应当谨慎小心地、关怀备至地支持这种发展。

此外，我们只要精心准备儿童的环境，就已经重任在身，因为我们在创造一个新世界——童年的世界。

我们刚刚备好他们所需的袖珍家具，立即发现他们的活动有序进行，简直难以置信。他们的运动受意志力的支配；他们能成功地独自工作，没有危险，由于他们知道想要什么。儿童需要活动，远比需要营养更强烈，但我们却不能承认这种需要，因为迄今缺少适宜的活动场所。如果我们能为他们提供这样的场所，我们将会发现那些总不高兴的淘气包变成快乐的工人；人人公认的破坏者变成自己身旁物品的精心保护者；原先吵吵嚷嚷、不守纪律的孩子变成心境平和、严守纪律的小大人儿。如果孩子缺乏适宜的外在手段，他们就不能运用与生俱来的巨大力量。然而，他们感受到对一种关乎全部力量的活动的本能冲动，因为只有这样他们才能完善自己的能力。一切都取决于此。

今天，大家对"儿童之家"的情况有所了解，我们已经制作出简单、实用的教具，旨在为儿童的智力发展服务。我们定制了雅致小家具，它们颜色鲜艳，重量很轻一碰就倒，这样便于孩子们移动。教具的浅颜色容易凸显污痕，孩子们可以立即发现自己行为缺乏教养，并且用水和肥皂尽快尝试补救——清洗污迹。每个孩子独自选择自己的位置，并按自己喜欢的方式改正，由于家具很轻，通过发出声响告诉孩子动作不规范。我们还备有一些雅致的玻璃或陶瓷用具，如果孩子不小心让它们落地，就会摔碎永远失去。他们对失去如此雅致的用具感到不悦，这将是对他们的最大惩罚。

　　损坏一件珍贵物品，多么痛苦！孩子面对一个打碎的漂亮花瓶哭得两眼通红，谁见了不想去安慰他呢？然而，从今以后，当他们必须拿着易碎物品时，就会全神贯注，努力做到动作规范。

　　环境本身帮助儿童不断完善自己，如果每个细小错误一目了然，教师就无须进行干预。教师只需安安静静地做个看客，静观所有微小事件发生。逐渐地，儿童仿佛听到物品用无声语言通知并告诫小过失："请你们注意，你们没有看见吗？我是小桌，油漆得通体光亮，不要把我弄脏，搞得污迹斑斑！"物品和环境的美也是巨大激励，能让儿童更加积极、加倍努力。因此，所有教具都应具有吸引力。有待除尘的台布应当五颜六色，笤帚要漆上鲜艳颜色，小刷子和圆形或四边形的小香皂要雅致。所有物品都应向儿童发出同一个声音："你看见我了吗？我是有待除尘的五彩台布，从小桌上除尘！""我是小笤帚，用你的小手握住我，快扫地！""快来，亲爱的小手，快泡入水中，快拿香皂！"这样，物品的美到处都在吸引儿童，几乎渗透到其心灵深处；女教师无须对托付给她的学童说："卡尔洛，快扫地！""乔瓦尼，快洗手！"

　　每个孩子都能独立做事，他们会自己穿鞋、穿衣脱衣，在满心喜悦中感受人的尊严。由于人的尊严源于自己的独立意识。

　　孩子们在工作时兴高采烈，这让他们满腔热忱地完成每一件事。如果他们想擦亮手柄，就会持之以恒地去做，直至手柄光洁如镜；甚至更简单的工作，比如除尘、扫地，他们都能全神贯注地完成。显然，不是实现一个确定目的在激励他们，而是让其潜在力量开发利用的事实在推动他们，正是这种开发利用决定活动的时间长短。

　　孩子们连续不断地重复相同活动，同时感到无比幸福，这让他们显现真正才能。我们看到幼童独自穿衣脱衣，扣上纽扣，打绳结或蝴蝶结，准确无误地布置餐桌，刷洗干净杯盘；不仅如此，儿童的巨大力量表现在：他们用学会的东西为尚未取得相同成绩的同伴服务。我看见幼童为比自己更小孩子的围裙扣纽扣，为他们系紧鞋带，当其他小朋友把菜汤撒在地上时，他会迅速地清扫。

如果刷洗盘子，他们会清洗掉他人弄污的地方；如果布置餐桌，他们会竭力为没有参与此项工作的众多他人着想。然而，他们并没有把为他人谋利的工作，视为值得奖励的分外工作；相反，努力工作恰恰是他们渴望得到的奖励。有一天，我看到一个女孩忧郁地坐在一盘热菜汤前，甚至不想尝一勺。因为教师曾许诺让她布置餐桌，但后来忘记了。这种失望让她忘记自己身体的需求，她心灵的需求比胃脏的需求更急迫。

这样，儿童趋向社会目的的内心活动部分得到发展；他们有一个很好理解并容易实现的目的。他们的头脑探寻这一目的，而我们把这一目的置于其环境的框架内，我们给予他们自由以实现这一目的。当然，真正的兴趣具有更深根源，儿童如此活动只是为满足其活动愿望，为了实现发展规律。然而，为了满足这种愿望，无论如何需要一个简单、清晰的外在目的。我们将会发现他们一次次地洗手，不是由于手脏，而是因为他们有个目标，要求所需次要活动不断进步；比如用盆打水和倒水，使用香皂和毛巾，准确无误地使用所有这些东西。这一切包含多少工作！打扫房间，给花瓶里的花换水，四周摆上多张小桌，卷起地毯，为午餐布置餐桌，所有这些都是和身体训练相结合的有理性活动。无论是谁，只要被迫从事家务劳动并体验到其艰辛，就会知道需要多少运动才能完成啊！现在，人们恰恰纷纷谈论体操和体育锻炼。但这里的练习不是通常的机械性练习，而是那种运用清醒头脑经过深思熟虑才能完成的练习。然而，这些由学童欢乐、勤快地完成，并让"儿童之家"参观者感到惊喜的练习，还不代表事物本质：它们仅仅是开始，构成儿童活动的次要方面。

众所周知，智者、科学家给人一种不食人间烟火、殚精竭虑的印象。大家都记得牛顿忘记用餐的轶事，也知道阿基米德的轶事，他没有听到罗马士兵攻占叙拉古城① 时搏斗的喧嚣，他全神贯注于几何计算，令敌人感到吃惊。可见，这些轶事恰恰告诉我们殚精竭虑的另一面。引

---

① 叙拉古城，位于西西里岛，是古代大希腊的重要城邦，现称锡拉库萨。

导全人类进步的伟大发现，与其说归于科学家的文化及其知识，不如说归于天才的全神贯注和埋头苦干，归于他们的几乎与人世隔绝。

如果儿童找到符合其内在需求的活动场所，就会向我们揭示其内在生命发展的需要有多高。现在，他们探寻同其周围人们的关系，并发现这种关系。

在个体中存在内心需求，由于这种需求，他会全力以赴地投入一种神秘工作，要求彻底独处，同一切和一切人隔绝。无人能够帮助我们实现这种内在孤独，从而让我们更接近我们清晰、深刻、神秘、丰富、充实的世界。如果他人干涉我们、中断我们，就是破坏我们。从外部世界自由地取得的这种收获，应当源于我们心灵本身；我们周围的一切，若离开秩序与和平，无论如何不能影响我们。

这种完整收获状态只在伟大人物那里出现，即使在他们那里也是凤毛麟角。这种状态是内心坚强的源泉。伟人凭借心灵安宁及无限仁爱影响群众的能力源于这种状态。正是长时间和世界隔离后的人们，才感到能够解决人类的大问题，与此同时，他们以无限耐心忍受同类的软弱和缺陷，后者甚至到了令人愤怒和讨厌的程度。此外，我们发现，在日常生活中人们从事的手工劳动和全神贯注之间紧密相连。虽然，初看二者似乎相互对立，但实际上不是这样，由于二者相辅相成。精神生活孤独地为日常生活准备所需力量。反过来，日常生活通过有序工作利于内在收获。消耗的力量不断地被内在收获的源泉所充实。认清自己的人们，感到内在生活不可或缺，正如肉体感到物质生活不可或缺一样，比如饥饿和困倦。再也感受不到精神不可或缺的人，正在踏上肉体的同一危险悬崖，那肉体再也感受不到饥饿的折磨和休息的安逸。

然而，由于我们在儿童中发现这种内在收获，心灵自身投入，显然它不代表天才人士的特殊状态，而是人类心灵的常态，但只有少数人能将这种常态一直持续到成年。

如果现在我们考察儿童全神贯注的独特显现，我们会发现这种情景和以前情景截然不同，以前涉及实用性工作，而现在从一个物品不可能发掘出任何实际用途，却突然引起儿童注意，儿童开始专心致志地使用它，并向各个方向移动。这些往往是机械性和一致性的运动；孩子常常用手破坏刚刚构建的一切，以便重新开始构建。这样的运动多次重复，再不会让人联想起我们在实际生活训练中所见、怀着满腔热忱完成的活动。于是，我首次发现，儿童特征的这一面貌的存在，我对此感到惊奇，我问自己，是否面对着奇特的事实、一个新的神奇的秘密，由于我看见在我眼前心理学家的众多理论之塔坍塌了。他们曾让我们相信（我也曾信以为真）：儿童不可能长时间地全神贯注于任何东西。然而，我亲眼目睹一个四岁女孩，她全神贯注地把大小不同的木质圆柱体插件插入插座的插孔中，当所有插件全部插入插孔后，她又把它们从插孔中拔出，以便重新开始插入，她反复练习，不知何时结束。我开始数次数。当她练习已达 40 多次时，我坐在钢琴旁，请其他学童唱歌，但那个女孩继续其无用的练习，她一动不动，头都不抬，仿佛她被教具完全吸引。到一确定时刻，她停止练习，站起来，面带微笑，兴高采烈，两眼炯炯有神。她轻松自如，仿佛得到休息；她满面春风，就像婴儿刚从美梦中醒来。

从此以后，我更经常地观察到这种表现。每当学童完成这种收获性工作，总显得精神饱满、身心健康。在他们的心灵中仿佛开辟出一条通往潜在力量的道路，显现出他们性格中美好的一面。于是，他们表现出对大家和蔼可亲，全力以赴地帮助他人，他们渴望做个心地善良的好孩子。发生过这样一件事：一个学童慢慢地走近女教师，对她窃窃私语，仿佛告诉她一个秘密："老师，我是个好孩子！"

这种观察已被其他人证实，但特别被我利用。我明白他们心灵中发生的一切符合一个规律，这个规律让我有可能完全解决教育问题。我清楚地懂得，秩序观念和性格养成，智力及情感生活的发展，都源于这一神秘的、隐匿的源泉。从今以后，我运用这一规律探索实验教具，从而让他们注意力集中，此外，精心研究提供有利于注意力集中的外在条件的环境。就这样，我开始创造自己的方法。

千真万确，全部教育学的关键就在于此：善于识别注意力集中的宝贵时刻，以便在阅读、书写、数数，再晚些的语法、算术及外语等教学中加以利用。此外，所有心理学家一致断言，只存在一种教学方法：引起学生最强烈兴趣和持之以恒的注意力。因此，必须牢记这一点：为了教育儿童，应当利用儿童的内在力量。这可能吗？不仅可能，而且必不可缺。为使注意力集中，刺激必须逐渐增强。开始时使用容易被感官识别的教具，能令幼童感兴趣：大小不同的圆柱体插件，有待排序的、不同色调和饱和度的色板，发出有待区分不同音响的教具，触摸时有待区分的粗糙程度不同的表面。然而，更晚些时候，我们应用字母表、数字、阅读、语法、绘画、更难的四则运算，历史和科学史，来构建学童的知识。

结果，新型教师的任务变得更微妙、更严肃。学童是否找到自己通向文化和自我完善的道路，一切是否将被破坏，全都取决于女教师。更艰难的是，让女教师认识到，为了让学童不断进步，她应当悄然消失，放弃以前属于她的权利。她应当清楚地懂得，对学童的培养，对学童的纪律，她不会产生任何直接影响。女教师应当相信学童的潜在力量。确实存在一股力量，在不断推动他们，向他们建议，纠正并鼓励他们，向他们证明凭借经验和文化可以提升自己；如果她不抛弃虚荣心，就不会取得任何成果。

作为补偿，女教师应当坚持不懈地进行间接活动：应当充分认识原因，从而积极准备环境，按业已考察的原因使用教具，想方设法引导学童做实际生活练习。女教师必须善于区分探寻正确道路的学童和走上错误道路的学童；她总要保持心态平和，总要准备跑去帮助，当学童呼叫她时，要显现她的爱心和信任。女教师应当献身于培养优秀人类事业。她就像供奉女灶神的贞女，应当保证他人点燃的圣火纯洁、完美无瑕。保证儿童内在生活火焰纯洁无瑕的重任落在女教师的肩上；她要清醒地认识到，这种火焰若得不到精心保护，将会熄灭，并再也不可能点燃。

# 儿童的性格

我们选择"儿童的性格"这个题目并非偶然。我们使用"性格"这一词汇，不想只理解为"道德特性"，而是表示儿童的整个人格，这种人格不仅限于智力与身体的表现，而且构成一个只能靠心理研究才可分析的统一体。

这里，我们首先想要一般地考察儿童活动的形式，人们对这些形式往往忽视，更普遍的是不承认它们的重要性。

我们假定能用一条曲线再现一个确定工作完成的过程。

我们用水平线代表平静状态，水平线以上空间为有序活动，或"秩序"状态，水平线以下为无序活动，即"无序"状态，至水平线的距离为两种活动的程度；垂直线表示时间的流逝。

这样，我们可以表示任何活动，既涉及其时间长短，又涉及其有序或无序的程度。根据这些连续的数据，可以得到一条曲线，让我们看到儿童活动的全貌。[①]

---

① 请读者注意：不可能度量精神张力，即聚精会神的力量，甚至不可能比较和度量同一人连续发生的全神贯注状态，也不可能比较和度量从事不同职业人们的那种状态。应用曲线绝对不是再现确定价值，只是一般地表现有序与无序之间的变化和工作强度。千万不要忽视：这里的"强度"可以纯粹视为主体形式，并完全根据外在征兆；这种"强度"不可能度量。因此，这些曲线完全不能和精确科学及自然科学的曲线相提并论，那些曲线是精确度量的结果。这种曲线只是运用图解以有助于整体考察。——原注

# 家庭中的儿童

现在，我们描绘一所"儿童之家"内一个学童的活动。他走进教室，瞬间平静，然后开始工作：曲线开始朝着有序空间上升。其后，这个男孩累了，结果变得烦躁：曲线向无序空间下降。再晚些时候，他重新开始一件新工作。例如，起初他手持圆柱体插件，现在则拿着色板，我们看见他在一段时间内坚持不懈地工作，但随后突然骚扰其相邻伙伴：曲线重新下降。他给同伴捣乱却感到好玩，于是陷入混乱无序状态。随后，他又选择了乐钟，他敲击出不同的乐音，全神贯注地投入工作：曲线重新上升到有序空间。然而，他刚一结束工作，就不知道如何独自活动，他感到十分厌烦，就靠近女教师。

在这条曲线中，不可能表现那种形式：持续地让我们感兴趣的工作进程。这是一种典型曲线，表现多数孩子不能集中注意力，不能严肃认真地完成一件工作，而是时断时续地从事各种活动，在短短几个小时内，应当学习半年的所有教具都被他们拿过。这是混乱无序孩子的最普遍类型。

过了一段时间（可能几天或几星期或几月），我们重新描绘这个孩子的活动曲线。此时，他完全做到"注意力集中"。

现在，我们想要提及一条大致表现一个孩子的活动曲线，虽然他不再混乱无序，但也未做到完全有序。他的行为举止处于有序和无序的中间状态。

这个男孩刚进学校，我们交给他一件容易做的家务劳动；随后他放下那个工作，选择了一件熟悉的教具，不断重复业已了解的练习。然而，我们随后发现他感到疲劳并犹豫不决：他的活动曲线朝着平静线下降。不仅一个学童，而且整个班级都存在这种现象。在这种情况下，一位没有经验的女教师会说什么呢？她可能得出结论：孩子们在从事家务劳动后，或使用教具做练习后，感到疲劳，受到赞扬的聚精会神状态没有出现，那过错绝不在她。

如果女教师性情温和善良，如果她了解（现在人们经常讨论的）心理学准则，她肯定会想到，孩子们在工作劳累后绝对需要休息，因此必须中断练习。于是，她把孩子们带到花园想让他们消遣。孩子们在花园里四处乱跑，乱喊乱叫；重新进入教室后，比以前更混乱无序。孩子们不断地改变练习，这种"假性疲劳"状态持续存在。

不少女教师根据这种现象得出错误结论：儿童自由选择工作并未真正给他们带来快乐和幸福。事实一目了然：他们自由地选择自己的工作，但他们只是瞬间保持专心致志，随后变得烦躁不安。女教师们说：我一切都试过了，我让他们休息，我改变他们的环境，尽管做了这一切，我没有成功，我未能引导他们投入工作，也未能让他们保持安静。

这些女教师肯定"逐字逐句"地研究方法，但她们缺乏必要的信心，故忘记尊重儿童的自由。自然，她们只能在各种认识中犹豫不决，在以前学习的东西中找答案；她们试图中断练习并指导学童，恰恰由于这一点，她们中断了学童的自然发展，也破坏了她们想要建构的东西。

相反，如果一位女教师尊重儿童的自由并信任他们，如果她意志坚强并暂时忘记以前学过、充满脑际的东西，如果她相当谦逊，就会认识到她的干预并非必要，如果她善于耐心等待，将会很快发现儿童发生全面变化。儿童被激励，旨在探寻其意识深层的东西并发现自我。

然而，儿童在完成一件引导性工作后，刚有可能，就会立即开始比以前更困难的工作。他们会全神贯注地投入工作，他们会全身心地致力于这一工作，与此同时，他们暂时摆脱环绕他们的一切：这就是我们称做的"伟大工作"。

当儿童结束工作后，肯定抛弃以前作为集中注意力根据的教具。但儿童的所有表征和假性疲劳现象毫无差别。如果开始他们显得疲劳，现在他们容光焕发，面容显现得到充分休息。儿童仿佛受到一股新力量推动，他们似乎喝了活力泉水而生机勃勃。我们清晰地认识到，我们面对唯一封闭工作周期，它有两个部分组成：第一部分是单纯准备——引导儿童工作，并为第二部分——真正"伟大工作"铺平道路。

在完成"伟大工作"之后，儿童开始休息，甚至可以说此时才真正地休息。他们满心喜悦、心静如水，清晰地向我们揭示一个新真理。

其实，类似儿童没有显现任何疲劳征兆，而是显现巨大生命力的生理征象。这无异于我们在美餐或沐浴后容光焕发、面貌一新。这种工作形式，根本不消耗我们的力量，而是增进我们的力量；这样还存在一种心理工作，它使精神朝气蓬勃。为让儿童能得到休息，我们应当让他们能够从事"伟大的工作"。

让我们反思一下：休息真正意味着什么？我们认为，休息丝毫不意味着懒散。如果我们处于静止不动状态，我们的肌肉得不到休息；如果我们适当运动，肌肉反而会得到休息。同样，我们发现，自由选择的智力工作会让我们心态平和、精神焕发。

生命本身是十分神奇的东西。一位女教师不能说，这一或那一工作适合这个孩子，让他朝气蓬勃。这种工作根本不能从外部向内部渗透。只有生命自己的声音才能选择儿童真正需要的工作。于是，女教师必须尊重这一神秘工作，并善于满怀信心地等待。

这样得以休息的儿童兴高采烈、和蔼可亲，可能还渴望和女教师推心置腹地交谈。他们的心灵恰恰仿佛开放，他们心向女教师，因为只有此时他们才承认女教师高明，并寻求其帮助。只有此时他们才观察到所处环境中以前视而不见的东西。无疑，他们内心世界变得丰富多彩，因此更善于接受形象，他们强烈渴望和自己的环境水乳交融。为了能利用自己的力量，必须汇集自己的力量。一位女教师想给一个男孩上课，在他身上却看不到任何感情交流、信任和服从的可能。即使可能的话，上课过程也将非常艰难，效果很差。

这一切显得奇怪，但从中我们应当承认，我们是如何错误地对待儿童。心向某人，服从某人，只是内在需要的外在征兆。我们想要教给儿童外在表现，却没有给予他们发展内在力量和自己做主的机会。

相反，我们的任务恰恰是为内在力量发展开辟道路。


聚精会神的能力越发展，心态平和地投入工作的现象越频繁发生，一种新现象变得一目了然：儿童遵守纪律。应用自己的教育方法实现这一点的女教师们，采用特殊表达方式。一位女教师可能问另一位女教师："您的班如何？已经守纪律了吗？"另一位女教师或许回答："还没有。"或许她听到这句话："还记得那个淘气男孩吗？现在已经严守纪律。"相互理解的女教师们，知道所需要的一切。其余一切顺其自然。

儿童的纪律一旦形成，他们就将走上心理自然发展的道路。儿童走上这条道路之后，就变得更加勤奋，以致无所事事就活不下去。可能发生这种情况：即使他们在等待某人时也不会懈怠，而会全力以赴地投入活动。

这种发展越顺利，假性疲劳时间就越短，投入工作的"平静"时间就会越长，在平静状态下，儿童能将学到的东西付诸实施。

这是一种性质独特的平静，"在活动中休息"。无疑，持续进行内心工作，仿佛同外界没有关系。儿童实现内心平静，观察四周的一切，洞察其细枝末节，就会有新的发现。

于是，聚精会神分为三个时期：准备时期；伟大工作时期，即和外部世界的一个对象发生关系的时期；第三时期，即内心活动使儿童变得欢乐和清明的时期。这种内心清明之光也反射到周围环境，从而儿童能观察到以前视而不见的东西。

我们还观察到另一种现象：儿童特别听话，他们的耐心达到难以置信的程度。这确实令人惊叹不已：我们并未刻意教他们服从，也没有注意教他们耐心。

不会保持身体平衡的人，就不敢走路，也不敢运用双臂，因为害怕跌倒，他只能摇摇晃晃地艰难前行。然而，如果随后他学会保持身体平衡，就会跑、会跳、会向右转向左转。这同样适用于心理生活。心灵不会保持平衡的人，就不会全神贯注，不能把握自己，容易屈服，在这种精神状态下，他会受他人意志影响，怎么会没有"跌倒"危险呢？不能服从自己意志的人，怎能不屈从于他人意志？服从只是一种精神灵巧，内心平衡是其必要前提。这种服从源于坚强，还包含"适应环境"的最好前提。所有生物学家一致赞同，为了适应艰苦环境，体格必须健壮。那么，生物学家所说的"适应环境"到底指什么呢？只是意志坚强，保证个体能够相应适合周围世界的确定要求，能够形成其周围世界暂时要求的机制和功能。然而，在这些力量启动之前，它们必须存在，不能只被环境需要所唤醒。就连园丁也知道这个道理：拔苗助长只能让幼苗枯萎。

因此，首先要意志坚强，保持精神平衡，才能做到真正服从。正如在大自然中，一个健壮的机体能够适应环境，同样一个坚毅精神将会服从，并能适应一切。

由此可见，根据儿童自身规律，让他们能够平静地发展自己，是至关重要的。这样，儿童变得意志坚强、体格健壮，并将成就我们不敢奢望的伟业。

当儿童能够在和平和自由中行使其精神的本质功能，他们就发展到相当高度。其余一切迎刃而解；他们能够掌控自己的身体，会按照自己的意志进行所有运动，会洁身自好。从他们能够保持极度安静这一事实，可以了解他们掌控自己达到的程度。他们对自己掌控的程度往往超过成人。但我们不应忘记，他们是如何实现的这种发展，也不要忘记环境扮演了什么角色。

我们再重复一遍：不是由我首先提出这些原则，然后再让我的教育方法符合这些原则。实际情况恰恰相反：只是对自由得到尊重的儿童的直接观察，向我揭示了他们内心生活的某些规律，其后我发现这些规律具有普遍价值。是儿童自己探寻通往坚强的道路，是他们靠自信本能找到这条道路。

# 儿童的环境

　　生物学已一再证明环境对生物的巨大影响。进化论的唯物主义理论，甚至赋予环境对生命、对生物形态产生巨大作用的能力，让生物发生改变或改变着生物。虽说这一理论已被一些学者抛弃，由于研究的深入，人们认识到动植物在其中生活的环境越来越重要。这一点一目了然（无须提及众多其他学者的研究），尤其在法布尔①的著作中，他研究了各种昆虫，告诉我们许多新发现，恰恰由于他在昆虫通常生活的环境中观察它们，才能真正揭示它们生活的秘密。由此可见，千真万确的是，如果不在生物体的自然环境中观察它们，就不可能正确认识任何生物。

　　然而，如果我们观察人，我们发现与其说人在适应环境，不如说人在努力创造更适宜自己的环境。人类生活在社会环境中，在此环境中某些确定精神力量在起作用：人和自己的同类发生关系。这种关系构成社会生活。在不适宜环境中生活的人，不可能正常发展其所有能力，也不可能在自己心灵深处探索以学习认识自己。现代教育的主要任务之一，恰恰是发展儿童的社会本能，激起他们和同类在社会中一起生活的倾向。

　　与此同时，儿童不拥有适宜自己的环境，由于他们生活在成人的世界里。这种矛盾状况对今日儿童的生活产生严重后果。首先，由于儿童

---

① 法布尔（J.H.Fabre，1823—1915），法国昆虫学家，以研究昆虫解剖学及行为而著名。

# 家庭中的儿童

和环绕他们的事物之间规模的差异，似乎他们不会发现自身和那些事物之间有任何关系，结果，他们不可能实现其自然发展。

这种不相称一目了然，不仅在于规模的差异，而且在于运动的或大或小的灵巧。我们设想一位魔术师能够灵巧地完成所有表演，显现出动作的娴熟和敏捷。现在，如果我想尝试模仿他，他会对我说："你要干什么？"由于我确实没有能力。其后，如果我尝试慢慢地重复他的表演，他肯定会失去耐心。我们难道不是这样对待我们的孩子吗？我想给所有妈妈提出一个非常简单的建议："让你们三四岁的孩子自己洗手，自己洗衣服，让他们自己从容自如地用餐！"

如果有一天，我们只能生活在类似于我们为儿童准备的环境中，我相信我们将非常狼狈。我们不得不消耗我们全部的力量、我们所有的能量用以自卫，我们为了防卫总说："不，放开我，我不愿意！"最终，我们像孩子那样号啕大哭，因为再也找不到其他自卫手段。然而，妈妈总说："这孩子多任性！不想起床，不想按时睡觉，还总说'我不愿意，我不愿意'，众所周知孩子不该说'我不愿意'。"

然而，如果我们在家里为孩子准备一个和他们的形体、力量、心理能力一致的环境，其后我们让他们在那个环境中自由地生活。由于我们给儿童提供了适宜他们的环境，我们将为解决一般教育问题迈进了一大步。

一所"儿童之家"或一所学校，如果我们从这一观点考察，正如我们业已说过的那样，就应当配备根据他们身材、适合他们体力而制作的家具，这样他们能够轻而易举地移动它们，就像我们移动自己家里的家具一样容易。

因此，基本原则是：家具应当较轻，摆放得让孩子容易搬动，图画悬挂的高度应让孩子舒适地观赏。我们应按相同原则准备所有物品，从地毯到花瓶、杯盘等。孩子应当能够使用居家过日子所需的一切，并能够完成日常生活的所有劳动，应当扫地、清扫地毯、洗脸洗澡、穿衣脱衣等。

物品要坚固，并能吸引儿童的眼球。"儿童之家"的方方面面都应赏心悦目，由于美能激励他们活动和工作。即使成人也想要漂亮住所以便高兴归家。我几乎可以说，在环境美和儿童活动之间存在某种数学关系。譬如，他们更喜欢用美观的笤帚（而不是丑陋的笤帚）扫地。

儿童独自就能很好直觉到这些事物。我们在旧金山开办了一所儿童之家，一天一个女童去参观一所普通学校，她立即发现课桌上有灰尘。于是，她对女教师说："您知道您的学生为什么不擦桌子，而让一切脏乱吗？因为他们没有美观的抹布。如果我没有那样的抹布，我也不想擦桌子。"儿童之家的家具应当能够清洗。有人可能认为这是卫生学的清规戒律。真正的原因是，可以清洗的家具为学童提供乐于从事工作的机会。这样，他们就会集中注意力，认出斑污，并伴随时光流逝惯于让周围环境保持清洁。

许多人向我建议，在小桌的桌脚下安装橡胶小轮以防出声；但我更喜欢让桌子出声，因为声音揭示任何粗鲁动作。众所周知，儿童的运动并不规范，他们不会掌控自己；和我们的运动相比，他们进行杂乱无章的运动，恰恰因为他们还没有学会有序运动和经济运动。

在"儿童之家"很容易揭示任何错误、任何不正确的运动：椅桌发出吱吱声响，仿佛对孩子们说："这样做不对。"在"儿童之家"还应当备有一定数量易碎物品：杯子、盘子、花瓶，等等。我确信成人会惊呼："怎么，把玻璃杯交到三四岁孩子手里？他们肯定会打破玻璃杯！"这样，他们就把玻璃杯看得比孩子还重要；他们觉得，一个不值几文的物品，似乎比儿童运动教育更有价值。

在属于自己的家里，孩子倾向尽可能地彬彬有礼和细致入微，他们努力掌控自己的运动。这样，他们不知不觉地走上自我完善的道路。我们观察到，他们表现出全新的欢乐和尊严，他们有时激情满怀难以言表，向我们证明对他们来说这条道路是自然的，是他们所热爱的。因为说到底一个三岁幼童的目的是什么？是成长，他倾向于成长为成人、自我完善并参与有助于自我完善的所有活动，或换言之，他全力以赴做练习，因为练习意味着发展。譬如，如果儿童在洗手时感到欢乐，不如

# 家庭中的儿童

说他们需要完成这一活动，由于活动给他们带来生命力，而生命力是他们一切努力的源泉。

面对正在发展、通过劳动和消耗能量实现自我完善的生命，通常我们做什么？我们往往使用全部力量阻碍生命实现其目标。譬如，在一些学校，小桌和课桌被固定在地板上；孩子们天性活泼，往往做出不雅动作，如果小桌和课桌固定的话，他们就不会发现这样做能把桌子碰倒。于是，我们肯定实现学校的秩序，但学童没有掌握运动的秩序。如果你们给幼童一个金属杯盘，他把杯盘摔在地上，用脚踩踏也不会破碎，这样你们就扮演了魔鬼角色。我们试图以这种方式掩饰过失，因为过失并非一目了然，从而犯错者认识不到自己的过失。学童除继续坚持自己的错误之外，还将偏离生活正常发展的道路。当儿童想要独自完成某些事时，他们会生机勃勃、竭尽全力。我们看到他们筋疲力尽……立即进行干预，旨在更好地完成他们开始的工作。

魔鬼可能这样说："你想洗澡，你想穿衣，你不要折磨自己，有我在，能完成你想做的一切事情。"

我们剥夺了儿童的任何良好愿望，他们就变得任性淘气；我们满足了他们真正的任性，我们认为这样他们会变得更好。

请你们想想，随后儿童会发生些什么，在他们生命的最初几年被关在家中，那里的物品既不会打碎也不会弄脏；在那个家里，他们不需要做任何掌控自己的练习，也无须注意使用日常用具。这样，他们缺少许多不可或缺的经验，他们的生活总缺少某些内容。

还有一些儿童，任何人都不能让他们满意：他们总是乱动，或躺倒在地，不愿意洗澡；他们的父母听之任之，从不进行干预。常常听到夸耀那些从早到晚逆来顺受的父母："他们多么善良，多有耐心啊！"然而，这是真正的美德吗？这是虚假的美德！

真正的美德不在于容忍任何偏离常规的行为，而在于探寻避免这些偏离常轨行为的方法；在于任何活动都能让儿童合乎自然地生活。

给予儿童生活所需的一切。深刻理解儿童是可怜的小生命，他们一无所有，给予他们所需的一切，这才是美德，这才是仁慈。

让我们观察一下在自己天性所需的环境中的儿童。我们将会发现，他们如何通过独立工作实现自我完善。不仅他们使用的用具，而且通过使用这些用具能够认出可能的错误，为他们指明正确的道路。

我们将会怎样做？

我们什么都不做。

我们业已关心为儿童提供所需的一切。现在我们学会战胜自己，我们退居一旁，观察他们，几乎保持一定距离地观察他们。我们不要用干预使他们疲劳，但我们从不会抛弃他们。我们总看到他们心境平和、自己努力，直至投入严肃的工作。除了观察，我们还能做什么呢？就这样，我们创建了新型学校，在这类学校里学童自发地发展其活动，而女教师只限于等待，这种做法和普通学校截然相反，在那里女教师扮演积极主动的角色，而学童处于消极被动状态。学童越进步，女教师就越应限于观察。

关于这点，我恰恰记起一所学校发生的饶有兴味的小插曲。

一次，学校工友忘记打开校门，学童因为不能进校感到很生气。于是，女教师说："孩子可以从窗户跳进去，而我不能跳。"学童纷纷从窗户跳进去，而女教师在外面高兴地看着他们。

一个美好环境指导着儿童，并向他们提供训练自己能力的手段，这就允许女教师能暂时缺席；创造这样的环境就已经是伟大的进步了。

# 家庭中的儿童

　　我们看到迄今儿童教育基于伪概念和错误偏见。今天人们尝试让源于直接观察的其他更为实证的观念占上风。由于我们看到观察方法在所有领域都获得成功，因此能轻而易举地得出结论：观察方法也将改变教育学方向。

　　现代教育在冒险想要教育儿童之前，先观察儿童。现代教育最终应进入家庭，在那里不仅创造新儿童，而且创造新父母。

　　时至今日，父母主要关注纠正孩子的缺点，把自己认为美好和正确的东西教给他们。譬如，首先用榜样，其后用清规戒律和告诫，如果这还不够，就用斥责和惩罚。甚至，无可置疑，家庭更有权利采用惩罚作为教育手段。

　　然而，这种权利把两大责任落在父母的肩上：和软弱无能的儿童相比，他们代表权力和无与伦比的权威；此外，他们有义务持之以恒地起表率作用。

　　父亲和母亲清楚地知道，他们的子女由于他们或好或坏。常言道：母亲的膝盖上摇着祖国的命运。尽管如此，无论父亲还是母亲都未对这一艰巨任务做好准备。母亲在其青年时代也必须体验，只有凭借训练和耐心才能完成最简单行为，却未想到问自己，为教育好一个孩子应当怎样做。父亲从青年时代就学习了许多东西，但从未认真反思如何形成一种性格，也没有注意观察一个孩子。

## 家庭中的儿童

结果，这一承载重大责任的艰巨任务，往往完全随意地听天由命，或交给良好愿望，甚至交给经验，因为那些经验缺乏直接感受，所以没有任何活力。

成为值得孩子效仿的完美模范突然变得十分困难。因为直至这无邪新生命之花在家庭绽放时，父亲和母亲竞相承认自己的缺点。他们考察自己的缺陷，承认是不完美的人。然而，他们要承担新责任：必须完美无缺。轮到他们用意识到的权威教育子女，用惩罚纠正子女缺点并督促上进，但主要是靠他们完美无缺的光辉榜样。

这就形成一种形势，这里我不想详细讨论，因为大家都了解困难和日常生活中的矛盾。

我们以说谎为例。

每位母亲肩负的重要任务之一，是教育孩子真诚。

我认识一位妈妈，她教给自己女儿永不说谎，经常描绘谎言的卑鄙，赞美准备牺牲一切者的勇敢与坚毅，宁愿做出要受谴责行为。她努力让女儿清楚懂得，系列恶行源于一句谎话，而恶行会让世界变得不可救药，一句谚语说得好："说谎者必偷盗"。她尤其强调富人和良好家庭成员的责任——保持自己崇高尊严，为穷人树立榜样，因为那些穷人不可能具有良好教养。

然而，有一天，那位夫人接电话：有人邀请她听音乐会。她说话声音很大，回答道："真倒霉！我恰巧不能出去！我头疼得厉害！"她还没有说完，就听到相邻房间传出呼喊。她害怕发生意外，就跑出房间，发现她的女儿躺在地上，两手捂着脸。"发生什么事了，我的宝贝？""妈妈说谎了！"女孩大声喊道。

女儿已不信任母亲。母女之间筑起一堵城墙。母亲关于社会生活的观念混乱，她的心灵圣殿受到亵渎。

那位妈妈在勤勤恳恳教导女儿诚实，却没有想到每天人们常说的谎言。

成人往往不辞辛苦教诲儿童真诚，但随后用虚伪包围他们，这种虚伪不能列入"惯例谎言"，而是经过深思熟虑，并只有一个目的——欺骗儿童。大人给孩子讲述主显节故事（这天，一位骑着扫帚的巫婆从烟囱钻进屋里，给听话的孩子带来精美礼品，给淘气孩子带来炭块），似乎应当从这个角度考察。有一天，一位母亲对这个骗局感到难堪，试着对自己的女儿说出真相；当女孩听到被欺骗后感到很失望，整整一个星期郁郁寡欢。是她妈妈哭着对我讲述这一小小悲剧的。

然而，形势并非总是如此严峻。还有一位母亲对自己男孩讲述了真相。男孩开始大笑，说道："啊，妈妈！我早就知道主显节巫婆不存在！""为什么你不对我说呢？""亲爱的妈妈，我看到这样会使你相当快乐！"

由此可见，角色往往互换。孩子成为洞察入微的观察家，他们怜悯自己的父母，并为让父母高兴而依从父母。

许多父母要求子女无可置疑地服从自己的命令，同时他们希望获得子女的钟爱。这里，子女往往是父母的老师，源于他们思想纯洁，富有难以置信的正义感。

一天晚上，一位心地善良的妈妈想让自己的儿子上床睡觉。儿子请妈妈允许他完成刚刚开始的工作，但妈妈不同意。结果，孩子假装去睡觉，但过一会儿起床干自己的活儿。妈妈出其不意地抓住他，因为他欺骗了大人而严厉地斥责他。孩子回答说："我没有骗你，相反，之前我对你说过，我想干完这活儿。"为了中止讨论，妈妈命令孩子向她道歉。但孩子坚持讨论"欺骗"这个词，正如之前坚持干完自己工作，他继续解释自己并未欺骗任何人，因此无须道歉。"好吧。"妈妈说，"我看你是不喜欢我！""不，妈妈。"孩子反驳说，"我非常爱你，但我有理时，我不能求你谅解！"

我觉得，孩子像成人那样说话，而妈妈倒像个孩子。

再举一个实例。这是一家的父亲。他是一位新教牧师，每个星期日去布道，他的女儿也参加。一次，牧师说到耶稣对人类的仁爱，他说四海之内皆兄弟，穷人和不幸者让我们记住耶稣，如果我们想让灵魂获得永恒拯救，我们就应当关爱穷人和不幸者。女孩激动不已地走出教堂，

# 家庭中的儿童

满腔热忱，在回家路上遇到一个衣衫褴褛的穷女孩在乞讨。

女孩跑向那个穷女孩，拥抱她，亲切地吻她。女孩父母看到后很害怕，急急忙忙把女儿带走，因为他们的女儿如此干净、衣着讲究，他们大声斥责女儿做好事太冒失。回到家后，他们精心地给女儿洗热水澡，并给她更换了衣服。从那天起，女儿再听她爸爸的布道，其心态大变，仿佛在听和我们生活毫无关系的虚构故事。

数不胜数的冲突都像上述冲突，由父母和子女之间、成人和儿童之间的错误关系造成。

我们的奢望和我们的缺陷之间的距离，让我们以一种虚假态度面对儿童，并不断地引起冲突，最终演变成父母和子女之间真正的斗争。他们之间形成了一道鸿沟，他们彼此难以理解和沟通。显然，在斗争中总是强者胜。但成人往往不能统治小对手，除非前者坚持说服方法，只因为成人总是犯错的一方。在这种情况下，父母试图凭借权威解决棘手形势：他们强迫自己的子女服从，自己装出完美无缺的模样。取得这一胜利后，父母为确证这一胜利，命令子女闭口不语，于是"和平"得以保障！然而，与此同时，子女失去对父母的信任，相互关系中的心心相印和朴实自然也消逝了。

这样，儿童最紧迫、更深层的需要被扼杀了。随后，他们表现出反抗的性格特征，或者因适应成人的错误态度，造成身心紧张，有时可能恶化为真正疾病。这些常见的损害，往往被视为儿童的典型特征，相反只是自卫的反应；譬如，胆怯、故意说谎，后者只为掩饰恶作剧，是一种怯懦的形式。还有害怕，恰恰如说谎，是由被动服从造成的；仅仅是更严重的后果，由于在潜意识中产生形象和情感的混乱。这些混乱在那些孩子那里出现，由于他们缺少心灵平和发展的可能。除这些恶习外，我们还应当补充被动模仿，被动模仿更应视为道德污染的渠道，而不是作为完善和进化的手段。由于进步不是通过观察他人实现，而是靠自己努力工作才取得的。儿童那些被扼杀的愿望，仿佛一潭死水中的枯枝败叶。儿童从未能够正确地判断它们，因为从未能够实现它们，也不能够遏止它们，由于从未有机会驾驭它们：它们总存在，逐渐地吸引儿童，并用神秘好奇心引诱儿童。成人往往扼杀儿童行动的冲动，这就是阻止儿童生活，妨碍他们从事有益工作，阻止他们做出巨大努力，简言之，就是阻碍他们按自然规律发展其精神的倾向。结果，儿童活动走上错误的道路，他们转向那些无用的东西，玩弄玩具，举止轻浮，这些有百害而无一利。沮丧不知不觉让儿童致命地麻痹，让决心战胜世界一切艰难险阻的生命衰落——在屈从、迟钝和懒惰中衰落。

儿童对活动的快乐而健康的冲动被遏止，他们生命力最自然的表现——工作被禁止。他们的想象力没有萦绕令他们感兴趣的事物，而是迷失方向并毫无意义，徒劳无益地在外部世界寻求一个自然支撑点。恰恰由于现实的方方面面都对他们掩盖，一种病态、幻想的生活方式把他们吸引到完全虚幻的世界。

然而，他们幼小的心灵奋起反抗，持之以恒地进行自卫。正如在所有软弱者那里发生的情况，这种反对立场不时地表现为发怒、噘嘴、执拗、痛哭和渴望。如果儿童健康，在一系列恶作剧中找到解救办法（此外，这是蛮横、深思熟虑造反的另一面），这些恶作剧并不消耗自己的力量，而是消耗他人的力量，用戏弄和招惹使他人筋疲力尽，恶作剧只能认为是游手好闲者和懒惰者的幻想。

其后，这些小造反者让教师和教育者失望，让服务人员及亲朋好友失望。这些小造反者总能在其他孩子中发现小效仿者和小追随者。此外，成人对敢于侵犯自己神圣领土并妄想发号施令的小敌人，没有其他对策，只能迎头痛击，虽然未能识破失败者和软弱无能者的计谋。

儿童的神经系统在这种斗争中备受折磨，今天医生证明许多神经疾病的深层病因只是儿时压抑。往往从童年开始就显现危险征兆，比如失眠症、恐夜症、消化不良症，有时甚至包括口吃。所有这些病症都有一个病因。

正直的父母尽一切可能治疗子女的神经疾病，并且忙着纠正他们性格的缺陷。父母竭尽全力以弥补给儿女造成并在其成年继续存在的伤害。这一切归咎于在爱的伪装下的压迫，违背儿童的真正需要。

让我们解放儿童被压迫的心灵！如同通过魔法让他们的一切痛苦

## 家庭中的儿童

消失，至少因压迫引起的痛苦消失，只剩气质决定的缺陷。人类的缺憾总感到需要权威讲授真理，并指明正确道路以避免出轨。

但这里考察问题的另一面。如果年轻父母应尽一切可能让其子女心灵摆脱羁绊，因为子女比他们更无辜更纯洁，从而教育中的自由不要被误解为，不应当纠正通常的缺陷。否则，儿童将面临缺陷造成的多重后果，并让他们患上危险的道德疾病。因为我们不想提供新原则，我们只从众所周知的原则中得出其他结论。在实施这些原则之前，首先思考儿童实际需要什么，我们采取什么行动以满足其实际需要。为实现这一目的，父母必须做好准备。

现在，几乎所有母亲都会全力以赴照料孩子的身体，了解饮食营养规则，知道利于发育的室温，清楚户外活动的益处——让肺脏呼吸更多的氧气。

然而，儿童不是单纯需要营养的小动物；他们从出生起就是有心灵的生命；我们应当关爱他们，仅仅满足其物质需求是不够的，必须为他们开辟精神发展的道路，必须从他们降生那天起就尊重并依从其心灵活动。

身体卫生学向我们提供可靠知识以善待儿童；心灵卫生学把这些知识扩展到更加广阔的领域，会更充实更完整。

儿童不仅需要进食。他们满心喜悦，由于独自完成确定运动，而无人能够阻碍；对我们而言，这种喜悦是儿童无数需求的一个标志。我们不能压制儿童的活动，相反，应当提供促使其活动的手段。

大部分现代玩具没有提供儿童需要的精神激励。我认为，正因如此，大部分玩具最终将消失。我们考察近几年玩具的变化：它们的规模越来越大。洋娃娃几乎达到女孩的身高，按洋娃娃体形，其所需一切都增大：小床、衣橱、陶瓷餐具，等等。

女孩曾对这些感到满意。

如果玩具规模再大一些，女孩就会成为洋娃娃的对手，自己想要洋娃娃的小床和小椅子。于是，女孩幸福至极，但玩具将会消失。

女孩将找到适合自己的环境，她本人将更加喜悦地使用原属于洋娃娃的物品。所有那些漂亮、实用的物品将带给她一种新生活（真正的生活），这是让女孩幸福并帮助她自然成长的唯一东西。

我们应当给予儿童一个只属于他们的环境：适合他们使用的小盥洗盆，一些小扶手椅，他们能打开的带抽屉的橱柜（内装他们能使用的日常物品），晚上睡觉的小床（床上备有他们能打开和折叠的漂亮棉被）。一个儿童可以生活及玩耍的环境：我们将会看到他们整天用小手工作，耐心等待脱衣和躺在小床的时刻。他们为家具除尘，把它们放置到位，注意进食方式，自己穿衣；他们热情、平静，不哭不闹，不任性；既活泼可爱，又听从命令。

新教育不仅在于准备适合儿童的环境，而且在于普遍承认他们热爱劳动和遵守纪律；为了识别他们正在萌发的精神表现，还必须观察他们。新道路是一条精神之路，这种精神没有放弃业已在身体健康方面取得的成就，并且据为己有，还加以利用并取得新进步。确实，心理环节对我们来说至关重要；它是新教育的秘密所在。

我尝试陈述如下原则，可能利于母亲找到正确道路。

最重要的原则是：尊重儿童所有合情合理的活动形式，并努力理解那些活动形式。

儿童生活表现通常指示内在力量，正是内在力量推动儿童发展各个领域的能力，而我们对这种内在力量视而不见。当我们提及"儿童活动"时，就想到观察到的某些特殊事实：有时可能如此，因为动摇了我们的漫不经心。还可能是些不好反应，由于缺乏训练或因长期受压的能量爆发而导致的某些心理偏差。相反，真正儿童活动的标志不是轻易显现的：必须确信儿童身上蕴藏着至善，必须用关爱准备承认这点；只有这样我们才能正确评价儿童。如果父母希望其后正确理解儿童的自然表现，就应当事先有这样的思想准备。

从儿童在家庭生活中概括的几点观察如下：

首先我要讲述一个 3 个月大的女童，一个刚刚来到人世的小生命。

# 家庭中的儿童

那时她似乎刚刚发现其小手，她总在努力以更好地观察它们，但由于其双臂特短，为了看到手，她不得不侧目而视。可见，她可以完成一次不小的努力。在她周围有许多有待观察的东西，但她只对自己的小手感兴趣。她的努力是其本能的表现，她牺牲自己的舒适以使内心满意。

更晚些时候，家人给女童一些东西，让她拿着，让她触摸。她漠不关心地握着东西。从表面上看，她对那件东西不感兴趣。她松开小手让那件东西落地，脸上毫无表情；相反，每当她经过努力抓住一件东西时，无论那件东西在近处还是远处（往往抓不到），她的小脸显露出聪慧的表情。她以怀疑的眼神观察自己的小手，仿佛要说："为什么有时我能抓住，有时又抓不住呢？"显然，手的功能问题引起她注意。其后，当她长到 6 个月时，家人送她一个银铃铛。家人把银铃铛放她手里，帮她摇铃以发出响声。几分钟后，她让铃铛落地。家人从地上捡起铃铛重新交给她，她再次让铃铛落地，这样重复了多次。

女童让铃铛落地，随后又想要铃铛，似乎有一个目的。有一天，当她仍把铃铛握在手里时，她不像平时张开整个手掌，而是先伸开一个手指，然后再一个个地伸开；最终五个手指都伸开时铃铛落地。女童聚精会神地看着五个手指。她重复活动，继续观察自己的手指。显然，令她感兴趣的不是铃铛，而是游戏，是手指能握住东西的"功能"，这种观察令她快乐。起初，女童强制自己的眼睛保持一种不舒适状态，以便能够观察到小手；现在，她开始研究手的功能。聪明的母亲只限于耐心地捡起铃铛并交还给女儿。这样，母亲就参与了女儿的活动，并且懂得重复这种练习对女儿的重要性。

这是一个小事件，但它说明了幼童最初几年的最简单需要。然而，如果家人没有认真观察那个女童，可能会把她的双手绑住，以阻止她侧目而视；或者把铃铛拿走，因为家人清楚地看到她故意让铃铛落地。我们所描述的这一切，似乎家人没有留意。从而，为发展女童智力的一个自然、精致的手段被扼杀了；相反，女童不会享受这些，可能会号啕大哭。从表面上看，她哭得毫无道理，我们没有留意；其实从孩子出生起，在我们和儿童心灵之间就弥漫着不理解的迷雾。

许多人可能会怀疑：在幼童中存在此种内心生活。确实，如果我们想要认识幼小生命的需求，并且确信这些需求对正在发展的生命至关重要，我们就必须学习懂得正在形成的心灵语言，正如学习懂得任何其他语言一样。尊重儿童自由在于帮助他们努力成长。

另一个事实是：一天，约一岁大的男童观看其母亲在他出生前准备好的图画。男孩亲吻图画上的婴儿，他特别受到婴儿形象的吸引。他还会识别花卉的形象，用小脸靠近画面，做出闻花香的动作。显然，男孩知道怎样对待花卉和婴儿。

几位在场人士发现，男孩举止优雅难以言表，他们开始大笑，让他亲吻脸颊，让他用鼻子闻不少东西；他们嘲笑其表现，他们觉得很可笑，没有赋予那些表现任何意义。他们让男孩闻一些颜色，让他亲吻枕头，而他变得困窘混乱，他小脸上以前让他光彩照人的那种聚精会神、聪慧的表情一扫而光。起初他非常幸福，会区分此物和彼物，从事一个相应活动，这是其智力的重要新收获，这种智力工作令他幸福无比。但他还没有自卫的内在力量，以抗拒成人的残酷干预。这样，最终他毫无区别地亲吻和鼻闻一切，他看到四周人们在嘲笑并挡住他独立发展之路。

我们多少次对儿童干过类似蠢事而浑然不知！我们窒息他们的天生本能，在一定情况下引起他们绝望和焦虑，直至他们"毫无道理"地痛哭流涕，我们是盲人，对儿童的眼泪视而不见，正如对于精神需求得以满足的幸福微笑毫不留意。这种现象发生在生命初期，此时印象非常微妙，人类心灵最初活动刚刚显现。从这一时刻起，成人和儿童之间的艰难斗争就开始了。

成人把孩子放在摇篮里摇动，唱着催眠曲让他们入睡……但没有听到他们心灵的呼救声！

相反，如果孩子被理解，我们就会立即发现，其实他们不需要睡特长时间。他们的眼睛既活泼又聪明，他们身上显现出亲和的最初预兆。儿童寻求帮助并趋向能够给予他们帮助的人。人们常说：幼童不爱母亲，虽然母亲给他们喂奶，正如不爱为他们提供美食的人们。根本不

# 家庭中的儿童

是如此：从他们降生的最初时刻，就钟爱帮助他们完善精神的人们。显然，幼童寻求大人的陪伴，并尽一切努力参与大人的生活。只有当孩子能和家人围坐桌旁一起进餐，或和家人在壁炉边共同取暖时，他们才感到心满意足。

在儿童耳中，人们心平气和的说话声是最美妙的音乐。大自然提供的这种手段是为了学习说话的。

第二个原则如下：必须尽可能支持儿童活动的愿望；不是为儿童服务，而是教育儿童独立。

至此，最初话语和最初几步总有价值，就像在儿童发展中可见的、最具象征意义的里程碑，是儿童发展的最初的、最基本的进步。最初的话语蕴涵语言的发展，最初几步蕴涵直立和行走的进步。因此，这些是家庭中的大事，而睿智的母亲会在子女成长日志上记下具体日期。

然而，行走和说话是很难取得的成果。当孩子能在短小身躯和过大头部之间保持平衡、能用短腿站立之前，必须做出许多努力；说话也是相当复杂的表达手段。这两个成果肯定不是儿童生活中的最初成果。儿童智力和平衡感要走很长路才能获得，说话和直立行走只是他们生活中引人注目的阶段。但为实现巨大成果所走过的道路，同样值得我们关注。

儿童确实根据天性发展，但恰恰由于这一点，他们必须反复多次训练。如果他们缺乏训练，他们的智力就会停留在低级阶段；我几乎可以说，那些从小总被扶着和领着的孩子，在其发展中存在某种停滞现象。

不尊重断奶后刚会进食孩子的大人，将会残酷地把盛着面糊的小勺塞到孩子嘴里；相反，如果我们让孩子坐在小桌旁，留足他用餐所需的时间，将会看到他的小手握着小勺，并把面糊送到嘴里。

无疑，对于一位母亲来说，这是巨大的任务，需要极有耐心和很大爱心；母亲应同时为孩子提供身体和精神的营养，而精神营养更重要。母亲必须把清洁观念（这种观念当然值得赞扬）暂放一旁，因为在此种情况下，清洁观念具有次要价值。开始独立吃饭的孩子，肯定不会熟练进餐，因此会把自己弄脏。于是，他由于活动的正当冲动而牺牲了清洁。在孩子发展的进程中，他将完善自己的运动，并将学会进餐时保持清洁。当孩子能够这样保持清洁，就标志其精神的真正进步和胜利。

儿童不断完成大量智力练习，为证明他们的意志做出努力，并在继续努力。在他们说话之前，在他们走路之前很久（快一周岁时）就开始活动，仿佛服从一种心声。那个男孩尝试自己吃饭，使用小勺的模样感人至深：尚不能把想吃的食物送到嘴里（他饿了），但拒绝所有人的帮助。当他活动冲动平息之后，才接受母亲的帮助。他全身弄得一塌糊涂，但小脸上闪耀着欢快和睿智的光芒。现在，经过努力他成功了，他微笑着把食物放入嘴里。我们惊奇地看到，一个有教养的男孩在一周岁时就能独自用勺子进食。他还不会说话，但能清楚地懂得我们对他说的话，并努力按照我们的话语去做。

自然，男孩艰难地做这些事情，他给我们智力早熟的印象。我们对他说："把小手弄干净！"他照办了。当我们让他从地上捡起东西并除去上面的灰尘，他立即认真地做了。

一天，我和一个刚学会走路的一岁男孩，在满是石子的小路上结伴而行；我第一动作是拉他的手，但他不让我拉手。为了引导他，我就说："走这边！""注意，这儿有一个石子！""你小心这儿！"他用既愉快又认真的神情听着并照办。他没有跌倒，更没有弄得浑身疼痛。我只用连续低语指导他一步步走路，他注意听我的指令，这样他感到欣慰：能够完成一个智力的活动——理解我的话语，并让其行动和我的指令一致。这样指引一个孩子，正是一位母亲真正的任务。

给予孩子无用或随意的东西不是真正的帮助；我们应当提供和儿童心灵努力一致的东西。前提应当是理解儿童的天性并尊重其本能活动的一切形式。

第三个原则是：由于儿童对外在影响相当敏感，其程度简直难以想象，因此，我们和他们相处时千万谨慎小心。

如果我们没有充分经验，或没有充分爱心，就不能识别儿童活动的全部细致入微的表现。如果我们不会尊重这些表现，而是当表现剧烈时才能发现它们，那时我们的帮助也将姗姗来迟。正如，当我们看到儿童痛哭流涕时，才发现没有满足他们的需求，那时我们就只能急急忙忙地安慰小泪人儿了。

其后，某些父母拥有截然不同的教育原则：他们并不关注自己孩子的眼泪，由于经验告诉他们，孩子最终会停止哭泣，会自己平静下来。如果我们进行干预，用我们的爱抚安慰孩子（那些父母说），孩子就会学坏并养成恶习，就会故意大哭让我们安慰，这样大人就沦为被宠坏孩子的奴隶。

应当这样回答那些父母：孩子所有表面看来毫无道理的眼泪，比他们习惯于我们的爱抚要早得多。眼泪是他们精神遭受真正折磨的征兆。为了建构他们内心生活，他们需要休息和安宁；相反，我们却用残酷干预不断打扰他们。此外，大量混乱无序的印象向他们袭来，往往急速地接踵而至，令他们根本没有时间接受。于是，孩子痛哭流涕，就像缺乏营养感到饥饿，或吃得过饱消化不良感到胃疼。

以致我们越安慰孩子，越让他们自己擦干眼泪，我们就越会忽视他们真正的需求。我们就会不了解他们痛苦的根本原因，因为那原因太隐秘，但它可以解释一切。

艾莱娜是个不到一岁的小女孩，当大人让她自己擦干眼泪时，她常用加泰罗尼亚①方言说："pupa"，意思是"疼"。但如果没有明显理由，她绝不会哭。

我们很快观察到，每当她产生某些不悦印象时就说"pupa"，比如碰上某个硬物，或感觉到冷，或偶然触及大理石石碑，或手摸一个粗糙表面。显而易见，她想要让周围的人们理解。人们用一句安慰的话语回应她，并在她指示疼痛的手指上亲吻一下。她全神贯注地看着人们对她所做的一切，刚刚感到满意，就说："Pupa, no"，意思是"我不疼了"，不再需要你们安慰我了。她以这种方式，聚精会神地观察自己印象和环

---

① 西班牙的一个地区，首府是巴塞罗那。

境印象。她不是一个被宠坏的孩子，因为只在她需要的时刻，人们才爱抚她、安慰她。我们用安慰强化了她的印象，有助于她澄清自己观察和发展社会本能。这还用以监控和支撑她的人生最初经验。她天性中的天真、微妙的敏感性未遇障碍而得以发展。当她感到有些不适时，人们不对她说"这算不了什么"；我们承认不愉快的印象，并竭力用柔情安慰她，与此同时没有夸大其词。对一个感到疼痛的男孩说"这没有什么"，意味着使他不知所措，因为人们否定了他的印象，而他希望从我们这里确证那个印象。相反，我们若参与，会让他鼓起勇气总结其他经验，同时我们向他表明，应当如何回应他人的痛苦。人们没有否定，没有滔滔不绝，没有探寻最初原因：一句充满温情的亲切话语是用来安慰的唯一回应。这样做，儿童可以自由地继续观察、总结经验，他们的身体发育也会受益匪浅。

小艾莱娜不是一个爱哭的女孩；如果她感到疼，常说"pupa"这个词，她希望得到安慰，但她从来不哭。有一次她患病了，她一次次地对妈妈说："Pupa，no！"似乎想要安慰妈妈。她忍受身体痛苦的能力显然超过她的年龄。她对感觉有清晰、有序的认识，她像成人那样忍受小病痛。

儿童看到周围人们痛苦，往往绝望地大哭。小艾莱娜和小洛伦佐在这方面非常敏感。如果有人假装打洋娃娃，或父亲装做打一个朋友，他们就开始号啕大哭。如果有人因某种原因抱怨或痛哭，小女孩立即跑过去温柔地亲吻他；但随后用肯定的语气说："Pupa，no！"她想要说："现在一切都好，我们不再了！"她还不会说话，但她头脑多么清楚，多么确定。其后，洛伦佐走得更远，他勇敢地责备其父亲。当他父亲动作猛烈，或把他挤到一旁，他不哭，而是站在父亲面前，严肃地看着父亲，用埋怨的口气说："爸爸，爸爸！"仿佛想说："你对我不要这样！"

一天，洛伦佐躺在他的小车里，他想睡觉；他的父亲在不远处大声与人交谈。洛伦佐从床上坐起来并喊道："爸爸！"他的父亲受到警告后，沉默不语了。洛伦佐高兴了，他重新躺下，很快进入梦乡。这让我记起艾莱娜约3岁时的一件小事。她的婶婶向她展示几块色板（我

# 家庭中的儿童

的部分教具）时，不小心一块色板落地并摔碎，婶婶利用这个机会对她说："你看，使用这些色板必须特别小心。"艾莱娜说："那么请你小心，不要让它们落地！"恰恰如此，他们判断并责备成人，如果成人阻止他们，即使有个真正的理由，他们的正义感将会减弱，或者将走上虚伪的歧路。

在儿童眼中，我们绝对没有必要完美无缺；相反，我们必须承认有缺点，并耐心接受他们的正确意见。如果我们承认这一原则，当我们犯错时，就能够面对孩子请求原谅。

一天，婶婶对艾莱娜说："今天上午我对你态度粗暴，而你不应被这样对待，我当时脾气不好！"女孩亲切地拥抱婶婶，对她说："亲爱的婶婶，你知道我多么爱你！"

为孩子做完美无缺的榜样不是我们的责任，因为在孩子眼里，我们永远有缺陷。他们往往比我们自己看得更清楚，他们能够帮助我们承认缺陷，并帮助我们改过自新。

全神贯注地追踪儿童心灵的所有表现，给儿童以自由，让他们能够表现自己的需求，保证他们为自己发展所需的一切外在手段，这是让儿童萌发力量自由、和谐地形成并发展的前提。

儿童深刻、亲切地感受到生活的所有表现，要求被深爱和理解。他们的首要任务是建构内在生活，而为实现这一目标，从他们来到人世的最初几天就开始运用智慧——上天赋予人类的最为神奇的工具。

# 新型教师

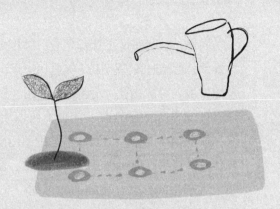

确保能够引起儿童精神活动的刺激，构成我们教育体系的基础。但我们不应绝对依靠这些刺激。

这些刺激作用的大小取决于教师和她们向学童展示教具的方式。如果教师擅长用教具吸引学童，那么她的授课将和教具本身一样有效。因此，我们认为教师讲课或教学的关键，在于向学童展示教具、教会使用教具的独特技巧。

研究我们方法的人们特别关注教师教学全过程。若把我们学校教学和采用传统方法的学校教学进行比较将饶有兴味。

在我们的教学中，活动的本质部分留给学童发挥积极性。刚到能够进行智力活动年龄的学童，能够独自进行自我教育，他们按自己意愿反复做引起推理的练习；这样就完成一件完全独立的工作，这件工作只属于他们，教师不应对这种工作进行干预。教师的任务只限于提供教具。教师只需向学童介绍教具的用法，然后让学童自己完成工作。由于我们的目的与其说是授课，不如说是唤醒和发展他们的精神力量。

由于学童不了解周围所有教具的用法，也不可能独自猜出其用法，所以课时相当长。从而，教师要向他们示范。许多教师问我："热情、优雅地提供教具够吗？"不够，确实不够，由于至关重要的是使用这些教具的方式。我们以餐具为例。并非所有学童都清楚地理解餐具的用法。如果一个中国人不会使用西餐餐具，在我们的餐桌上看到刀叉，他会拿着它们玩耍，把它们从右手移到左手，直至他看到我们怎样使用才停止。

同样，教师每次上课都把立方体按大小摞起，构建一个木塔，然后再推倒；或者把圆柱体插件从插孔中拔出，再将它们混放，随后再把各个插件插入对应插孔；或者把一个用于做游戏的地毯铺在地板上。这些课程可能显得怪异，由于几乎不用说话，而通常人们认为授课就是讲课，就是作小型报告。然而，这种不用语言的授课才是真正的"授课"。教师向学童示范如何坐下，如何起立，应如何移动一张小桌，应如何移动上有水杯的托盘，应如何轻捷地、安全地走动。这些难道不是授课吗？"肃静"也是一堂课。通过这种练习，我们教会学童静静地坐着，并让他们养成这种坐姿的习惯，直至呼叫他们的名字时，他们才发出轻微的声音。我们引导他们注意自己身体的每一微小动作，这样他们学会正确掌控动作。教师靠语言不可能获得肃静状态，这只能靠学童心态平和。于是，我们可以说，从某种意义上，"肃静"课就是我们教学的象征。用这种方式可以教授一切内容，甚至人们普遍认为不靠语言就不可能认识的知识。

在我们学校，环境本身就为学童授课。教师只应让学童和环境直接发生关系，向他们示范如何使用各种用具。

在其他教学法中，不会发生这种情况。人们听到的是命令。譬如，教师对一个孩子说："你静一静！""你别说话！"这就是教育用语！相反，我们不相信只有语言和命令才具有教育能力，我们谨慎地尝试指导他们符合天性的活动，而他们对此几乎毫无察觉。他们向我们证明，我们的努力获得成功，他们拥有新的能力并通过积极、勤奋训练不断完善。然而，服从一个命令的前提是业已形成个性。换言之，儿童已经具有能按我们意志行动的能力。因此，我们应当让他们训练这种服从，因为单靠命令不可能达到目的。人们经常听到教师叮嘱弹钢琴的学童："注意指法！"却没有向学童示范正确指法。于是，发生如下情况：学童的指法仍然错误，教师不断观察到，学童在键盘上继续其错误指法。

在下达命令之前，必须从本质的东西开始：在儿童心灵的发展中应当形成某种秩序，让儿童能够服从成人。儿童通过不断训练可以独自实现这一点。在此之前，我们不可能设想领导他们。其后，再晚些时候开始讲授语言课程。

当然，学校也应当教授语言。这种教学涉及儿童的语言能力和表达方式。缺乏经验的教师通常特别重视讲授，但她们认为已正确展示教具就大功告成。实际上，她们还差得远，由于教师的任务更重要。教师要负责指导儿童心灵的发展，因此，她们对儿童的观察不应局限于学会认识儿童这一唯一目的。所有观察都应关注（观察的理由就在于此）能够帮助儿童这一目的。

"新型教师"的任务相当艰巨。我愿提及某些对她们有所帮助的原则。当儿童致力于其"伟大工作"时，教师应当尊重他们的全神贯注，不要用赞扬，也不要用纠正破坏这种状态。某些教师对这一原则的理解非常肤浅。她们认为一旦把教具分配给儿童，无论发生什么事情，她们都应撤退并保持沉默。结果，教室内秩序大乱。只有当儿童生活中发生一种本质现象：即儿童具有聚精会神于一物并致力于一件工作的能力，一旦儿童的兴趣（不是好奇）被唤起，才能用"不干预"表示对儿童活动的尊重。当儿童的健康力量在混乱无序中被消耗，这种"不干预"的尊重就站不住脚。有一次，我看见全班孩子混乱无序，都在错误地使用教具。女教师在教室里轻轻漫步，像个隐身人那样悄然无声。我问她，让孩子们到花园里跑跑跳跳是否更好。于是，她走到一个个孩子身旁低声耳语。我问她："你做什么？"她答道："我轻声说，为了不打扰他们。"

这位教师犯了严重错误：她害怕破坏混乱无序的状态，而不采取必要措施以恢复秩序，要知道秩序有利于儿童的个体活动。

还有一次，一位女教师对我提出如下问题："您希望教师尊重儿童的全神贯注，还说如同科学家和艺术家那样聚精会神。但您为何又说，当儿童不是在工作而是用教具玩耍时，教师就必须中止他们这样做？""确实如此"，我回答道，"我尊重儿童的智力活动，就像尊重艺术家的灵感；但只尊重灵感，而不是艺术家。譬如，如果我走进一间画

# 家庭中的儿童

室，我发现艺术家在抽烟或独自玩纸牌，我就不会注意不打扰他，甚至还会对他说：'我的朋友，您干嘛那么专心致志？那纸牌对您的吸引太过分了！放下纸牌和烟斗，我们一起到室外散步，享受一下阳光。'"

我们的方法肯定不赞成尊重缺陷和肤浅，其根据在于能够识别出儿童身体状态之间的差异：一些有利于其精神健康（我们称做"好"）；另一些毫无建树，无益于培养教育，甚至徒劳无益地消耗其力量，危害其成长（我们称做"坏"）。

我们希望，不仅教师而且母亲都要把这种差异铭记在心。

教师可以严肃、有力地唤醒学童，让他们摆脱混乱无序状态；洞察学童的教师，拥有更有效的强制手段以实现自己的目的——让学童恢复秩序。无疑，需要一种持续监督和一种连续工作；教师应当监视并保护周围环境。而命令和告诫多么简单！相反，教师的任务并非简单、容易，而是需要深入探索和拥有无限爱心。

教师应当关注儿童的环境，正如妻子关注丈夫的家园，以便让家园变得更惬意更具魅力。这还不够：教师应当了解儿童需要什么，此外，应当用自己双手美化（形成中）心灵的摇篮。

教师在练习中观察，最终清晰地认识到自己的任务。

儿童的秩序和无序，儿童能够取得的成功，往往取决于对细枝末节的观察，因此，只有通过练习才能达到令人满意的结果。

我们能轻而易举地用实例说明，一个表面看来微小的错误，可以造成影响深远的严重后果。我们设想提供带浴缸的工人住宅。如果这所公寓的房客把浴缸当容器盛果蔬，他们肯定不可能洗澡，此外，还会损坏住房和家具。他们不可能利用有利卫生条件，结果仍处于贫困、肮脏的境地，而这仅仅由一个表面上很小的错误造成。人们期待着获得大丰收的地方，反而颗粒无收。人们创造的不是秩序，而是混乱无序。

教师的睿智在于深思熟虑地实施我们方法的基础，如果她们和这些基础心心相印，将会找到办法，帮助克服所有细小困难，并取得丰硕成果。

这条道路通往儿童的全面完善，也包括通向道德完善。善于战胜小过失，即使可以原谅的过失，并不意味着实现自身完美。然而，擅长克服弱点的心灵可以提升，在克服弱点时，让健康力量充分发展。就这样，一点一点地克服细小困难。

我们应当帮助儿童克服那些缺点，不要让他们感到自己虚弱。

# 成人与儿童

今天，教育运动如此普遍，已经超出主管者范围，并成为最重要的社会问题之一。实际上，人们懂得文明进步不能仅靠实际应用新科学、改变外部环境实现，而且主要通过实际应用科学以帮助儿童长大成人来实现。因此，现代涌现的与教育有关的科学，不仅科学家和教育者感兴趣，而且儿童的亲属和一般公众也感兴趣。众所周知，现代教育学得以展开有两个要素：一个是研究和培养个性，也就是认识每个孩子的独特性格，以便根据其被识别出的倾向来进行引导；另一个是给予他们自由。

现在，大家知道，新教育学远景的实现已经遇到艰难险阻，从而产生教育科学提出大量问题的事实。其实，在这个研究领域，问题这个词已变得十分典型：人们经常听到说学校问题、自由问题、兴趣及努力问题，等等；而在其他学科人们常常听到说定律、光传播定律、地心引力定律，等等。在科学中，问题往往是隐秘和准备的部分，人们并不重视，而成为科学的部分则是发现和解决问题；相反，在现代实验教育学领域，仿佛从问题状态出发，这意味着从科学领域出发，由于探索被认为是科学的。有人说过：我解决了所有教育学问题，我发现了人类心灵，我把教育学置于一个简单、坚固的基础上，但仿佛不能成为被科学界严肃对待的人士。实际上，甚至存在学童自由和学童需按预定大纲学习的冲突，或一般情况下，要获得文化必须强制工作；在个性发展和社

# 家庭中的儿童

会生活需要之间的冲突：由于在人类社会中不可避免地存在个体困境，个体不仅要适应难以预料的艰难困苦，还要适应文明社会稳定所规定的道德界限；也就是说，为争取一个多少有所发展的位置，恰恰应当牺牲个性。在对待儿童时，仿佛他们应受学校纪律折磨不可避免；但人们希望他们享受；他们必然会筋疲力尽，但人们希望他们没有感到劳累。他们应当服从绝对命令，但人们希望他们是自由的。与实际事实需要相比而提出的愿望，成为教育诸多问题的根源。科学家的尝试几乎化解为沉思儿童命运的成人的一系列抱怨。其实，现代学校的所有改革都倾向于减轻不可避免的不适，譬如减少课时，压缩教学大纲，强制设置体育课：归根结底，这些补救措施是文化进步的结果。

无论如何，解决这些问题不能是一种妥协；必然是一次实际改革，善于开拓新教育之路，而迄今教育走的是一条死路。

应用于教育的科学不会发现幸福之路，而在其他领域科学为人类生活做出不少光辉、有益的发现。在我们领域，科学限制了对外在现象的研究。借用一个医学术语，我们可以说："它尝试了症状疗法，却并不关注探寻，是否存在某个未被感知的核心错误，那错误是否为外在现象的原因。"

在医学中，人们知道截然不同的症状可能源于一个核心原因，正是这一原因决定数不胜数的现象，试图同一个个现象斗争徒劳无益。经验告诉我们，心脏功能紊乱可以引起各个器官的不同症状，试图治疗一种症状徒劳无益，其实只要恢复心脏的正常功能，那些症状会立即消失。我再举一个心理分析学研究的心理疾病的实例，在此类疾病中可以发现情感与观念的并发症，由此可见是许多未被认识的现象的大杂烩，那些现象是由在潜意识中隐藏的一个动因引起的连续建构，若发现那个隐藏的动因，一切都变得可以理解，那些现象将会消失，或者将变得微不足道。

我们刚才谈及的诸多教育问题，可以同外在现象进行比较，它们自身不能化简，因为源于一个未被感知的核心原因，此原因可以说隐藏在全人类的社会潜意识中。

我们的教育事业远离目前教育症状进程，恰恰走着自己的探索之路，我们走这条道路能够发现那个核心原因。这一原因解决了，一切问题将迎刃而解。

现在，所谓的教育问题，尤其是那些涉及个性、性格、智力发展的问题，均源于成人和儿童之间持续的冲突。成人给儿童设置的障碍不计其数并难以跨越，而成人越用法律、科学和领导意志不断干涉儿童，那些障碍就变得越危险，几乎成为反对儿童的武器。因此，越是接近儿童的成人，譬如母亲和教育者，恰恰构成对儿童个性形成的最大危险。这种强者和弱者之间的原始冲突问题，不仅涉及教育，而且反映到人类心理生活中，是性格和情感的变态和异常的关键所在。因此，这一问题具有普遍性，或更确切些说，具有循环性，从成人到儿童，再从儿童到成人。

因此，为彻底解决教育问题迈出第一步，不应当向着儿童迈出，而应向着成人迈出：必须让他们意识清醒，摆脱许多先入之见，最终改变他们的道德立场。迈出第一步后再迈第二步，为儿童准备一个适合他们生活又没有障碍的环境。环境应当根据指导儿童的原则确定：儿童逐渐从同障碍斗争的必然性中解放出来，开始显现自己高洁品格、新人格创造者的崇高及纯洁的倾向。在这两步里完成必要的基础准备：通过成人和儿童的道德秩序的改变来实现。事实上，我们为学童准备了和他们身体比例相称的环境，供他们自由选择从事的活动。儿童在平静地工作时，开始显现以前未被认识的特性。适合精神生活最基本最紧迫需要的环境，是一个揭示潜力和倾向的环境。要知道儿童的潜力和倾向是隐秘的，因为在和成人的冲突中，精神生活只发展自卫或抑制的特性。因此，在儿童中存在两种心理人格：一种是天生创造性的，这是正常和高级的；另一种是强制适应性的，这是低级的，并具有受强者压迫的弱者斗争时隐晦却尖锐的特征。按新原则取得的新成果，成为在教育之路上的引导火炬，那就是儿童的新形象：它一旦显现，可以说是指导新教育的心理"发现"。面貌一新的儿童显现出活动自如、自信和勇敢，还具有遵守社会秩序的道德力量；与此同时，那些缺陷从他们身上消失，或

## 家庭中的儿童

说得更确切些，不再显现人们曾经徒劳地试图靠教育根除的那些缺陷，即任性、破坏精神、说谎、害羞、胆怯，总之，所有那些和捍卫状态有关的性格。在新儿童身旁，同他们交流的成人——教师也具有全新的方向：不再是强大无比的成人，而变成谦逊的成人，变成新生命的帮手。由于我们取得基本经验，如果预先没有确定讨论基础，就不再可能讨论教育。即是说，我们要谈论的儿童，要么受成人强权的压制，从而当他们在压抑中尚未被战胜时处于持续的自卫状态；要么已从成人强权下解放出来，处于正常生活的环境，从而他们能够显现自己的创造性特征。

在前种情况下，成人自身是造成困难的原因，是他们在不知不觉地制造困难，他们也在和这些困难作斗争，并且"深陷那难以解决的困难泥潭"。在后种情况下，成人对自己的错误有清醒认识，和儿童的关系正确：于是，他们发现面前是一条平坦、光辉的大路，面对一个充满奇迹的和平世界。

在这条阳关大道上，可以开始教育学的进程。其实，科学概念蕴涵找到或发现的真理：这是科学发展的牢固基础；需要果断、坚定不移的向导，时而是调查研究方法，时而是对方法可能错误的监控。因此，这位正确向导要指引儿童：当儿童向成人朋友请求帮助时，会这样表达："请帮我们自己活动。"

事实上，儿童在环境中通过自己活动得到发展，这是千真万确的，但他们需要物质手段，需要指导和不可或缺的知识：现在成人应当提供儿童发展所需的必要条件。为了保证儿童进行有益的自发活动，成人应当创造并给予那些不可或缺的东西。如果缺少那些必要条件，儿童就不能进行有益活动；如果成人所为超过儿童所需，从而强加于儿童或代替儿童，就会熄灭他们积极活动的热情火焰。因此，存在一种可以限定的干预：有待实现一个最佳界限，它可称做"干预的门槛"。

随着经验沿此方向一点一滴地积累，这种限定越来越精确；成人教育者个性和儿童个性之间的必然联系越来越清晰。

儿童活动开展和教具有关，也就是和科学地确定并在环境中供儿童使用的用具有关。这种独特性是解决获取文化问题的关键；因此，它不仅在于限定成人的干预，还在于用教具代替教师的陈旧讲述，这种教具能让儿童根据其发展的需求，自己获取必要的知识。每个学童都自由选择自己的活动，根据其隐秘、深层的创造性需求在教育中不断发展和进步。这样，凭借引导获取文化的练习，个性发展得以实现。教师的任务就是领导和指导；教师只提供帮助和服务；而儿童个性在其活动的不断练习中，依靠自己的力量逐渐形成。

根据这些经验，明确清晰的教育科学按新路线逐渐形成，许多重要内容一目了然。其中之一是，不仅成人的干预有限度，而且教具、一般来说的整个环境也有限度。即是说，教具可能不足或过多，这两种情况都危害儿童的正常发展：因为教具缺乏，是发展滞后的原因；由于教具过量，导致混乱和分散力量。为了澄清这一思想，可求助于众所周知的类似事实，譬如进食。大家知道，食品匮乏能够导致营养不良，但进食过量会造成食物中毒或抵抗力降低（易感染无数疾病）。现在，众所周知，暴饮暴食不会让人体力充沛，反而会使人虚弱；但有过一个时期，人们相信大吃大喝会让人幸福安康。人们在改正这一错误之后，对于食品的数量及质量有了越来越精确的限定，从而食品科学朝着日益精确认识限度的方向发展。今天，已经认识到教具是个性教育关键的人们，却往往主张最好给予儿童大量教具，不分系统的次序，没有任何限度。这些人可以和认为无节制地大吃大喝让人身体健康的人们相媲美。进行这种比较再恰当不过，因为恰恰是为身体提供食粮和为精神提供食粮。还有心理发展手段，即教具的精心制作，倾向于认识日益精确的限定，这样的手段才能让儿童身心充分发展，其自发活动积极开展。但这些限定总由儿童新形象决定。

儿童新形象从婴儿出生头几个月就显现出来了。其实，非常清楚，如果我们惯于仅把意识事实和语言表达事实视为在教育中可以利用的心理事实，那么必然完全忽视对幼儿的教育。成人确信，除在卫生上关照幼儿外将毫无作为，从而视而不见至关重要的事实。然而，成人做好准备迎接幼儿的心理表现（而不是制止这些表现），就会清晰地认识到，

# 家庭中的儿童

幼儿的心理生活十分活跃，比人们设想的早熟得多。这毫无疑义地揭示出，幼儿的心理生活，他们努力和外部环境发生关系，远比运动机能发展早，当运动大系统尚未起作用，语言尚未发展时，他们已经拥有一个活跃的心灵，因此需要帮助和心理关怀。由此可见，在儿童中存在一种冲突，存在心理生活和运动生活之间的功能冲突。这和低级动物截然不同，它们在出生时本能驱使运动。人类应当自己建构伟大工具，凭借这一工具，心灵应当显现并行动。这让我们想到人类的独特优越性：人类应当靠自我驱动复杂的运动器官，因为他们想根据自己的个性利用那些器官。因此，人类为了掌控和引导自己，必须自己实现建构。于是，我们看到儿童连续不断地活动；其实，他们应当一步步结合精神来建构行为。成人由思维驱使行动，而儿童活动旨在建构思维和行为的统一。这是儿童个性发展的关键。

因此，禁止儿童活动的人们，就为儿童个性的形成设置了障碍。于是，思想和行为脱节：行为服从另一个人的命令，结果是运动和自己精神并不一致。从而，性格是破碎的，内在冲突持续存在，精神变得衰弱乏力。这一对于人类未来至关重要的事实，无论在家庭教育还是在学校教育中都应引起高度重视。

在精神上，儿童比人们设想的发展更快；他们不是由于工作过重，而是由于被迫从事不适合他们的工作，才备受折磨。儿童的兴趣趋向努力提高其伟大智力和个人尊严。现在，在世界各地的千万所学校里，新型儿童正在使用人们认为他们不能使用的东西工作。事实上，幼儿已经证明能够不知疲倦地长期工作，能够全神贯注于外部世界，显现出其个性建构运动。对于文化，他们显得特别早熟，4岁半幼童已学会写字。他们欢欣鼓舞地写字，我们把这种现象称做书写爆发。

可以轻而易举，甚至满腔热忱地进行全方位儿童早期教育。幼童并不感到疲劳，只因是他们的自发活动。

当我们观察这些健康活泼、平和、从容、敏感、欢乐、充满爱心、随时准备助人的儿童时，将面对一个事实进行反思：由于一个最初的根本错误，人类的多少力量被白白浪费！让人们思考一个巨大过失，把非正义的种子播在人类自身的根上；不仅仅是一个过失，更是没有意识到的大错特错。正是成人造成儿童的无能、混乱和反抗；正是成人破坏儿童的性格，压制其充满活力的冲动。其后，成人自己非常艰难地纠正儿童的这些错误、心理偏差、性格弱点（由成人造成）。于是，成人置身于一个没有出口、没有任何成功希望的迷宫。只要成人没有认识到以前未发觉的错误，并且没有纠正那些错误，对于他们来说，教育就是一个充满难以解决问题的泥沼。当他们的孩子长大成人时，将成为他们错误的牺牲品，并且会把这种错误一代代地传下去。

# 童年的秘密

## Il segreto dell'infanzia

# 序言：童年

## ——社会问题

近几年来，关爱儿童的运动兴起，不是由于某些人的积极倡导。它像火山一样自然爆发，炽热岩浆向四面八方自发地流淌。就这样诞生了一场伟大运动。无疑，科学对此做出了贡献；科学成为儿童社会运动的创始者。卫生学开始同婴儿死亡率作斗争；其后它证明儿童是学校重负的牺牲品、不为人知的受折磨者，他们是永久的受惩罚者，由于童年在学生时期结束。

学校卫生学描绘了不幸的儿童，他们精神封闭、智慧乏力、腰弯背驼、胸腔狭窄，以致他们极易感染结核病。

历经 30 年研究，我们终于认识到儿童是被社会扭曲的人类生命，在此之前，给予并维持他们生命的父母也起了不好的作用。什么是儿童？对于为更有吸引力工作担忧并奔波的成人来说，儿童永远是累赘与麻烦。在现代城市的狭小住房内没有儿童的位置，在那里一家人挤成一团；在大街上也没有儿童的位置，因为马路上车水马龙，人行道上行人来去匆匆。成人被紧迫责任压得喘不过气，根本无暇顾及儿童。父亲和母亲被迫去工作，一旦失业，他们及其子女将陷于更为贫穷悲惨的境地。即使家庭条件优裕的儿童，也被限制在自己的房间，托付给雇佣的外人，不允许进入给予他们生命的父母的房间。没有一个安全地方，能让儿童感到自己心灵被人理解，能够进行自己的活动。他们必须乖巧，必须保持安静，不许触摸东西，因为他们一无所有。一切都不可侵犯，

**童年的秘密**

全属于成人的财产，禁止儿童使用。什么东西属于他们呢？没有一件。在几十年前，甚至没有专供他们坐的童椅，从而产生一个名句："我把你抱在膝上。"今天只具有寓意。

当儿童坐在成人椅子上或地板上，成人就会责备他们；必然有人拎起他们并放在自己的膝上。这就是生活在成人环境中的儿童的处境。他们就像讨厌冒失鬼，四处寻找自己的东西却找不到，而当他们进入他人房间时，立即被"驱逐出境"。他们的处境和被剥夺公民权及自己家园的人们相似，他们是处于社会边缘的群体。所有人都能用天赋的权利——成人权利，轻蔑地对待他们，辱骂和惩罚他们。

由于某种奇怪心理现象，成人从不关注为自己子女准备适合他们的环境，甚至可以说，成人耻于自己子女进入社会组织。成人在制定法律时，忘记为自己的继承人制定法律，从而其继承人被置于法律之外。儿童受到成人心中暴政本能的制约。这就是我们应当提及的儿童，他们携带新能量来到世上，那种能量能真正成为革新仙气，用以驱散人类世代生活聚积的令人窒息的错误毒气。

然而，在长达几世纪（甚至从人类诞生之日起）对儿童命运茫然不知和麻木不仁的社会中，突然产生对儿童的新认识。卫生学认识到灾祸如何造成无数生命牺牲，为降低婴儿（一岁内）死亡率而不懈斗争；牺牲者数不胜数，以致幸存者被视为从创世大洪水中逃生。在 20 世纪初，当卫生学在平民阶层中普及时，儿童的生活面目一新。学校进行深入改革，以致才建十几年的学校仿佛百年老校。以温和和宽容为特征的新教育原则在学校和家庭深入人心。除因科学进步而取得的成果外，由人类情感促使的创议到处涌现。今天，众多改革者开始重视儿童；在城市规划中，为儿童修建乐园、广场和公园，为儿童专辟游戏场地；创办儿童剧院，为他们出版图书和报刊，为他们组织旅游，按他们的身材制作合适家具。最终，随着各阶级意识团体的发展，人们努力把儿童组织起来，成立"童子军"和"儿童团"，旨在让儿童成为实施其政纲的驯服工具。无论是好还是坏，无论出于热心帮助，还是出于让儿童当工具的目的，总之，今天儿童的地位不容忽视。儿童作为社会成员而诞生。他们变得强壮，到处都有他们的身影。他们不再仅是家庭的成员，他们不再在星期日穿上漂亮衣服，被父母牵着手漫步，并小心翼翼地不弄脏节日盛装。不，儿童已经成为人类社会的成员。

现在，所有造福儿童的运动都具有同样意义。正如上文所说，这种运动并非源于先驱者的创议，也未曾经某个组织协调；由此可见，我们可以说，儿童时代业已到来。从而，一个至关重要的社会问题——儿童社会问题，充分地凸显出来。

现在，必须高度评价这一运动：这一运动对于社会、文明和整个人类都具有极大意义。所有零星创议彼此没有联系，清楚表明独自不具有建设性意义，仅仅证明如下事实：四面八方产生要求伟大社会变革的普遍、实际的强烈意愿。这样的变革非常重要，它宣告新时代和新文明时期的开始；我们是以往时代的最后幸存者，在旧时代人们只关注为自己创造一个舒适、便利的环境：一个适宜成年人类的环境。

现在，我们正处于新时代的前夜，在新时代必须为两类截然不同的人来工作：成年人类和童年人类。我们正向着准备两种社会环境、两个不同世界（成人世界和儿童世界）的文明迈进。

我们所面临的任务，不是外在地、严格地组织业已开始的社会运动，也不是促进造福儿童的公共、私人的各种创议之间的协调。在此种情况下，只是成人组织起来帮助儿童实现外在目标。

相反，儿童社会问题深深地根植于精神生活，直至触及我们成人灵魂，让我们的心灵震撼，促使我们面目一新。儿童不是成人能用客观标准外在地考察的局外人。童年构成成人成长的最重要时期——建构性时期。成人一生的善恶和童年生活紧密相关，并源于童年生活。我们所有错误都将落实在儿童身上，并将对他们产生不可磨灭的影响。我们终将离世，但我们的孩子将遭受折磨，因为我们错误造成精神永远畸形的后果。这种恶性循环仍在继续，根本不可能中断。触及儿童意味着触及一切的敏感点，因为儿童根植于悠远的过去，并朝向无限的未来。触及儿童意味着触及微妙的生命幼芽，这里一切都可决定和更新，这里一切都富有生命力，可以发现封闭心灵奥秘，因为人类教育事业从这里开始。

## 童年的秘密

　　我们自觉地为儿童工作，怀着拯救儿童的崇高目的将工作进行到底，可以说将揭示人类的秘密，正如我们业已揭示外部自然界的许多秘密。

　　儿童社会问题或许正如一株破土而出的幼苗，因其鲜嫩而吸引我们。然而，我们将发现这株幼苗的根扎得很深很牢，很难拔除。必须深挖，才能发现如迷宫般、向四下蔓延的根系。为了根除这株幼苗，必须深挖并疏松大量泥土。

　　这种向四处蔓延的根系是人类历史上潜意识的象征。必须激活心灵中积淀、静止的东西，正是这种东西阻碍我们理解儿童，从而不能追踪儿童心智的直觉认识。

　　成人可怕的糊涂，对自己子女（这是成人生命的果实）的麻木不仁，确实根深蒂固，并经世世代代相传。我们成人喜爱儿童，却不知不觉地蔑视儿童，引起他们内心痛苦，这是我们错误的反映，是对我们所作所为的警告。这一切揭示出一种成人与儿童之间的普遍冲突，即使这一冲突尚未引起注意。儿童社会问题促使我们深入探索人类成长的规律，帮助我们确立新意识，从而为我们的社会生活指明新方向。

# 第一部分

# 一 儿童世纪

　　短短几年内，在照料和教育儿童方面取得迅速而惊人的进步，可以说与意识的觉醒有关，而与生活资料的进化无关。这不仅仅归功于儿童卫生学，它恰恰在 19 世纪后 10 年发展；还由于儿童自身个性展现出诸多新特征，从而使人们认识到儿童个性具有至关重要的意义。

　　今天，若不考察儿童生活研究所取得的成果，就不可能探索医学、哲学，甚至社会学的任何一个分支学科。

　　儿童生活认识的重要意义，是胚胎学对全部生物学认识，甚至对生物进化认识的影响都无可比拟的。我们必须承认，儿童生活认识对人类所有问题都有巨大影响。

　　与其说肉体儿童，不如说精神儿童对优化人类起着巨大、决定性的促进作用。正是儿童的精神能够决定人类的实际进步和新文明化的开始。

　　正如瑞典作家和诗人凯伊[①]所预言的那样，我们的世纪将是儿童的世纪。谁若耐心研究历史文献，就会发现意大利国王维托里奥·埃马努埃莱三世[②]（继承被暗杀父亲的王位），在 1900 年（恰恰在新世纪前夜）

---

[①]　凯伊（Elle Key，1849—1926），瑞典作家、诗人，妇女运动活动家，代表作为《儿童的世纪》（1900）。

[②]　维托里奥·埃马努埃莱三世（Vittorio Emanuele Ⅲ，1869—1947），意大利国王（1900—1947 年在位）。

的登基演说中有类似观念；他指出 20 世纪是"儿童的世纪"，标志新时代的开始。

这些闪光的预言，可能是 19 世纪最后 10 年科学产生影响的反映，人们认识到儿童的不幸，受传染病侵扰的儿童死亡率是成人的 10 倍，儿童成为受学校折磨的牺牲品。

然而，无人能够预见，儿童自身蕴含生命的秘密，他们能够揭开人类心灵的神秘"面纱"，他们自身具有不为人知的需要，认识这种需要就能让成人解决其个人及社会的问题。这种观点能够成为研究儿童新科学的基础，其意义如此重大，可以影响人类的全部社会生活。

### 心理分析与儿童

心理分析开辟了从前尚未认识的研究领域，让人们深入潜意识的秘密之中，却并未实际解决生活实践中的任何棘手的问题；然而，心理分析为理解揭示儿童奥秘的贡献做好了准备。

可以说，心理分析已经超越在心理学中视为不可逾越的意识的局限，那些界限正如古代史上的赫尔枯勒界柱①，人们迷信那些界柱是不可逾越的世界终点。

心理分析超越了界限，它进入潜意识的海洋。若无此发现，将难以说明儿童心理对人类问题深入研究作出的贡献。

众所周知，心理分析源于一种治疗精神疾病的新技术，从而它起初只是医学的一个分支。心理分析真正杰出贡献是发现潜意识具有影响人类行为的能力。心理分析近乎是对潜意识心理反应的研究，用其成果揭示意想不到的神秘现象，从而推翻了旧观念。也就是说，心理分析揭示出存在一个广阔无垠的未知世界，可以说这个世界同个体命运息息相关。然而，心理分析未能说明这个未知世界。它刚刚越过赫尔枯勒界

---

① 赫尔枯勒界柱，据古希腊神话，赫尔枯勒在世界边界上造的两座大山，世界的路到此为止。

柱，未能勇敢地在浩瀚无边的大海中探险。这样做颇像古希腊人的偏见，即把弗洛伊德①局限于病理学领域。

早在 19 世纪、夏尔科②时代，潜意识就进入了精神病学领域。

仿佛火山内奔腾的熔岩冲出地面，潜意识在特殊情况下，在最严重精神疾病状态中显现。因此，潜意识的奇特现象和意识的表现截然不同，单纯被视为疾患的前兆。弗洛伊德的做法与此相反，他凭借艰难的技术，找到深入潜意识的途径，但似乎也只停留在病理学领域。这是由于：有多少正常人愿意接受心理分析的艰辛试验？也就是说自愿接受对心灵做某种手术呢？于是，正是通过治疗病人，弗洛伊德推演出其心理学的结论：它们大部分是建立在反常基础上个人病历的概括，这样的概括构成新心理学的主干。弗洛伊德想象出汪洋大海，但没有去实地探险，他只描绘出海峡常刮飓风的特征。

由此可见，弗洛伊德的理论不能令人满意，他治疗病人的技术也完全不能令人满意，因为总不能使"心灵疾病"痊愈。这就是社会传统、古代经验积淀为弗洛伊德的某些理论概括设置障碍的原因所在；相反，透彻清晰的新真理必当推翻传统，如同事实粉碎想象一样。显然，为了探索潜意识的广阔无垠的现实世界，不能仅仅借助临床治疗技术和理论推演。

### 儿童的秘密

深入未曾探索、广阔的潜意识领域的任务，或许要由不同科学和概念的不同组合承担。通过与环境的冲突努力认识儿童心灵的发展进程，通过揭示导致心灵扭曲、灰暗的斗争的悲惨秘密，因此要从出生起研究人。

---

① 弗洛伊德（S.Freud, 1856—1939），奥地利心理学家，精神分析学派创始人。
② 夏尔科（Jean-Martin Charcot, 1825—1893），法国著名医学教师和临床医师，现代神经病学创始人之一。

# 童年的秘密

心理分析已经触及这一秘密。正是由于采用心理分析技术，才取得令人震惊的发现：精神病源于婴儿期。被潜意识唤起的回忆，证明童年的痛苦，它们和普遍认为的不同，甚至和通行看法相距甚远，这成为所有心理分析中振奋人心和印象深刻的部分。童年的痛苦是纯粹心理性质的，是缓慢和持续的。人们没有发觉，那些痛苦是成人精神疾患的潜在病因。统治儿童的成人压制儿童的自发活动，因此同母亲——对孩子影响最大的成人——有关。

由此可见，我们必须清晰地区分心理分析探究的两个层面。一个是肤浅的层面，源于个体本能及与他应适应的环境条件之间的冲突，因为这些条件往往同本能意愿对立；这种冲突造成的疾患可以治愈，因为把造成精神痛苦的隐秘原因上升为意识领域并不困难。其后，还有更为深入的层面，在此层面上，不是成人和其所处社会环境之间发生冲突，而是子女和母亲之间发生冲突，通常可以说，是儿童和成人之间的冲突。

心理分析刚刚触及的后一种冲突，与难以治愈的疾病相连，因此置于实践之外，被放逐到既往病史，或解释假定病因时才有意义。

人们普遍承认，所有疾病，包括身体疾病，都和童年发生的事情紧密相关。在童年患上的疾病是最严重和难以治愈的。因此，可以说成人的体质在童年就预先确定了。

对身体疾病的认识，不仅导致科学分支的发展，比如儿童卫生学、育儿学、优生学的发展，而且实现了一种社会运动——关注儿童身体健康的改革运动，但心理分析没有达到如此水平。虽然证实成人严重心理失衡与外部世界冲突的先天气质都源于童年，但对儿童生活没有采取任何实际行动。

或许因为心理分析只提供探究潜意识的技术，这种技术能促使发现成人，却成为认识儿童的障碍。儿童有自己的特性，同一种技术并不适用于儿童，他们不应回忆自己的童年，因为他们本身就是儿童。我们必须观察儿童，而不是探测儿童，从心理视角去观察儿童并竭力探究儿童与成人及社会环境的冲突关系。显然，这种观点已经远离心理分析的理论及技术领域，并且进入在社会存在中观察儿童的新领域。

　　这不是走上一条探究患病个体奥秘的羊肠小道，而是在反映儿童心理的人类生活现实领域内驰骋。这一实际问题展现了从出生起的全部人生进程。人类历史中叙述心灵历险的那一页不为人知：敏感儿童遇到障碍并陷入与比自己强大的成人的冲突之中，这种冲突不可克服，主宰他们的成人并不理解他们。那一页仍是空白，儿童在其未经触动并十分脆弱的精神世界内遭受的痛苦，至今不为人知，无人撰写。在潜意识中成为能力低下的人，同大自然描绘的人截然不同。

　　这一复杂问题已被说明，但和心理分析尚未结合。心理分析仅局限于疾病和治疗医学的概念；与心理分析相比，儿童心理问题包含预防法。因为它关乎对一般、正常儿童的正确态度。这样的态度会帮助成人避免设置障碍和发生冲突，从而也避免障碍和冲突造成的后果——心理分析所关注的精神疾病，或心理分析认为几乎遍及全人类的单纯道德失衡。

　　由此可见，诞生一个科学探索儿童的全新领域，这一领域独立于类似的心理分析。它本质上是帮助儿童心理活动的形式，并能充分指导正常儿童的教育。然而，其特征是深入不为人知的儿童心理事实，与此同时唤醒成人，让他们认识到对待儿童的态度是错误的，并且这种态度源于其下意识。

# 二 被告

　　弗洛伊德在提及成人发生心理失衡的深层原因时，使用了压抑这个词，从而该词本身就是一种解释。

　　由于受到成人的压制，儿童不能正常成长和发展。成人是个抽象词汇，儿童在社会中孤立无援，从而若成人影响儿童，成人就被确定而变得具体，成为最接近儿童的成人。由此可见，这样的成人首先是母亲，其次是父亲，再次是教师。

　　社会赋予成人截然相反的任务，因为要他们负起教育儿童并促其成长的责任。相反，儿童从心灵深处却要起诉那些曾被看作人类卫士和恩人的人们。结果，成人变成了被告。然而，由于所有人不是父亲和母亲，就是教师和孩子的监护人，所有成人都是被告，也就是对儿童负有责任的社会成为被告。这种惊人的起诉具有"启示录"意义；它就像在最后审判时上帝判词那样神秘和令人畏惧："你们为我托付给你们的儿童做了些什么？"

　　成人的第一反应是自我辩护和抗议："我们已尽力而为，儿童是我们的最爱，为照料他们，我们作出了牺牲。"于是，两个对立的概念并存：一个是意识的，另一个涉及潜意识事实。这种辩护词众所周知，既古老陈旧又根深蒂固，但文不对题：因为这里涉及起诉，而不涉及被告。被告奔走忙碌、辛辛苦苦地要改进对儿童的照料和教育，却发现陷入问题的迷宫之中，就像走进茫茫林海，却因迷失方向而走不出来的旅人一样，因为他们不知道错误是自己铸成的。

那些宣扬关爱儿童的人们，应当永远具有起诉成人的能力，这种控告没有宽恕、没有例外。

于是，此种起诉突然变成引人入胜的中心。因为这种控告并不谴责无意犯下的错误，虽然这种错误也令人羞辱，也显现出缺陷和低能。若谴责无意的错误，就会使人变得高大，从而发现自己。每次真正的成长，源于发现并利用未知的东西。这是任何时代人们对自己错误采取矛盾态度的原因所在。每个人为已意识到的错误感到羞愧，却被未知的错误吸引和迷惑。因为未知错误包含超越已知和渴望的界限以使自己完美的秘密，把自己提升到更高境界。中世纪骑士每当遇到损害其荣誉的任何微小控告时都准备决斗；却匍匐在圣坛前谦卑地说："我有罪，我在众人面前承认有罪；过错是我一人的。"《圣经》为这种矛盾态度提供了饶有兴味的实例。什么原因让尼尼微城居民聚集在约拿的四周？为什么所有人，从国王到百姓，都满腔热忱地加入先知追随者队伍？因为约拿① 控告他们是可怕的罪人，他断言他们若不改邪归正、信服耶和华，尼尼微城将被毁灭。正如施洗约翰② 在约旦河畔呼唤人群，他用什么美妙的绰号让那些人聚拢过来？他称呼所有人是"毒蛇的种类"。

这就是一种精神现象：人们跑去听对自己的控告，跑去就是认同和承认自己的过失。某些严厉、持续的控告从其深层唤醒潜意识，为了把潜意识提高到意识。精神的全部进程就是获取意识，意识正是从前的非意识。这样，正如文明沿着发现的道路前进。

现在，为了以与迄今截然不同的态度对待儿童，为了把他们从危及精神生活的冲突中解放出来，首先必须走出关键的一步、本质的一步；一切都取决于这一步，那就是改造成人。事实上，当成人断言已经尽其所能，正如他们所说，关爱儿童直至牺牲，就供认他们面对难以克服的

---

① 约拿（Giona），《圣经》人物，十二小先知之一。他曾预言以色列国的种种灾祸。而后上帝派他去敌国亚述首都尼尼微传道，警告其居民改过自新。

② 施洗约翰（Giovanni Battista），《圣经》人物，以色列先知。他到约旦河畔讲道："天国近了，你们应当悔改。"许多人听他讲道，并请他用约旦河水为他们洗礼。

困难。为此，成人必须求助于彼岸的东西，求助于超越众所周知、愿意和意识到的东西。

关于儿童存在未知的东西。儿童心灵的一部分总不为人知，并且应当认识。还必须发现儿童，正如发现未知的东西。因为除了被心理学和教育观察并研究的儿童之外，仍存在未知的儿童。我们必须以满腔热忱和牺牲精神去探索儿童，正如那些人知道某处埋藏着黄金，奔向陌生的国度，凿山探矿寻找黄金。成人也应这样做，去探寻隐藏在儿童心灵中不为人知的东西。所有人都应对这一工作作出贡献，不分种姓、种族和民族，由于这是促进人类道德进步不可或缺的工作。

成人并未理解儿童和少年，因此与他们处于不断冲突、斗争之中。解决办法并不在于成人学习某些知识，或者完善自己残缺的文化。不是，成人有待出发的基础截然不同。成人必须在自身找到妨碍发现儿童且尚未认识的错误。如果不作这种准备，如果尚未确立与这种准备相符的态度，就不可能走得很远。

探索并非如想象那么艰难。因为一个人犯错误，即使自己没有意识到，同样让他受到痛苦的折磨；刚一听到补救办法，就让他感到纠正的急迫性。正如一个人手指脱臼，感到急需让其复位，因为他知道他的手不能工作，他的痛苦不能解除。同样，一个人刚刚认识到错误，就感到必须纠正意识，由于他长期遭受的痛苦和软弱已变得无法容忍。只要做到这一点，一切进展顺利。我们只要确信自己有太多功绩，认为能够完成力所不及的任务，我们就不会并饶有兴味地承认，儿童心灵具有和我们心灵截然不同的特性。

成人对待儿童，以我为中心，不是自私自利，而是以自己为中心。因此，他们总参照自己考察儿童心灵的方方面面，从而对儿童的不理解日益严重。从这种视角出发，成人认为儿童是心灵空白的生物，要由他们去填补这一空白；儿童是某种无活力、无能力的生物，要由他们为儿童包办一切；儿童是某种缺乏内在导向的生物，因此要由他们从外部一点一点地指导儿童。最终，成人仿佛成为儿童的创造者，从与自己关系的角度判断儿童行为的好坏。成人成为判断儿童善恶的试金石。成人永无过失，他们成为儿童应当效仿的模仿榜样，儿童行为只要稍微偏离成人的特征，就会被视为一件坏事，成人就会急急忙忙地去纠正。

成人以这样的态度对待儿童，就不知不觉地扼杀了儿童的个性，尽管他们确信自己满腔热忱、拥有爱心和牺牲精神。

# 三　生物学插曲

　　当沃尔夫[①]宣布发现生殖细胞分裂现象时，他证实了生物体产生和生长的过程，同时通过直接观察，描绘其内在指令趋向预定设计的生动、有趣的面貌。是他推翻了莱布尼茨[②]和斯帕兰札尼[③]的某些生理学观念，他俩认为在胚胎中预先存在生物体的最终形态。当时的哲学学派假设在受精卵中已形成生物体，虽然尚不完美和比例缩小，其后当它遇到适宜环境就会成长。这种观点源于对植物种子的观察，因为在种子中包含整个幼株，它隐藏在两片子叶间，那里可以认出根和叶，其后把种子置于土壤中，在植物的胚芽中预先存在的一切都将实现。从而，设想动物和人类也有类似进程。

　　然而，在发明显微镜之后，当沃尔夫能够观察一个生物体如何实际形成（他从研究鸟的胚胎开始），发现它起源于单个受精卵细胞。恰恰借助显微镜能够看到以前看不到的东西，从而证实任何形态都不预先存在。受精卵细胞（源于细胞的融合）只具有细胞膜、细胞质和细胞核，正像其他细胞一样：它只是以生物体原始形态显现的单细胞，没有任何

---

① 沃尔夫（K.F.Wolf, 1773—1794），德国胚胎学家，代表作为《发生论》。

② 莱布尼茨（G.W.Leibniz, 1646—1716），德国自然科学家、数学家、哲学家。主要著作有《单子论》、《论形而上学》、《神正论》。

③ 斯帕兰札尼（Lazzaro Spallazani, 1729—1799），意大利生理学家，在微生物及感觉、消化、呼吸、繁殖等领域作出贡献。

# 童年的秘密

本质差异。我们在显微镜发明以前看到的东西，即种子中内含的幼株，是从能发芽细胞中发育而成的胚芽，已经超越果实内完成的阶段，其后果实落地，成熟的种子置于土壤中。

然而，在生殖细胞中存在一种非常奇特的性质，根据预定程序迅速分裂。但在这个原始细胞中，不存在预定程序的任何微量物质，只存在一些极小物体，即决定遗传特征的染色体。

在追踪各种动物的早期发育时，人们发现第一个细胞分裂成两个；接着，这两个细胞分裂成四个；这样分裂下去，直至形成一个中空的球体，称作桑葚体；其后，它内屈成两层，并形成一个通道，这样产生一个具有内胚层、外胚层的开放空腔，称作原肠胚。一个细胞经过分裂、内屈、变异，持续地演变成具有器官和组织的生物体。因此，虽然生殖细胞如此简单、透明，并缺少任何预设物质，却能正确执行内含的非物质指令以实现预设。正如一个忠诚的奴仆，他会记住主人下达的密令，并能圆满完成任务，但他并未携带可能泄密的任何文件。只有通过乐此不疲的细胞的活动才能发现预设，才能发现业已完成的工作。

在哺乳动物的胚胎中，从而在人的胚胎中，最早出现的器官是心脏，或说得更确切些，是将变成心脏的东西，是即刻按命令、以固定节律搏动的小囊，其搏动的速度是母体心脏搏动速度的两倍。心脏不知疲倦地搏动，因为生命马达帮助所有生命组织不断形成，并朝着生命所需的必要手段发展。

总之，这是一件十分隐秘的工作，恰恰因独自完成才无比神奇；仿佛是从无中创造生物体的奇迹。那些睿智的活细胞从未犯错，它们有能力发生深刻变化，有的变成软骨细胞，有的变成神经细胞，有的变成皮肤细胞，每个组织都各就各位。这种生命创造的奇迹，尤其是宇宙奥秘的奇迹，被深深藏匿。大自然用层层包皮密封着那种秘密，只有大自然才能剥开那层层包皮，当它让生物体降生，就像诞生创造物现身世界。

然而，降生的生命不仅仅是一个物质机体，反过来它能如同生殖细胞，自身包含业已确定其类型的潜在心理功能。这个新机体不仅依靠其器官行使功能，而且还具有本能的功能，本能不能存在于单个细胞中，而应存在于业已降生的活机体中。正如每个生殖细胞自身包含机体的预设，不可能让预设文件渗透。同样，每个新生的机体，无论属于何种，自身包含心理本能预设、机体与环境发生关系的功能预设。不管什么机体，一个昆虫也是如此。

蜜蜂令人称奇的本能，引导它们形成一个非常复杂的社会组织，这种本能只在蜜蜂中开始发生作用，在卵和幼虫中不起作用。一只鸟在降生时具有飞翔的本能，而不是在此之前；诸如此类，不一而足。

事实上，当新机体一降生，就成为下达神秘指令的司令部，那些神秘指令决定其活动、特征、工作，即决定其对外部环境的功能。

外部环境不仅应当提供机体生理存在的手段，而且要唤醒其肩负的神秘使命，环境不仅仅呼唤机体生存，而且呼唤机体行使保存世界及保障和谐所需的功能。由此可见，对每一种动物来说，都存在适宜自己的环境。

机体恰恰具有适应这种超级心理功能的形态，从而它应当进入宇宙秩序之中。显然，这种超级功能动物生来就有。众所周知，那个刚刚出生的哺乳动物那么温顺，因为它是羔羊；另一哺乳动物颇为凶猛，因为它是幼狮。大家知道，那个昆虫纪律严明、持之以恒地工作，因为它是蚂蚁；而另一个昆虫在僻静处独自吟唱，因为它是鸣蝉。

同样，新生儿不仅是准备行使职责的机体，而且是具有潜在心理指令的精神胚胎。如下看法荒谬绝伦：人恰恰因心理生活丰富、高级，与其他机体截然不同，才唯独不具有心理发展的预设。

人的精神能深深地潜藏，从而不像动物本能（通过确定行为）那样显现。人不像动物受到确定本能—指令的驱动，这一事实标志着人的行为自由需要特殊建构，这几乎让每个个体成长过程充满创造性，因此，个体成长过程不可预见。然而，这是更微妙、更艰难和更隐秘的创造性。因此，在儿童心灵中存在一个秘密，若建构自身的儿童不向我们逐渐揭示这一秘密，我们就不可能认识。正如在生殖细胞分裂时，若不存在预设，就什么也没有。然而，这是一种任何手段都无法揭示的预设，只有当机体特征得以确定时才显现。

因此，只有儿童才能向我们揭示人成长的自然预设。

然而，由于儿童幼嫩，正如所有新生命一样，从而儿童精神生活需要保护和适宜的环境，这就类似于大自然用层层保护膜包裹胚胎体。

# 四 新生儿

**超自然环境**

新生儿在出生时没有进入一个自然的环境，却进入一个成人在其中生活的文明化环境。这是一个超自然的环境，是成人为生活更舒适、为自己提供细致入微服务，超越自然并以自然为代价而建构的环境。

然而，为了帮助新生儿，文明创造了什么？因为从生命降生过渡到另一种生活，成为人一生中为适应环境需作出最大努力的时期。

需要科学对待新生儿，以帮助其度过这惊心动魄的时期。因为在一生中的任何时期，人都不会遇到类似斗争和冲突，遭受如此痛苦的折磨。

然而，对这可怕的过渡期，人们没有采取任何有力措施。在人类文明化历史上，应当在首页上叙述文明化的成人如何帮助新生儿，但很遗憾，现在这一页仍是空白。

相反，许多人认为，在今天文明对新生儿相当关爱。

但是怎样关爱的呢？

当新生儿降生时，人们都说母亲在受罪。但新生儿就不受罪吗？

人们想到母亲的环境必须安静、温馨并避免强光照射，因为她非常辛苦。

但新生儿就不辛苦？他从没有任何光照和微弱声音的地方来到世上。

因此，我们必须为他准备光线微弱、安静的环境。

他曾在一个没有任何碰撞、没有温度波动、温和的液态环境中休憩；在他专用的环境中，任何光线照不进，任何轻微声音透不进；这个液态环境改变，为他突然降生在空气中作准备。

成人如何迎接突然而至的新生儿？现在，他来到世上，那双稚嫩的眼睛从未见过光，那两只在寂静中长成的耳朵从未听过声音。

成人如何迎接那个四肢备受折磨的小生命？在降生前他一直待在母体中，与外界没有任何接触。

新生儿从一种液态环境突然来到空气环境中，没有经过连续的变化，就像一个蝌蚪突然变成青蛙。

新生儿被交到缺乏爱心的成人手中，其娇嫩的身体受到粗糙物体的野蛮碰撞。

确实，家人几乎不敢触摸新生儿，因为他是那么脆弱，母亲和亲戚恐惧地看着他，把他托付给有经验的人照看。

要触摸如此娇嫩的身体，那富有经验的双手还不够灵巧。人们用强壮有力的手抱着婴儿还不够。

我们必须做好准备，学会接近这个脆弱的小生命。一位护士在接近成年患者、伤者之前，不是需要长期实践，才能掌握正确移动病人或涂抹药膏及更换绷带的技术吗？

然而，人们不是这样对待新生儿的。

医生对新生儿没有特别照顾，当他绝望地大声哭叫时，大家都高兴地笑了。要知道，那是他的呼声，哭叫是他的语言，是清洗眼睛和扩张肺部所需要的。

新生儿出生后立即被穿上衣服。

过去他被襁褓紧裹，就像打上石膏，在母亲肚里屈体的小生命，现在身体展开并固定。

然而，无须给新生儿穿衣服，无论是刚刚降生还是已经满月。

其实，如果我们追踪婴儿着装史，将会发现这是不断进化的历史，从紧裹褓裸到身着轻便衣服，制作面料在逐渐减少，但还需再前进一步，根本不穿衣服。

婴儿应当裸体，就像在艺术中表现的那样。在绘画作品和雕塑作品中的小天使都是裸体的，圣母马利亚喜爱裸体的圣婴，并把他抱在怀里。

事实上，婴儿需要环境而不是衣服来保温。他体内没有充足热量以适应外部气温，由于以前他靠母体的热量存活。众所周知，衣服只能保存身体热量，也就是阻止热量散失。但如果环境温暖，衣服反而变成热量和环境之间的障碍，从而婴儿的身体不能不受到障碍的影响。

让我们考察动物的幼崽。当它们生下时，身上覆盖软毛或毛皮，母兽用身体遮盖并温暖着它们。

我不想就这个题目谈太多。我敢肯定：不少人能对我说，比如美国人讲他们如何照料婴儿；德国人和英国人惊奇地问我，为什么不了解他们国家在这方面（医药和临床）取得的进步。然而，我应当回答，我了解所有这些东西，我也研究过这些国家取得的成就和进步。但是，首先缺少尊严地迎接婴儿所需的崇高意识。

人们确实做了很多事情，但如果仍未发现以前未发现的东西，未给貌似充分甚至不可超越的东西增添新内容，那能说是进步吗？现在，在世界的任何地方，儿童都没有获得应得的理解。

我想提及另一点并指出一个事实：我们虽说深爱儿童，但我们几乎出于本能自卫而反对他们，这一事实从他们一生下就发生了。这不仅仅是自卫的本能，还是贪婪的本能，它驱使我们跑去保卫我们拥有的东西，即使这些东西一钱不值。

从孩子一生下，成人内心深处就这样想：注意不要让孩子破坏，不要弄污，不要添麻烦。正是如此，成人为自保而防着儿童。

☆　☆　☆

我相信，一旦成人充分理解儿童，就会找到更好的照料儿童的方法。

## 童年的秘密

在维也纳，人们已研究出造福新生儿的东西，设计出用吸收性材料制作的床垫，这种材料能为躺在上面的新生儿保暖。

然而，对新生儿的照料，不应限于同死亡斗争，正如今天在现代化医院里所做的那样，让新生儿和传染病人隔离，同孩子接触的护士都戴着厚厚的口罩，以防止口中细菌传给孩子。

从孩子一生下就存在"对待儿童心理"的问题，也就是促使儿童适应外部世界的措施问题。

为此目的，必须获得临床经验，并在家庭中进行宣传，从而让成人改变对待儿童的错误态度。

富有家庭的亲人还想到为新生儿准备华丽的摇篮和装饰珍贵花边的衣服。然而，这种做法值得深思。如果盛行鞭打儿童，根据这一标准，就应当用镶上珍珠的金手柄鞭子鞭打富家子弟。

对新生儿的这种奢侈对待，表明我们完全没有考虑儿童心理。家庭的财富应当让宝贝孩子享受良好的卫生条件，而不是拥有奢侈品。对他们来说，良好的卫生条件就是他们生活的环境没有城市噪声，那里非常寂静，光线可以调节控制，那里的温度适中、恒定，应当准备裸体婴儿适宜的环境。

还有一个移动和运送孩子的问题，要把触摸孩子的机会尽量减少。应当用轻便、松软的托架来接纳他们，比如一个用密针精心缝制的网状吊床，它可以托住孩子整个身体，并能让他们以出生前习惯的姿势躺在上面。

我们必须小心翼翼地使用这些托架，双手要作细致入微的准备，从而变得轻捷和灵巧。无论沿垂直方向还是水平方向移动孩子，都要求双手非常灵巧。在病房进行过类似研究，存在一种抬起病人并轻轻平移的特别技术，这是一种比治疗更基本的技术。无人能用双臂把病人整体抬高，但是可以依靠病人的特制病床移动他们。凭借这种手段移动，病人的卧姿无须改变。

现在，新生儿成了一位患者；正如他的母亲，他逃脱死亡的危险。看到他活着，母亲感到快乐和满足，这也是对经历危险的一种慰藉。有时新生儿几乎被窒息，靠人工呼吸的急救才获救。他常常因血肿，即皮下积血而头部变形。然而，本能把新生儿和成年患者相提并论。他们的需要不同于病人，而是作出难以想象的努力（伴随最初心理印象）去适应的人的需要，是仿佛从天而降却十分敏感的小生命的需要。

我们对新生儿不应怀有怜悯之情，而应怀有对创造神秘的敬畏之情，对在我们感觉限度之内小生命成长秘密的崇敬之情。

我看到一个刚刚脱离窒息危险的新生儿：大人不小心，使他落入地上的水盆里，他睁大眼睛，身体抖动，伸直四肢，仿佛感到自己在下落。这是他的第一次恐惧经历。

我们接触和移动新生儿的动作，新生儿应启示我们的微妙情感，让我们想起天主教神父在圣坛上手持圣餐面饼的姿势：他用纯洁的双手，以精心研究和深思熟虑的动作，时而沿水平方向，时而沿垂直方向，移动圣餐面饼，并伴有停顿和间歇，仿佛那块面饼重达数斤，他随时都会中止移动。当神父放下圣餐面饼后，他双膝跪下，表示对圣餐面饼的崇敬。

这一切在一个肃穆的环境中进行，微弱的光线透过彩色玻璃窗射入教堂。在这个神圣之所，充溢着希望和崇高的情感气氛。新生儿生活的环境应当类似于这种神圣场所。

☆　☆　☆

我们把对新生儿和母亲的照料作个比较，我们尝试思考，如果对母亲像对新生儿那样，我们所犯错误会一目了然。

我们让母亲一动不动，同时把新生儿抱走，为了不打扰她；当她给孩子喂奶时，再把孩子抱到她身边。在抱来抱去的过程中，孩子不免受惊吓，还给孩子穿上漂亮衣服，上面装饰着彩带和花边。这无异于让母亲分娩后立即起床，穿上华丽礼服去出席宴会。

为把新生儿抱走，必须把他从摇篮里抱出高抬，直达到成人肩膀高度。为了让他在母亲身旁静卧，要重新降低高度。有谁想过如此折腾产妇吗？有人为上述做法辩解，说孩子没有意识，由于没有意识，所以没有痛苦和享乐的感受；因此，对新生儿照料过于讲究，那是杞人忧天。

然而，我们对生命垂危和丧失意识的痛苦成人给予无微不至的照料，这又怎样解释呢？

新生儿需要救助，而不是需要救助的意识。对其他年龄段人们，科学和情感关注的是救助的需要，而不是需要救助的意识。

显然，那种辩解是错误的，不可能成立。

事实上，在文明史上缺少人生童年这一章；那还是白纸，没有写下一行字，因为无人探索孩子的需要。然而，众多经验让我们日益意识到一个颠扑不破的真理：幼年（甚至产前时期）的不适会影响人的一生，胚胎生活和幼年生活（今天人们普遍认为）影响成人的健康、种族的健康。然而，为什么人们仍未重视孩子出生？这是人生必须克服的艰难危机。

我们没有感受到新生儿，对我们来说，他们还不是人。当他们来到我们的世界，我们不会迎接他们，虽说我们创造的世界注定属于他们，以便让他们继续创造这个世界，让这个世界不断进步，并超过我们的世界。

这一切让我们记起圣约翰①的话语：

他来到世界上，

世界也凭借他造成；

但世界却不认识他。

他来到自己的地方，

自己人却不接待他。②

---

① 圣约翰（San Giovanni），耶稣十二门徒之一。《启示录》、《约翰福音》和三封《约翰书信》的作者。

② 见《约翰福音》第一节。

# 五　天生本能

　　高级动物、哺乳动物受本能驱使，在艰难并脆弱的哺乳期，不会忽视对幼崽的照料。我们家中温顺的母猫，往往把刚出生的幼崽藏在黑暗、僻静之处。母猫珍爱自己的后代，甚至不允许他人观看。不久之后，几只漂亮并机灵的小猫就露面了。

　　在野生状态下生存的哺乳动物更加珍爱自己的幼崽。所有这类动物几乎成群结伙地生活，当母兽快要分娩时，它就离开兽群，寻找一个僻静、隐蔽的地方。当幼崽出生后，它就让幼崽安静地独处一段时间，独处时间因物种不同而不等，短的两三星期，长的一月有余。兽妈妈很快变成这些新生命的护士和教师。新生的幼崽不适宜待在光线强和多噪声的环境中，为此，兽妈妈把它们置于一个安静、隐蔽的地方。虽然这些幼崽一生下就具有相当能力，它们能站立并行走，兽妈妈却强迫它们独处，精心照料并尝试教育它们，直至它们充分掌握生存本领并完全适应环境。只在此时，兽妈妈才带领幼崽返回兽群，以便和同类一起生活。

　　说实话，这些兽妈妈关爱幼崽的故事感人至深，即使是截然不同的哺乳动物，比如野马、野牛、野猪、狼和老虎，其母性本质差异不大。

　　一头雌野牛和自己的幼崽离群索居长达数月，它无微不至地照料后代令人称奇。当幼崽冷时，它就用前腿遮挡保暖；当幼崽肮脏时，它耐心地用舌头舔干净，让毛皮光洁；当幼崽饥饿时，它为了便于喂奶而用三条腿站立。其后，它把幼崽带回兽群，继续冷静、耐心地喂奶，这和所有四足哺乳动物没有差别。

有时兽妈妈不仅在妊娠最后数月竭力独居，而且忙忙碌碌为快出生的宝宝寻找一个安乐窝。比如，母狼会在森林深处的偏僻、隐蔽的地方藏身，可能会在一个充当庇护所的山洞里。假若它没有找到适宜的地方，它就会在地上挖一个洞，或在大树的树洞里筑穴，在里面铺上些柔软的东西，通常从胸脯上拔下兽毛，这也便于给幼崽喂奶。在那儿，母狼生下七八只狼崽，它们的眼睛和耳朵闭合，它精心照料后代暗中成长，从不抛弃它们。

在这个时期，所有兽妈妈都极富攻击性，无论谁要接近兽穴，都会遭到攻击。

然而，在家畜中这种动物本能业已丧失殆尽，母猪常常吞噬刚刚生下的猪崽；母野猪却是最富柔情、最有爱心的兽妈妈之一。不仅如此，关在动物园铁笼里的雌狮，有时也吞噬自己的幼崽。

由此可见，只有当雌性动物能充分自由地服从本能时，其母性才表现为天生的照料和保护能力。

本能的逻辑既清晰又简单：哺乳动物的幼崽在同外部环境刚刚接触时，特别需要帮助，因此，必须关注小生命初到世界的微妙时期，它们在出生时作出巨大努力之后，在学会所有生存技能之前，需要休养生息。

在这之后，开始所谓的幼年——哺乳期，这是生命第一年，是在世上的最初生活。

动物让自己幼崽离群索居，精心照料不仅限于其身体。兽妈妈还关注激活宝宝内心产生的心理本能，以便造就相同种族中的这一个个体。这种激活最好发生在光线微弱、远离噪声的环境，在妈妈监护下，供给宝宝充足营养，帮助宝宝和谐发展并日趋完美。当小马驹四条腿渐渐长得强壮时，就会识别出妈妈并跟随它；同时在那个脆弱的身躯中，逐渐显现出马类的特征，遗传因素开始发挥作用。因此，在小马驹未成为真正的小马前，雌马不允许其他动物观察自己的宝宝。同样，雌猫在自己猫崽睁开眼睛、四腿站立之前，即变成真正的小猫之前，也不允许他人看到自己的宝宝。

　　显然，大自然特别关注这些动物发育并强壮的过程。母兽关爱幼崽的使命感已经远远超过纯生理学意义，凭借柔情、爱心和细心关注，主要致力于激活后代的潜在本能。

　　我们可以这样说，我们毫不吝惜地给予新生儿细致入微的照料，应当期待儿童心灵健康成长和成人精神境界崇高。

# 六　精神的胚胎

### 活体化

活体化这个词表现新生儿形象，把他视为来到人世化为肉身的精神。这一概念被基督教所沉思，被列入最值得崇敬的宗教奇迹，在这一奇迹中，圣灵化作肉身："et incarnatus est de Spiritu Sancto: et homo factus est"。①

相反，科学认为新生命是从细胞开始：那时它就是肉身，而不是化作肉身。新生儿仅仅是组织和器官的发育以构成整个机体。但新生儿仍是一个奇迹：为什么那个脆弱的、鲜活的身体从天而降？然而，我们的目的不是详述类似思考，而是深入实际，透过表面看本质。

人们全力以赴给予新生儿照料，应当尤其关注其精神生活。如果新生儿拥有精神生活，那么一岁多婴儿就更有理由拥有精神生活。对儿童照料的最新进步在于不仅考虑身体生活，而且考虑精神生活。今天人们常说：教育应当从孩子出生开始。

显然，教育这个词汇的含义不是教学，而是帮助儿童精神发展。

今天可以想象，孩子从出生起就拥有真正的精神生活，由于可以区

---

① 拉丁文，意为"由圣灵降生并为人"。

## 童年的秘密

分意识和潜意识；充满冲动和心理事实的潜意识观念，业已进入百姓的语言。

即使我们仅限于明显、基本的概念，也可以承认，儿童的内在本能，不仅对身体的消化功能起作用，而且对各种心理功能也起作用，正如人们在哺乳动物幼崽中所观察的那样，它们由于内在冲动而迅速具有物种的特性。若把新生儿和动物幼崽相比，前者运动功能的发展更缓慢。事实上，从新生儿下生那刻起，感觉器官就具有功能，由于他对光、声、触都有感觉，但运动功能尚未发展。

新生儿形象是给人深刻印象的出发点：婴儿出生时毫无活力，并且长时间内仍无活力，他就像一个病人，不能站立，需要照料；他沉默不语，很长时间内只能听到他的哭声和痛苦的呼叫，让人们奔向他，就像奔向一个呼救者，以救助他。

只是经过数月或一整年或更长时间后，那个身躯才能站立并行走，不再是个病人，而成为活泼的孩子。

现在，我们想用活体化这个词指示生长的生理及心理的事实。活体化是一种能量促使新生儿无活力的身体生机勃勃的神秘过程：这种能量赋予四肢肌肉运动功能，发声器官说话功能，根据意志活动的功能，从而成为活生生的人。

给人印象深刻的是，新生儿出生后长时间软弱无力；而哺乳动物幼崽一生下或极短时间内就会站立、行走，跟随母兽并说一种独特的兽语，虽说声音微弱、不完美、不顺畅。然而，猫崽能真正地咪咪叫，羊羔会胆怯地咩咩叫，小马驹可以嘶鸣。它们发出的声音微弱，几乎寂静无声，世界上并未回响动物幼崽的呼叫和哀鸣。它们准备的时间既短暂又容易，甚至可以说，它们的身体一落地，决定运动的本能就赋予活力。众所周知，小虎崽会跳跃，小狍崽一下生刚会站就能跳。由此可见，每种动物在降生时不仅是物质身躯，而且是自身具有潜在功能，不是其生理器官的功能，而是由本能决定的功能。所有本能都通过运动来显现，并代表各种物种的特性，还是构成物种形态的最恒定、最典型的特征。

动物，顾名思义，其特征由活力而非形态决定。

所有这些特征都不是植物性组织在起作用，我们可以把它们统称为心理特征。现在，在刚出生的所有动物中都能发现这种特征，为什么在婴儿身上缺少这种活力呢？

一种科学理论解释说，动物的本能运动是物种在以往时代经验积累并通过遗传而代代相传的结果。为什么恰恰人类拒绝承袭其祖先呢？然而，人类总是直立行走，总说一种发音清晰的语言，并准备把遗产传给后代。如下想法荒谬绝伦：人类因精神生活丰富高于其他动物，才唯独不具有心理发展的预设。在这种矛盾中应当隐藏着一个真理。人类精神可以潜藏很深，以致不会像动物本能那样显现，而动物本能已准备在确定行为中显现。

人没有像动物那样，运动受固定、决定性本能驱动的事实，标志人类天生行为自由需要特殊建构过程，几乎留给每个个体创造性发展，从而每个个体成长过程不可预见。这里，请允许我们作离题远些的比较：用我们生产的物品作比较。我们生产批量产品，它们彼此相同，用一种模具或一种机器制造出来。但手工产品是用手缓慢制作的，件件各异。手工产品的优点就在于带有制作者的直接印记，有时是刺绣女工的灵巧印记，有时是天才的艺术印记，若手工产品达到艺术品水准的话。

可以说动物与人类之间心理差异正在于此：动物如同工厂生产的批量产品，每个个体立即再现整个物种确定的、统一的特征；相反，人类如同手工艺品，每个个体都不相同，每人都具有自己的独创精神，并根据这种精神制作一件大自然的艺术品。但这种创造性工作迟缓而漫长。在外在效果显现之前，应当进行内在的不懈工作，但这不是固定类型的再生产，而是新类型的创造，因此是个谜，是个令人惊讶的结果。正如一件艺术品，很长时间内隐身，艺术家把它深藏工作室，在向公众展示之前要不断修改和完善。

这种形成人的个性的不懈工作，是活体化的隐秘活动。毫无活力的人是个谜。那个无活力的身躯包含所有生物中最复杂机制，但这种机制恰恰属于那个身躯，人属于自身。那个身躯应当凭借自己意志的帮助实

**童年的秘密**

现活体化。

通常称作"肉体"的东西，是运动器官（在生理学上称作意志肌肉）的整体。这个术语不言而喻，那些肌肉受意志支配，再好不过地指出运动与精神生活有关的事实。然而，若没有器官，没有工具，意志一事无成。

不管什么动物，就是无足轻重的昆虫，即使有本能，若没有运动器官，也将一事无成。在生命的完美形态中，尤其在人类中，肌肉如此复杂、众多，以致学习人体解剖学的大学生常常说："为了记住所有肌肉，至少掉七层皮。"此外，在发挥功能时，所有肌肉联合完成非常复杂的运动。有的肌肉舒张，有的肌肉收缩，有的接近，有的接触，这些相反功能起作用，不是由于对立而是由于和谐！

一种抑制纠正一种冲动，因此它们总结伴而行；一块肌肉与临近肌肉联动，但没有真正联合，即没有在单一运动中结伙，这样运动可以无限复杂，比如在杂技演员那里发生那样，或者如小提琴家的手，它可以把极其细微的运动传递给琴弓。

每个运动都是对立动作的组合；每次调制都要求大量相反动作同时起作用，它们巧妙发挥渐臻完美。

人不能完全信任天性，因为建构和指导的最高职能由个体能量履行，这种能量是超越天性的，是超天性的。这是在人身上需要考虑的首要事实。人类精神应当通过在世上开辟并走上大道而实现活体化。这一切构成儿童生活的第一章。

因此，个别活体化包含精神指令，因此，在儿童中应当存在一种心理生活，它先于运动生活，并且先于任何外在表现，还独立于外在表现。

有人认为婴儿的肌肉纤弱，所以不会直立，或者人类天生不具有协调运动的能力，这种看法荒谬绝伦。

新生儿的肌肉力量，四肢的冲力和抗拒力是显而易见的。吸吮和吞咽是十分艰难的协调动作，再没有比这种动作更完美、准备更充分了。与动物幼崽相比，大自然把新条件赋予新生儿：让自由运动领域脱离本能专制王国，本能地位降低，强健肌肉期待着服从新命令，期待意志的呼唤以协调一致为人类精神服务。它们应当实现特性，不仅是人类的，而且是活生生个体的。无疑，还存在人类的本能，这样的本能决定基本特征；众所周知，每个儿童都将直立行走并开口说话。然而，儿童会产生个体差异，人们不可预见这些差异，从而未来个体是个谜。

从所有动物幼崽，我们可以猜想它们长大的样子：若是一只小羚羊，将成为一位杰出的、灵巧的长跑健将；若是一只小象，将成为一个动作缓慢并笨拙的动物；若是一只小老虎，将长成猛兽；若是小野兔，将长成蔬菜的侵蚀者和吞噬者。

然而，新生儿可以成为各种各样的人，其毫无活力的表象正在准备个性的惊人结果。他现在发音不清，终有一天会滔滔不绝，但我们此时不知道其语言特征。他会说一种从环境中精心掌握的语言，他坚持不懈地努力构建语音，其后是音节，最终是词语。他将在与环境的关系中，运用其意志，建构其所有功能，他将成为新生命的创造者。

☆　☆　☆

新生儿出生时软弱无力现象总被证实，并引起哲学反思，但迄今没有引起医生、心理学家和教育者的注意。这成为显而易见的事实，许多这类事实只能确证。许多事实被长期束之高阁，并锁在潜意识保险柜里。然而，在日常生活实际中，这些儿童天性的条件带来许多后果，这些后果构成对儿童精神生活的巨大危险。这些后果会让人们错误地认为，不仅儿童的肌肉消极被动，即是说不仅肉体消极被动，而且儿童自身毫无活力，是缺乏精神生活的消极动物。当面对迟至的惊人结果时，成人错误地确信：由于他们的照料和帮助，儿童才生机勃勃。从而成人把照料和帮助作为自己的责任和义务；自认为是儿童的塑造者和其精神生活的建构者。成人设想可以从外部完成一种创造性活动，通过刺激、命令和启示，就能发展儿童的智力、情感和意志。

这样，成人就赋予自己一种近乎神灵的力量，最终认为自己就是儿

## 童年的秘密

童的上帝，想象自己如《创世纪》所言："我要按我的形象、按我的模样造人。"高傲是人的首要罪恶，代替上帝是人类世代受苦的原因。

事实上，儿童若自身携带打开个体之谜大门的钥匙，拥有精神预设及发展指令，那么在尝试执行潜在指令时将特别微妙。于是，每个成人有意识的、受想象权力激发的粗暴干预，就会删除那些预设，或让个性形成偏离正轨。

成人可能从新生儿降生起就真正删除那些神圣的预设，并且代代相传，从而人从一出生就畸形地成长。

这是至关重要的、基本的人类问题。全部问题在于这里：儿童拥有积极的精神生活，即使尚未表现出来，必须长期、隐秘地建构才能艰难地显现。

这一思想描绘出发人深省的图景：新生儿如被囚禁的心灵，但他渴望冲破牢笼、见到光明，他渴望诞生和成长，并逐渐让毫无活力的肉体生机勃勃，用意志的呼喊唤醒肉体，用新生命的诞生迎接意识之光。但在环境中，另一个手握重权的巨大生命在等着他，那个巨人抓住他，还几乎压碎他。

在环境中，为迎接新生命诞生这一伟大事件，什么也没有准备。因为没有人看见他，从而没有人在等待他（对他没有任何保护、任何帮助）。

正在活体化的婴儿是个在环境中生存的精神胚胎，正如肉体胚胎需要母体子宫这一特殊环境，他也需要外部环境的保护，这一环境充满爱心、生机勃勃、营养丰富：这里一切都用来迎接他，而不是阻碍他。

一旦理解了这一现状，成人对儿童的态度就会改变。儿童——正在活体化的精神胚胎——的形象，让我们感到震撼，赋予我们新的责任。

那个娇嫩、优雅的小小身躯，曾令我们喜爱，我们仅仅给予身体上的照料，在我们手中仿佛一个玩具，现在面目一新，令我们肃然起敬。"Multa debetur puero reverentia"。[1]

---

[1]　拉丁文，意为"孩子应有许多敬畏"。

活体化过程既隐秘又艰难，一部鲜为人知的儿童创造性成长的戏剧正在演出，只是无人撰写剧本。

任何生物都不会理解尚未存在的意志的艰难感受，但这种意志将下达命令，向毫无活力的东西下达命令，让它们积极活跃并井然有序。一旦脆弱、无活力的生命有了意识，感官和环境将发生关系，再通过肌肉的锻炼，在连续不断的努力下最终成为具体个体。

在个体与环境，或更确切地说，在精神胚胎和环境之间，发生交换；借助这种交换，个体得以形成并不断提高。这种首要的建构性活动类似于胚胎中代表心脏的小囊的功能，它通过母体（其生存环境）的血管供给营养，保障胚胎各个部分的发育。通过个体和环境的互动，心理个性得以发展和建构。儿童努力从环境中吸收营养，从而使个性高度统一。

这种循序渐进的活动，其实是精神不断掌握工具，因此，精神必须保持警惕，竭力保持其领导权，从而避免运动因惰性而中止或毫无活力。为让运动摆脱本能的制约，并陷入混乱状态，精神应当继续下达命令。这种努力训练会促进建构力量积极发展，并对精神活体化的不懈事业作出贡献。

这样，人的个性独自形成，正如胚胎变成儿童，儿童变成人的创造者、人类之父。

实际上，父亲和母亲做了些什么？

父亲做的唯一事情是提供一个看不见的细胞。母亲除提供一个生殖细胞外，还提供一个适宜它生存的环境，以及它受到保护和正常发育所需的必要条件，以保证生殖细胞通过自己活动平静地分裂，最终产下无活力和不说话的新生儿。当人们说父亲和母亲创造自己的子女时，是在重复不正确的说法。人们应当说：人是由儿童创造的，儿童是人类之父。

人们应当认识到童年隐秘努力的神圣性：那种勤奋表现值得我们翘首以待，由于正是在这一成长期确定个体的未来个性。

从这种重大责任出发，我们有义务科学地研究和深入探索儿童精神的需求，并为他们准备适宜的生活环境。

我们正处于一门前途无量的科学的初始阶段，为了这门科学，成人应当团结协作，奉献自己的聪明才智，在经过长期努力之后，终将认识人类成长的奥秘。

# 七　微妙的心理建构

## 敏感期

婴儿的感觉，在能谈及表达手段之前，就开始最初的心理建构，这种建构能够隐秘进行。

然而，若得出在语言方面并不符合事实的结论就错误了。否则就会断言，他们的语言业已在精神中形成，即使发音器官尚无能力表达。实际存在建构语言的倾向。在整个精神世界也发生类似情况，语言在建构心理世界的外在表现。在婴儿中存在创造性能量、借助环境建构心理世界的潜在能力。

但是，我们对生物学的最新成果——与发展现象紧密相关的敏感期的发现——兴趣颇大。发展由什么决定？生物如何生长？

人们一说发展、生长时，就提及一个可以确证的外在事实，只在近期探索其内在机制的某些特征。

在现代学术中，对探索此类认识有两大贡献：一个是对关乎身体生长的内分泌腺的研究，由于内分泌腺对儿童健康和疾病治疗关系重大，变得家喻户晓。

另一贡献是对敏感期的研究，它可能为理解心理发展开辟新道路。

# 童年的秘密

荷兰科学家德·夫里厄斯[①]在动物身上发现敏感期，而我们在学校发现儿童成长的敏感期，并且从教育观点来利用敏感期。

在发育中，即幼年期的生物中，发现存在特殊敏感性，它们很快消逝，并限于形成一种确定特性：一旦这种特性确立，敏感性就消逝。这样，每种特性形成都可能靠瞬间即逝的冲动帮助。由此可见，生长不是生物天生遗传的模糊过程，而是受周期性或短暂性本能精心指导的劳作，这样本能驱使幼年生物进行确定活动，这种活动和成年期生物的活动明显不同。德·夫里厄斯首先在昆虫中发现存在敏感期，因为在实验室内易于观察昆虫的变态过程。

我们引述德·夫里厄斯的例证，那是一只普通蝴蝶的幼虫——可怜、卑微的小虫。众所周知，幼虫生长迅速，它们狼吞虎咽地进食，因此成为植物的天敌。这种幼虫在降生头几天不能吞噬大树叶，只吃树枝顶端上的嫩叶。

其实，雌蝴蝶像个好母亲本能地把卵产在树干和树枝的交接处，那个角落是它为后代准备的既安全又隐蔽的地方。是谁告诉刚刚破壳而出的小幼虫，它们不可或缺的嫩叶在上方的树梢上？光吸引它们，光令它们着迷，因为幼虫对光特别敏感。于是，幼虫以其特有的跳式，奔向光最强的地方——树梢，饥肠辘辘的幼虫饱餐一顿嫩树叶。非常奇怪：这一时期刚一结束，即是说当幼虫长大能吃其他食物时，立即丧失对光的敏感性。一段时间之后，它对光无动于衷，这种本能减弱，后完全消逝。幼虫对光敏感的实用期已过；现在它通过其他途径，寻找其他食物和其他生活资料。

幼虫并没有变成瞎子——看不见光，只是变得对光冷漠。

那种积极的敏感性在一瞬间改变了蝴蝶的幼虫：过去如此贪得无厌，从而损坏不少茂盛、美丽的植物，现在成为禁食的苦行僧。在严格的斋戒期内，幼虫为自己修造了一具石棺，如死尸般葬身其中；其实它在坚持不懈地紧张工作，在那个石棺中正在准备成虫，长有美丽、耀眼

---

① 　德·夫里厄斯（Hugo De Vries，1848—1935），荷兰植物学家、遗传学家。

的奇妙翅膀的蝴蝶。

人们知道，蜜蜂的幼虫都要经过一个阶段，在此阶段所有雌幼虫都可能成为蜂王。但蜂群只挑选一个雌幼虫做蜂王，工蜂恰恰为当选者产生一种特殊营养物质，被动物学家称作"王浆"。这样，当选者进食御膳后，就成为蜂群的蜂王。若当选者年龄过大，它就不会成为蜂王，因为其贪食期已过，其身体缺乏发育的能力，于是蜂群就要挑选另一个蜂王。

这些例子可立即引导我们认识儿童问题的关键所在。儿童身上蕴含着冲力，驱使他们完成惊人之举；若这种冲力受到抑制，儿童就会变得行为盲目和死气沉沉：真是判若云泥。

成人从外部不可能对这两种截然不同的状态产生丝毫影响。

然而，儿童若不根据其敏感期的指令行动，就会丧失顺其自然取得成就的时机，并且永远丧失这种良机。

儿童在心理发展期，会取得一些惊人成就，由于我们对这些成就司空见惯，而变得熟视无睹。但为什么儿童如一张白纸来到我们这个复杂的世界？他们如何能够区分事物，并因何等奇才无师自通，恰恰在生活中掌握一种语言及其细枝末节。儿童淳朴地、不知疲倦地、愉快地生活。成人为了适应新环境，需要不少的帮助；为了学习一门新语言，要费九牛二虎之力，还达不到童年掌握的母语那样完美。

儿童在敏感期取得的成就，可以和照亮心灵的火炬相比，或者与产生运动现象的电能相比。这种敏感性促使儿童和外部世界发生紧密关系。于是，一切变得容易，一切都充满激情和活力。每一次努力都增强了能力。在敏感期取得成就后，儿童才会感到麻木、乏味和劳累。

然而，当一个心理激情之火熄灭之后，其他的火焰燃起，于是儿童从一个成就走向另一个成就，他们持之以恒、朝气蓬勃，我们有目共睹，称之为童年的欢乐和幸福。在这种美好的精神火焰（这一火焰永不熄灭）的照耀下，完成人类精神世界的创造性事业。相反，敏感期一消逝，知识成就的习得就靠反思活动、意志努力和艰难探索；由于麻木和冷漠、感觉疲劳而懒于工作。儿童心理和成人心理的根本差异就在于此。由此可见，儿童身上存在意志独特内在活力，促使他们顺其自然地取得惊人成就。儿童若在敏感期遇到障碍——工作受阻，他们就会心烦意乱，甚至产生畸变，人们尚未认识自己对儿童的精神折磨，但几乎所有成人不知不觉地犯下错误。

我们至今关注成长的工作，即性格的积极养成；但我们通过长期经验，注意到儿童生机勃勃的活动受到外部阻碍时痛苦而强烈的反应。由于我们没有关注这些反应的原因，就毫无根据地对反应作出判断，并根据对我们压制的反抗程度进行度量。我们使用任性这一空洞的词汇，称呼各种截然不同的现象。在我们看来，一切没有明显理由的行为，一切不符合逻辑的、不可制伏的行为都是任性；我们还证实，某些任性行为具有日益严重的倾向。这一切说明存在持续产生影响的根本原因，而我们尚未找到补救办法。

现在，敏感期可以向我们揭示不少儿童任性的真相，但不是全部，因为内在斗争的原因各异，而许多任性已经造成反常行为的后果，并由于我们错误对待而日益严重。

然而，在敏感期内在冲突引起的任性是匆匆过客，正如敏感期是匆匆过客一样，对性格不会留下永久烙印；但会对成长产生不利的严重后果，对未来心理生活的建构来说，这种后果是不可弥补的。

敏感期的任性是儿童需要未达满足的外在表现，是对错误条件的警示，是对危险的警报。我们若能认识儿童的需要并加以满足，那些任性行为立即消逝，那种堪称病态的心烦意乱立即平复。因此，我们必须探寻儿童所有表现的原因，我们把这些表现称作任性，恰恰因为我们与原因擦肩而过；相反，原因可以成为我们深入探索儿童心灵奥秘的向导，并指导我们准备长期和儿童保持理解及和睦的关系。

### 探索敏感期

对活体化和敏感期的探索，可以和探索正在建构心灵的隐秘事实相提并论，那些事实几乎能让我们发现促进儿童心理成长的内在器官的功能。它们证明儿童心理发展并非偶然，不是由外在世界的刺激引起，而是受短暂的敏感性，即受和确定不同特性有关的暂时性本能的引导。虽然发生这一切离不开外部环境，但外部环境不具有建构重要性，只提供生活所需的手段，这类似于身体从环境中吸收营养和氧气等生命要素。

内在敏感性引导儿童在复杂多变的环境中，选择不可或缺的东西和利于发展的形势。它们怎样引导？引导儿童对某些事物敏感，对其他事物不感兴趣。当这种敏感性在儿童身上激活，仿佛他们身上发光，只照亮某些东西，而不照亮其他东西，被照亮的东西就是其整个世界。然而，这不仅仅是置身那种形势和拥有那些东西的强烈愿望。在儿童身上独具利用那种形势和那些东西来健康成长的潜能。因为在敏感期儿童进行心理构建，比如能够适应外部环境，或者能够让其动作准确、灵巧。

在儿童和环境之间的这种敏感关系上，可以揭示精神胚胎完成成长奇迹的神秘根据。

我们可以想象，这些神奇创造性活动寓于某种源自潜意识的生机勃勃冲动，它们和环境相接触，就产生一个人的意识。它们起初是混乱的，随后实现区分，最终达到创造性高度。譬如，我们可以设想，儿童掌握语言的过程。

儿童在掌握语言时，当环境的不同声音杂乱无章地灌入他们的耳中，他们似乎突然清晰地听到富有魅力、尚未理解的语言的个别语音。此时，没有思维能力的心灵在倾听一种音乐，这种音乐充满其整个世界。于是，该儿童的神经纤维冲动，但不是所有神经纤维，只是那些隐藏的、迄今因无条理呼喊而振动的神经纤维，它们伴随规则运动而苏醒，在纪律、秩序中改变其振动方式。这一事实为精神胚胎世界开辟新时代。但精神胚胎正紧张地、全力以赴地在现在生活，其将来的光荣还不为人知。

儿童的耳朵逐渐区分出不同声音，其舌头因新活力而活动，以前只会吸吮，现在开始感觉舌头内在的振动，一种不可抗拒的、不合逻辑的力量驱使舌头去探寻喉、双唇和脸颊。因为那些振动是生命，但还毫无用处，只让他们得到不可言喻的享受。

# 童年的秘密

儿童全身运动标志得到高级享受：他们四肢收缩，紧握双拳，抬起头来，转向说话者，两眼注视后者活动的双唇。

儿童正在经历敏感期：神圣命令让死气沉沉变得生机勃勃，它用精神激活心灵。

儿童内心的戏剧是爱的戏剧，这是在心灵隐秘区域展开的唯一伟大剧情，并且一次次地充实整个心灵。如此神奇的活动必然留下抹不掉的印记，从而让人们变得更伟大，让高尚品德伴随终生，做到默默无闻地谦逊地工作。

因此，只要环境本身的条件完全符合儿童的内在需求，一切都会静悄悄地发生，并不引人注目。譬如，说话属于敏感期内最具活力、最为神奇的活动。因为儿童总发现周围有说话的人们，他们向儿童提供学习语言不可或缺的条件。儿童面带微笑，这是让我们从外部识别儿童处于敏感期的唯一事实：当我们对他说出发音清晰、简短的话语，仿佛教堂钟声那样分明，他就显现出喜悦之情。或者当夜幕降临，大人对孩子唱起摇篮曲，重复着相同的歌词，我们看到孩子心如止水，由极乐变为平和，因为他在快乐中离开意识世界进入梦乡。我们了解这些，因此，我们常对孩子说些温馨的话语，以换来孩子充满活力的微笑。这就是从悠远时代起，每当夜晚亲人就来到孩子身旁的原因所在：孩子仿佛怀着在弥留之际需要慰藉的焦急心情，请父母对他说话和唱歌。

我们可以说，这些就是儿童拥有创造性敏感的确凿证据。然而，还有其他更加明显的、具有反面意义的证据。在环境中，一个障碍影响儿童内在功能发挥，这种证据就会凸显。于是，儿童的敏感期的存在，可以在其激烈反应和绝望中显现，成人认为那些反应和绝望毫无道理，因此称作任性。任性是内心紊乱、需求未得满足的表现，从而造成心理紧张，企图索求和自卫。

这样，混乱和无用的活动增加了，它们可以和突袭儿童、危害健康的高烧相比，却没有对应的、合适的病理学原因。众所周知，因患小病体温升高是儿童的特征，但在成人看来属正常状态：神奇的发烧，来得快，去得也快。在心理领域内，微小原因能引起焦躁不安，这同儿童的特殊敏感性有关。这样的反应总被关注；其实，儿童的任性从出生起就有表现，被判定为人类天生邪恶的证据。然而，所有功能反常若都被视为官能症，那么，我们也应当把心理紊乱视为官能症。儿童的早期任性就是心灵的最初病患。

最初任性受到瞩目，因为人们首先看到病理事实。心态平和从不构成问题，也不发人深省；相反心烦意乱和混乱无序总构成问题并迫使人们反思。

引人注目的不是天性，而是违背天性而犯的错误。于是，无人发现伴随生命的创造性活动，或其后保存这些活动的功能的外在标志，因为这些标志难以察觉。创造性活动和保存性功能都处于隐秘状态。

对待生物体，就像对待我们说出的物品一样：摆放在橱窗里就万事大吉，但生产物品的劳动者并不面对公众，虽然他们才是至关重要的角色。同样，人体的功能无疑受到欣赏，但不同内部器官的机制却无人发现或感觉。一个人靠这些器官活着，却没有发现它们神奇的组织。自然在秘而不宣的情况下工作，正如基督教对上帝之爱的描绘："让你的右手不知道左手做什么。"各种力量组合而成的整体和谐平衡，我们称作"健康"、"正常"。健康！它是整体对局部的胜利，是目的对原因的胜利。

我们客观地指明各种疾病的所有细节，却完全忽视、不了解健康的神奇。从医学史上看，各种疾病早在悠远时代就被人认识。在史前人类身上发现外科手术的痕迹，医学的根就扎在古埃及、古希腊文明的沃土里。然而，发现内部器官功能是近代的事情：血液循环的发现要上溯到17世纪；为研究内部器官而首次进行人体解剖，发生在1600年；其后慢慢地产生病理学，也就是疾病促使探索并间接发现生理学——器官正常功能——的秘密。

由此可见，只关注儿童的心理疾病，而对其心理正常功能不甚了了就不足为奇。鉴于心理功能特别微妙，它们在隐秘处逐渐地建构并发展，不可能显现，就更可理解了。

如下断言有点令人惊讶，但并非荒谬：成人只认识儿童的心理疾病，却不了解儿童心理健康：心灵仍然隐秘，正如宇宙所有能量尚未被发现。

健康儿童就像上帝按自己形象造出的亚当那样神秘，但无人认识亚当，因为只认识其从一出生就变形的后代。

若不给予儿童任何帮助，环境若没有准备好接纳他们，从精神生活的观点看，他们将遇到接连不断的危险。在世上儿童如同"弃儿"，也就是如同被遗弃者，为了精神生活（他们未意识到，但实际存在），他们将面对有害的冲突和斗争，而冲突和斗争会对个体人格的形成产生致命后果。

成人没有帮助儿童，因为他们甚至不知道儿童要作出的努力，因此，没有发现正在实现的奇迹：由表面上缺乏精神生活的生命，从一张白纸创造的奇迹。

这一切的结论是要以全新态度对待儿童，迄今成人只把儿童视为植物性小身躯，只需要卫生学意义上的照料；相反，现在更应重视心理表现印象，因此，要重视利于探索的现象，而不是业已发生的现象。成人不能对新生儿发展中的心理活动熟视无睹，必须追踪儿童，并从刚开始发展起就帮助儿童。不应当帮助他们树人，因为这一任务属于自然，而应当细致入微地尊重儿童心理发展的外在表现，向他们提供成长不可或缺的手段，因为靠他们的力量不可能获得那些手段。

若确实如此，儿童健康的秘密存在于隐秘力量，心理活动若在功能失调、疾病基础上发展，我们就应当反思由此造成的大量失常现象。当尚不存在儿童卫生学时，儿童死亡率高得出奇，而不仅仅是时间现象：在幸存者中，有多少盲童，多少佝偻病人，多少四肢残废者，多少瘫痪者，多少畸形，多少器官衰竭，从而极易感染环境中散布的传染病：结核病、麻风病、瘰疬病。

类似情景应当展现在我们面前：我们不拥有任何儿童心理卫生学，在环境中我们未作任何准备以捍卫和救助他们，我们甚至对其隐秘功能存在一无所知，正是这些功能旨在创造精神的和谐。

首先是死亡，伴随死亡，有多少畸形，多少盲童，多少衰弱，多少发展滞后，还有高傲、权力欲、吝啬、易怒、混乱无序，这些是所有功能的道德失调造成的恶果。这一情景不是夸夸其谈，不是一种比喻，而是应用刚才提及其身体的相同词语描述儿童精神状态的可怕现实。

从生命之初就起作用的微小原因，可以产生最严重的偏离正轨，因为儿童在不属于自己的精神环境中生长和成熟，正如常言所说，他活着，但失去其生活的乐园。


### 观察与实例

为了证明幼童存在心理生活，不可能求助科学实验，就像人们在实验心理学中所做的那样，正如某些现代心理学家曾经尝试那样，他们对儿童的感觉刺激做试验，试图吸引他们的注意力，并期待某种运动表现作为心理答案。

对一周岁内的婴儿不可能有任何实验结果，因为他们的精神已经和运动器官发生关系，也就是说他们的精神或活体化正在发展。

因此，必须存在一种心理生活，即使是雏形的，存在于意志制约运动之先。

但最初冲动始于感觉。譬如，正如莱温①用心理学影片所证明那样，儿童想要一个物品，他会全身紧张地趋向它，但很迟（随动作协调）才能分解不同动作，从而一伸手就能拿到想要的物品。

4个月大的婴儿提供另一例证：他注视着说话成人的嘴，他的嘴唇默默地动，尤其是他的头挺直，仿佛被饶有兴味的现象吸引。婴儿长到6个月才能说出某些音节。在做发声动作之前，存在对声音积累的浓厚兴趣，并且逐渐地、暗地使发音器官具有活力，这证明在运动之前存在驱动心理活动。这样的敏感性很容易观察，但不易做实验。实验心理学的追随者所做实验可能是那种内在事实，当他们不合时宜地从外部向建构力量发出呼吁时，就可能损害儿童心理的秘密活动。

---

① 莱温（K.Lewin, 1890—1947），德国出生的社会心理学家，以其行为场学说著名。

# 童年的秘密

对儿童的心理生活，需要用法布尔观察昆虫的方法进行观察，他在昆虫正常生活环境中研究它们，为了活灵活现地描述它们，他隐蔽起来进行观察，以避免打扰它们。当儿童的感官不断吸收并积淀外部世界有意识印象时，人们就应当开始观察，由于他们借助外部环境自发地发展生命。

为了帮助儿童，无须求助于复杂的观察技巧，或对这些技巧的解释；只要决定帮助幼儿的心灵足矣，因为这顺理成章——我们成为他们的同盟军。

我们用一个显而易见的实例说明过程的简单。人们认为幼童应当永远躺着，因为他们还不能直立。儿童必须从环境中接收其最初感觉印象，从天空到地面，却恰恰不允许他们仰望天空。其实，他们静观房间的天花板（至多既光滑又洁白）或注视床上的被子。然而，儿童应当用眼睛把握最初印象，其如饥似渴的心灵需要这些印象滋养。有人认为儿童需要看些东西，就提议给他们展示某些物品，以便避免他们改变错误地脱离环境。于是，实验心理学进行试验，用一根绳拴上一个球或一个摇晃的东西，悬挂在孩子的床头，试图让孩子开心。这个孩子渴望把握环境的形象，用眼睛追踪那个摇晃的物品，但他的头还不能活动，于是眼睛被迫作不自然的努力。这种引起畸形的努力，是孩子所处的可笑和做作的位置造成的，它不是对物品而言，而是对物品的运动而言。

只要把孩子抱起来，把他放在稍微倾斜的平面上，他就能用眼睛看到整个环境；最好让他在花园里，在那里他可以看到轻轻摇曳的树木、盛开的鲜花和欢快的小鸟。

儿童应当探索的环境，在一定时间内不要变更。这样做，可以让他持续地看到相同事物，让他识别它们并发现它们在相同位置，还会把东西的位移和动物的运动区分开来。

# 八　秩序

儿童对秩序特别敏感的时期是一个很重要、很神秘的时期。

这种敏感从一岁起开始显现，一直延续到两岁。

对我们来说，这显得颇为奇怪，因为公众普遍认为无秩序是儿童的天性。

当儿童生活在一个封闭环境里，比如生活在城市的房间里，很难判断其非常微妙的天赋；因为在那里充斥着大大小小的物品，成人不断布置和移动它们的目的和儿童无关。儿童若有对秩序的敏感期，恰恰由于这一点，当他们发现面对巨大障碍时，就会造成其反常状态。

事实上，儿童多少次毫无理由地痛苦，我们却没有能力安抚他们？

在儿童的心灵中深藏着秘密，生活在他们身旁的成人对此一无所知。

无论如何，若设想存在那些隐秘必然性，就足以让成人注意，并观察如此显现的儿童特殊情感。

幼童显现出对秩序的典型喜爱。他们从一岁半至两岁明显要求外部环境有序。儿童不可能生活在无序中，因为无序会折磨他们，他们的痛苦表现为绝望地痛哭，持续不断地骚动不安，甚至具有真正疾病的外观。幼童能立即观察到成人和大孩子容易忽视的无序状态。显然，外部环境的秩序关乎一种随年龄增长逐渐消逝的敏感，它恰恰属于发育、成长中生物体的定期性敏感，我们称作敏感期；对秩序的敏感期是最重要、最神奇的敏感期。

然而，环境若不适合，儿童生活在成人之间，这些和平发展的、饶有兴味的表现，就会转化为苦恼、迷惑、任性。

为了让这种敏感积极表现得令人吃惊，也就是说让儿童心满意足、热忱、愉快，成人必须接受儿童心理学的研究成果：秩序敏感期恰恰在出生后头 3 个月。只有准备充分、理解我们原则的保姆，能够提供明显例证。我引述一个保姆的例证：她照料一个 5 个月大的女婴，常把女婴放在童车里，一起在雇主家的别墅里漫步。她发现女婴看到灰色古墙上嵌入的白色大理石碑，对石碑特别感兴趣，并且心情愉快。虽说别墅内盛开着美丽的百花，女婴在漫游时总乐于靠近石碑。因此，保姆每天都让童车在石碑前停留片刻，仿佛这样可以让女婴持续快乐。

相反，障碍更容易让成人判断敏感期的存在：大量过早的任性可能就源于这种敏感期。我还要举出实际生活的例证。这是在家庭发生的一幕：主角是一个约 6 个月大的女婴。在儿童间，也就是在女婴常居的房间，来了一位女士造访，她把一把阳伞放在桌上。女婴显得焦躁不安，但显然不是由于女士而是由于那把伞；因为，女婴长时间注视那把伞后，开始号啕大哭。女士解释说，女婴想要那把伞，就急忙把伞放在女婴旁边，并伴有常送孩子的微笑和爱抚。然而，女婴拒绝阳伞，继续哭叫。大人又做类似尝试，而女婴仍哭闹不止。这是怎么回事呢？这就是几乎一出生就显现出的过早任性。此时，女婴的妈妈（她对我们谈及的儿童心理表现有一定认识）把伞从桌上拿走，并放在邻近房间。女婴立即平静下来。痛苦的原因是桌上的阳伞，也就是说一件物品错位粗暴地破坏了女婴习惯记忆的环境有序图景。

另一个例证，这是一个一岁半的男孩，我扮演了一个积极的角色。我和一小队旅行者穿行内罗内山隧道去那不勒斯，队伍中有一位带男孩的年轻女士，那个男孩太小，很难走完贯穿整个山岭的隧道。

事实上，男孩走了一会儿就累了，他妈妈抱着他走。但妈妈高估了自己的力量，她累得浑身发热，止步脱下大衣并搭在手臂上，再次很不方便地抱起男孩。男孩开始痛哭，而且哭声越来越大，变得非常喧闹。妈妈徒劳地安抚他，妈妈明显筋疲力尽，开始变得烦躁不安。大家都被打扰，便纷纷伸出援手。大家轮流抱着男孩前行，但男孩却越来越焦躁不安。每个人都劝说或责备他，但情况越来越糟。男孩已经非常任性，似乎真正到了绝望境地。

此时，向导进行了干预，他用坚毅男子的健壮双臂抱紧男孩。但男孩反应强烈。我认为这种反应总有内在敏感的心理学原因，我想做一次尝试，我靠近男孩妈妈并问她："夫人，能让我帮您穿上大衣吗？"她惊愕地望着我，因为她仍然全身发热，颇为困惑，但答应了我的要求，让我帮她穿上大衣。结果，男孩立即平静下来；再没有眼泪和骚动不安，还一再说："To，palda"，意思是说"大衣，穿上"。确实，妈妈应当把大衣穿在身上，男孩似乎这样思忖："你们终于懂我了。"他把双臂伸向妈妈，面带微笑地回到妈妈怀里，旅行在宁静中结束。大衣制成是为穿在身上，而不是为了如破布搭在臂上。妈妈身上的无序状态是造成孩子内心不安、冲突的原因。

我还亲眼目睹饶有兴味的家庭一幕。妈妈感到身体不适，就坐在安乐椅上，或更确切地说，躺在安乐椅上，女仆把两个枕头放在扶手上；刚满20个月的女儿走近妈妈，让妈妈讲"故事"。哪位妈妈能抗拒给自己孩子讲故事的愿望呢？即使身体感觉不舒服。于是，妈妈开始给女儿讲童话，女儿聚精会神地倾听。然而，妈妈病得不轻，无力再讲下去；她不得不站起，请女仆扶她去邻近房间静卧。女儿仍在安乐椅旁，并开始号啕大哭。显然，大家以为女童因母亲病痛才哭涕，于是尽力安慰她。但当女仆来取走枕头时，她开始大喊："不，枕头不……"她似乎想说："至少留下点儿东西在原位！"

人们用爱抚和温馨话语安慰女童，把她带到妈妈的床前；妈妈虽说痛苦，仍竭力继续讲童话，认为这样可以满足女儿的强烈好奇心。然而，女儿开始哽咽，泪流满面地说"妈妈，安乐椅！"她想说母亲应当继续坐在安乐椅上。

童话再也引不起她的兴趣，其四周环境发生变化：妈妈和枕头都改变了位置，开始讲美丽的童话是在一个房间，继续讲是在另一个房间。在女童的心灵中发生无法挽回的戏剧性冲突。

这些例子表明这种本能的强度；令人惊讶的是其显现过早，因为两岁的幼童对秩序的需要已经成为采取实际行为的刺激，又能保持心态的平和。在我们学校观察的现象恰恰饶有兴味：一个物品若没有放置到位，两岁学童会立即发现，并前去纠正。他甚至注意到无序状态的细枝末节，成人和比他大的孩子对此都熟视无睹。譬如，一块小香皂若没有放在肥皂盒内，而是放在桌子上；一把椅子若斜放或放错位置，这个两岁男孩会立即发现，并前去恢复正常秩序。在庆祝巴拿马运河通航那一年①，在旧金山万国博览会上，在主建筑里用玻璃建成一个大厅，那里所有观摩者都能看到类似我们学校发生的现象。一位两岁男童在结束一天学习后，注意让所有椅子各就其位，沿墙把它们排成一列。在干活时，他似乎在动脑筋思考。一天，当他把一把大椅子复位后，有些迟疑不决，又重新布置，把大椅子稍微倾斜放置；发现大椅子确实没有放错。

人们常说，秩序代表一种使人兴奋的刺激、一声积极向上的呼唤；但的确远不止这些，它还代表生活实际享受的需要。事实上，在我们学校可以观察到，3岁多和4岁的学童，在做完练习后，就把教具或物品放回原处，这无疑属于愉快和自发的工作。事物秩序意味着认识物品在环境中的安排，记住每件物品的确切位置，并且把握环境的全部特征。属于心灵的环境能够一目了然，在其中可以闭眼活动，并能用手找到要找的所有东西：这是心态平和及生活幸福不可或缺的场所。显然，儿童理解的热爱秩序，绝非我们用冷冰冰的话语想要表达的那样贫乏。

对成人来说，热爱秩序是一种外在性快乐，是或多或少无关紧要的幸福。然而，儿童借助环境成长，这种建构性成长并不根据空洞公式，

---

① 1915年5月，蒙台梭利到美国讲学，曾在旧金山万国博览会上做示范教学。为了观摩方便，教室用玻璃幕墙建成。示范教学持续40天，挑选当地21名学龄前儿童进行实验，获得巨大成功。

而需要准确、坚决的指导。

对于幼童来说，秩序仿佛动物在其上行走的坚实大地，如同鱼儿在其中嬉游的江河。儿童从小就从环境中汲取精神成长的营养，在环境中精神应不断壮大以取得未来成就。反映出生活乐趣的一切都证明这一点，某些幼童的游戏因缺乏逻辑性令人吃惊，其快乐性仅仅在于在原处找到物品。在说明这些游戏之前，我想引述日内瓦的皮亚杰①教授对自己孩子所做的实验。他把一个物品藏在一把安乐椅的椅垫下，然后让孩子离开房间，他把同一物品移至前把安乐椅对面的安乐椅的椅垫下。他的想法是：孩子会寻找那件物品，当找不到时，会到另一把安乐椅的椅垫下去找。然而，孩子只掀起前把安乐椅的椅垫，并用自己的话说"没了"，再不去找那件消逝的物品。于是，皮亚杰教授重做实验，他让孩子看着他把物品从这把安乐椅椅垫下移至那把安乐椅椅垫下。但孩子和上次毫无二致，仍说"没了"。教授据此判断自己孩子太不聪明，他不耐烦地掀起后把安乐椅椅垫说："你没有发现我把东西放在这里吗？"孩子手指前把安乐椅答道："我看见了，但它应当在这儿。"

孩子感兴趣的不是要拥有物品，而是物品应返回原位，无疑他认为教授没有理解这种游戏的真谛。游戏不就在于在原处找到物品吗？因此，若物品未在原处找到，也就是说没有在前把安乐椅椅垫下找到，这个游戏的目的何在？

当我开始观察两三岁学童的捉迷藏游戏时，感到十分惊讶。在这类游戏中，他们显得兴奋、幸福并抱有巨大期望。他们的捉迷藏游戏这样进行：当着其他孩子的面，一个孩子钻在桌子下面，桌子上覆盖垂到地面的大台布，其他孩子离开房间；他们进入房间，掀起台布，发现同伴藏在桌下，一起高兴地呼喊。他们一遍遍地重复这一游戏，每个人都说"现在我去藏"，接着就钻到桌子底下。有几次，我看到几个大些的孩子和一个幼童玩捉迷藏。那个幼童藏在一件家具后面，几个大孩子进屋

---

① 皮亚杰（J.Piaget, 1896—1980），瑞士心理学家，研究儿童思维的发展过程。主要著作有《儿童的语言和思维》、《儿童的判断及推理》、《儿童智能的起源》。

# 童年的秘密

后假装没有发现他，还在屋里四处找，他们认为这样做会让那个藏身的幼童高兴，那个幼童却立即大声喊道："我在这儿！"从那语调可以听出潜台词："你们果真没有看见我吗？"

一天，我也参与这种游戏：我看到一伙学童兴高采烈、鼓掌欢呼，因为他们发现藏在门后的同伴。他们走到我面前说："请你和我们一起玩，你藏起来。"我同意了。他们全都乖乖地跑出房间，正如按规则——一人藏身时，他人不能看要回避。我没有藏在门后，而是躲在一个柜子后面的角落里。学童们走进房间，全都到门后去找我。我等了一会儿，最后确信他们不再找我了，我就走出藏身处。学童们感到失望和沮丧，纷纷问道："为什么你不和我们玩游戏，为什么你不藏起来？"

如果儿童确实在游戏中寻找快乐（事实上，孩子们很快乐，不断重复看似荒谬的游戏），必须说儿童在一定年龄段，快乐在于在原处找到物品。按他们的解释，"隐藏"就是在隐蔽地方放置物品并在那儿找到它们。正如他们的心里话："从外面看不见，但我知道东西在哪儿，并且闭眼也能找到它，我确实知道它的位置。"

所有这一切表明，自然赋予儿童对秩序的敏感性，如同内在感觉建构，这种感觉不是区分事物，而是区分事物之间的关系；因此，形成一个整体环境，其中各个部分彼此依存。当人们整体地认识环境，就能在此环境中正确地运动并实现目的。若没有实现这一点，就缺少社会生活的基础。这就如同有家具却没有放置家具的房屋。于是，若不存在对形象进行组织的秩序，那么聚积形象又有何用？若某人只认识事物，而不认识它们的关系，那么他处于混乱之中不能自拔。儿童靠人的头脑活动，旨在实现天赋的潜能：也就是在探寻自己人生之路时辨明方向并勇往直前。在秩序敏感期内，自然给儿童上了第一课：就像教师给学生提供一张教室平面图，以便让学生学习识别表现地球表面状态的地图。或者如同自然给人们提供一个指南针，以便让人们在世界上确定方向。这样做，如同给予幼童再现构成语言的语音，那种语言是无限发展的，是成人在数百年内发展的。人的智慧不是从天上掉下来的，而是建立在儿童在敏感期奠定的基础之上的。

## 内在秩序

儿童同时具有两种秩序感：一种是外在的，涉及环境中各部分之间关系；另一种是内在的，关乎儿童感觉身体各个部分的运动及其位置，这可以称作内在定向。

内在定向是实验心理学的研究对象，它承认一种肌肉感觉的存在，它能让人感知身体各个部分的位置，并且形成一种特殊记忆——肌肉记忆。

这种解释用以构建一种完全机械的理论，并建立在受意识支配的运动经验之上。例如，某人为拿一件东西而活动手臂，那个动作被感知、被存储，并可以再现。最终，此人掌握定向能力，从而根据理性和意志连续作用的经验，能够决定活动左臂或右臂，朝东或朝西转动。

然而，儿童表明，远在他们能够自由活动，即取得经验之前，业已存在一个涉及身体位置的特别发展的敏感期。也就是说，自然给予儿童一种对于身体能力和位置的特殊敏感性。

那些陈旧理论涉及神经机制；但敏感期关乎心理活动，它们是精神之光和活力，为意识打下基础、做好准备，它们是自发产生的能量，以促使基本要素产生，靠这些要素应当实施心理世界的未来建构。因此，自然提供如下可能性：意识到的经验只能发展这种潜能。反面证据不仅不否定，反而使敏感期凸显。当环境成为创造性活动平静地进行的障碍时，就提供了反面证据。于是，这种环境若不改变的话，儿童将变得特别烦躁不安，不仅具有众所周知的任性和难以平复的特征，而且具有难以治愈顽症的面貌。

相反，障碍一旦排除，任性和疾病立即消逝，这清晰地证实此种反常现象的原因。

一位英国保姆的经历，提供一个显而易见并饶有兴味的例证。这位

## 童年的秘密

保姆需要短时期离开服务的家庭，一位同样能干的保姆接替她的工作。临时保姆感觉照料男孩并不困难，只是给他洗澡例外。每当给他洗澡时，他就骚动不安并感到绝望：哭泣不是唯一反应，其反应强烈并有自卫举动，试图从保姆手中挣脱；保姆为孩子洗澡做了细致入微的准备，但徒劳无益，孩子渐渐对她反感。当常任保姆返回后，这个男孩恢复平静和温和，并乐于让保姆洗澡。常任保姆曾在我们学校受过培训，她饶有兴味地探寻引起突发反常现象的心理要素。她十分耐心地研究并解释幼童极不完美的语言。

她从中发现两个要素：男孩认为临时保姆坏，为什么？因为她给男孩洗澡的动作相反。两个保姆加以比较：常任保姆用右手给男孩洗头、左手洗脚；临时保姆惯于用左手洗头、右手洗脚。

我再引述一个更典型的例子：一个男孩更加骚动不安，还有疾病症状，却很难查出病因。我介入了此事，虽说我没有作为医生直接干预，但我参与解决整个问题。行为反常的男孩还不到一岁半。他的家庭经长途跋涉来到此地，而孩子太小，经受不住旅途的劳累，这至少是大家的看法。然而，父母叙述在旅途中没有发生意外情况。每个夜晚全家都睡在预订的高档旅馆，那里为孩子备有摇篮和幼儿食品。现在，他们一家住在一套舒适的房间，备有家具，但没有摇篮，男孩和妈妈睡在一张大床上。男孩还是患病，每天夜里骚动不安并消化不良。夜晚男孩必须散步，家人认为他肚子疼而呼叫，请来不少儿科医生给他诊断。一位医生让他只吃富含维生素的食物，并对他进行精心治疗——日光浴、散步和最现代的理疗，但病情不见减轻。男孩的病情加重，全家备受折磨、彻夜不眠。最终，男孩突然惊厥，他在床上打滚，痛苦地痉挛。有时一天发生两三次惊厥。于是，家人决定咨询知名儿童精神病医生，决定搞一次会诊。这样，我参加了会诊。男孩显得健康，按父母的说法，在整个旅途中他健康、平和。由此可见，所有异常表现应当存在一个心理原因。当我有此印象时，在床上的男孩突发惊厥。于是，我搬来两把安乐椅，相向连接，以构成一张小床，扶手和靠背仿佛围成一个"摇篮"。然后，我把毯子和床单铺在"摇篮"里，紧挨他睡的大床放置，一言不发。孩子看着它，停止尖叫，滚来滚去，滚到床边，让自己滚落在暂时拼成的"摇篮"里，并说："cama，cama，cama"①，他立即进入梦乡。从此，他再也没有犯病。

显然，孩子对触觉敏感，以前睡在婴儿床上，四周栏杆紧挨其身体，让他有一种支撑感；而睡在大床上，他失去保护性栏杆，从而内在定位发生混乱，这种混乱就是造成经许多医生诊治的痛苦冲突的原因所在。敏感期的威力巨大，因为那是自然的伟大创造力量。

儿童的秩序感和我们截然不同。我们拥有丰富印象，并变得麻木不仁。但儿童贫困，从一无所有开始。他们所做的一切都从零开始，他们只感受到创造的疲劳，还让其后代具有同样感受。我们就像凭借劳动致富者的子女，我们丝毫不理解父辈必然经历的艰难斗争和辛苦劳作。我们忘恩负义并冷漠无情，我们条件优越，因为我们丰衣足食、社会地位良好。现在，我们足以使用童年准备的理性，童年锤炼的意志，童年激活的肌肉；我们在世界上没有迷失方向，因为童年培养了这种能力；我们能够感受到自我，因为童年为我们准备了敏感性。我们富有，因为我们是从儿童成长的，童年为我们奠定生活的所有基础。儿童迈出第一步，要作出巨大努力：那是从一无所知走向真理。儿童如此接近生命的源泉——为行动而行动，因为这是创造所需，对此人们既不感知也未记起。

---

① 儿语，意思是"摇篮"。

# 九　智力

　　儿童向我们表明，智力不似机械心理学理解那样，是从外部缓慢地建构的。机械心理学仍然对纯科学，如教育学有巨大实际影响，因此，也影响成人对儿童的态度。机械心理学认为，似乎外部事物表象敲击并闯进我们感官的大门，然后靠外部刺激传播并渗透，在心理领域扎根，通过彼此逐渐联合，组织起来，促使智力的建构。

　　古语说："nihil est in intellectu quod non fuerit in sensu"。[①] 这句话或多或少说明了智力建构过程。它假设儿童在心理上是被动的，任凭环境的摆布，因此完全受成人掌控。对它还应补充一句话：儿童在心理上不仅被动，而且如旧教育所说，像一只空瓶，是有待填充和定形的东西。

　　我们的经验肯定不会低估环境对建构智力的重要性。众所周知，我们的教育体系认为环境非常重要，把它视为教育工程的关键。大家同样知道，与其他教育体系相比，我们的教育体系更系统、更基本地重视儿童的感觉。然而，认为儿童被动的旧观念与儿童实际不符。儿童存在内在敏感性。儿童的敏感期可以延续到 5 岁，从而他们能真正神奇地把握环境表象。因此，儿童是观察家，他们凭借感官积极地吸纳表象，但决不是像照镜子那样接收。一个真正的观察家，根据一种内在冲动、一种

---

① 拉丁文，含义是"智力中没有任何东西起初不源于感觉"。

# 童年的秘密

情感、一种特殊兴趣进行观察，从而他们在选择表象。詹姆士①阐明了这一思想，他说没有人能看到事物各个局部的全貌，但每人只能根据自己的情感和兴趣看到一部分。因此，对同一事物的描述会因人而异。詹姆士举的例子相当出色，他说："您若有一件新衣，您很喜欢它，在街上您尤其爱观察优雅之士的着装，这样会有命丧车轮之下的危险。"

现在，人们可能会问："幼童有什么先入之见，让他们在所处环境的无限表象中进行选择？"显然，儿童不可能受外在刺激的推动，如詹姆士所说那样，因为他们还没有经验。儿童从一无所知开始，他们是独自前进的积极主体。为了切入正题，理性是在敏感期内在地活动的关键。像植物一样，理性逐渐萌发、生长，靠从环境中吸纳的表象具体化，这是合乎自然的创造性过程。

理性是不可抗拒的力量、初始的能量。儿童把表象组织起来立即为理性服务，为理性服务的是儿童最初从环境中吸纳的表象。儿童渴望得到那些表象，可以说永不满足。众所周知，儿童会被光线、色彩和声音强烈地吸引，并且满心喜悦地享用它们。然而，我们想要证明内在事实，即推理作为第一动力，即使是一种纯萌芽状态的推理。无须赘言，儿童的精神状态值得我们尊重和帮助：儿童从一无所知到认识真理，奉献最好的礼物，即人类特有的优越性——理性。在他们的小脚丫尚未走在路上、身体能位移之前，就开始沿着这条道路前进。

举例比讨论能更清晰地说明问题，为此我引述一件十分有趣的事。一个刚出生4周的婴儿，他还没有到过户外。一次，保姆抱着他，他父亲和来家的一位叔叔同时显现在他面前。这两个人身材相仿，年龄相当。婴儿看到他们后，大吃一惊，近乎害怕。这两个人了解我们的心理学观点，于是努力帮助婴儿平静下来。他们仍站在他面前，彼此分开，一位站右边，一位站左边，但都在他的视野内。婴儿转过头看着一个，显然有些担忧，在注视一会儿后面带微笑。

---

① 詹姆士（W.James，1842—1910），美国实用主义哲学家、心理学家、机能心理学创始人之一。主要著作有《心理学原理》、《信仰的意志》、《实用主义》。

然而，他的目光突然显得更加担忧、恐惧，他急速转过头看着另一个，他凝视很长时间，这之后又面带微笑。

婴儿脸上多次交替显现担忧与宽慰，他不断地把头向右转向左转，不下十多次。最终，他确认是两个人。他们是他迄今看见的两个男人，他们两人多次为他祝贺节日，抱过他，用温馨的话语关爱他。他懂得一个事实：一种人有别于妈妈、保姆和其他女性，他在家里常常见到这些人；但他从未见过两个男人在一起，他曾认为只有一个男人。当他突然遇到两个男人时，他原先艰难确定的男人定位发生紊乱，从而他既害怕又警觉。

他发现自己的第一个错误。虽说他只有4周大，但在活体化过程中精神发生斗争时，已经受到人类理性的欺骗。

如果在其他环境下，那两个人没有认识到儿童一出生就存在精神生活，就不可能给予这个婴儿巨大帮助，促使他朝建构意识努力迈出艰难一步。

现在，我想列举年龄大些的孩子的例子。这是一个7岁女孩，她坐在地毯上玩枕头。在枕头的面料上印着花卉和婴儿的形象，她兴高采烈地闻着花香、亲吻婴儿。这个女孩由一位没有受过教育的女仆照看，女仆这样说明事实：女孩喜欢闻、亲吻所有东西，她急忙给女孩拿来各种各样的东西，并说"闻这个，亲那个"，结果女孩正在建构中的、正在识别各种表象并靠其运动牢记它们的心智被搅乱，她愉快并平静地完成的一件内在建构工作被破坏。女孩向内在秩序所作的神奇努力，被不理解的成人的心灵所断送，就像海浪吞没海滩上刚刚完成的沙雕或沙画作品。

当成人粗暴地中断儿童的反思，能够阻碍甚至禁止儿童心灵建构工作。成人根本没有理解他们，竭力让他们开心（抓住他们的小手，为让他们高兴而亲吻他们的小脸，或竭力让他们多睡觉），根本没有认识儿童正在发展的艰难精神活动。由于成人没有意识到儿童的神奇的精神活动，其行动能够废除儿童的最初意愿。

相反，儿童应当绝对清晰地保存不断获取的各种表象，因为只有清

# 童年的秘密

晰地区分表象，才能形成自己的智力。

一位儿童人造食品专家对1岁幼儿做过一次非常有趣的实验。他创立了一所著名的、重要的私人诊所。他通过研究得出人们应当重视的结论：人们不仅应当了解儿童食品，还应了解食用儿童食品的个人因素。他不能推荐一种代乳粉作为儿童的理想食品，至少在一定年龄段内如此。因为一种食品对这个孩子好，对另一个孩子却不好。无论从临床角度，还是从审美角度，他的诊所堪称典范。他的诊疗方法对6个月以下婴儿的健康非常有效，但6个月后，婴儿健康每况愈下。这确实是一个谜，因为代乳品更适合半岁以上的幼儿食用。在诊所这位教授还为不能给婴儿喂奶的贫困母亲开设了门诊，她们向他咨询用什么代乳品喂养孩子。结果，食用代乳品的那些婴儿在长到6个月后未出现任何症状，不像以前食用同一代乳品的富贵之家婴儿所发生的那样。在反复观察之后，教授认为在那不可理解的现象中存在心理因素。在有了这种认识后，教授可以确证，大于6个月的婴儿在他的诊所感到的"厌烦因缺乏心理食粮所致"。于是，他开始让他们娱乐开心，不仅带他们到诊所平台上散步，还领他们到新地方漫游，随后他们都恢复了健康。

大量实验绝对清晰地证明，不足一岁婴儿已经对环境有感知印象，印象如此清晰，以致能够从图画中，也就是说在平面透视画中识别出所表现的事物。然而，这之后，可以断言那些印象落伍，再不能引起他们的强烈兴趣。

从出生后第二年开始，幼童不再受醒目东西和鲜艳色彩吸引，从而不似敏感期欣喜若狂；却受到小东西吸引。甚至可以说，他们对不显眼的东西感兴趣，或对处于意识边缘的东西感兴趣。

在一位15个月大的女孩身上，我首次证实这种敏感性。我听到从花园里传来她的欢笑声，声音之大不像幼童发出。她独自一人走出屋子，坐在平台的砖上，她身旁靠墙种植数行美丽的天竺葵在骄阳下盛开。但女孩没有注视那些鲜花。她的双眼凝视地面，地上空无一物。这显然是童年之谜。我慢慢地走近她，看看地面，确实未发现什么；于是，女孩郑重其事地向我解释——"那儿有个小东西在动"，我凭借她提示的帮助，看到一只昆虫在飞快奔跑，它是那么微小，其颜色近乎砖的颜色，简直难以觉察。吸引女孩的是，竟然存在如此小的生物，会活动，还会跑！惊奇之事令她欣喜若狂，其程度远超过通常在儿童中所见，这种欢乐不是由于太阳、鲜花和五彩缤纷。

有一次，年龄相仿的男孩给我留下类似印象。妈妈给他收集了许多彩色美术明信片。男孩仿佛乐于让我看那些明信片，他拿着一个闪亮的包走到我身旁。他以自己的方式，用单音节儿语对我说："bamban"，从他的话语我懂得他想让我看"汽车"的图画。

他还有许多各种各样的漂亮明信片，显然母亲收集明信片，想要让孩子开心，同时受教育。

有些明信片上画有异国情调的动物（长颈鹿、狮子、熊、猴子、鸟），令幼童感兴趣的家畜（绵羊、猫、驴、马、奶牛），小场景和风景（那里，动物、房屋和人物混在一起）。然而，令人奇怪的是，在他丰富的藏品中，恰恰缺少带汽车图画的明信片。我对男孩说："我没有看见一辆汽车。"于是，他在找，并抽出一张明信片，带着胜利者的口吻对我说："这就是。"这是狩猎的场景，但表现的主题是置于画面中央的一只异常漂亮的猎犬，手持猎枪的猎手站在一旁。在远处的一个角落里，有一幢小屋和一条弯弯曲曲的线，可能是一条路，在这条线上有一个黑点。男孩用手指着那个黑点，对我说："汽车。"事实上，虽说那个黑点太小，几乎看不到，但可以看出确实表现一辆汽车。由此可见，以如此小的比例描画出一辆汽车，以致很难看见它，反而引起男孩的兴趣，并值得他特意指给我看。

我想，妈妈并没有给男孩解释明信片上那些形形色色漂亮而有用的东西。于是，我挑出一张画有长颈鹿的明信片，并开始解释："看这脖子多奇特，这么长……"男孩立即严肃地回答："Affa"。① 我再没有勇气继续说下去了。

人们会说，在1—2岁年龄段，天性会引导智力发展，直至幼童认

---

① 儿语，含义是"长颈鹿"（giraffa）。

**童年的秘密**

识所有事物。

下面是我个人经历的例证。有一次，我想给一个约 20 个月的男孩看一本漂亮的书、成人看的书。这是一本由多雷①作插图的《福音书》，多雷复制了多幅经典画作，比如拉斐尔的《耶稣显圣容》。我选了一张耶稣召唤孩子到身旁的图画，并开始给男孩解释："这个孩子恰在耶稣怀里，其他孩子的头靠着耶稣，所有孩子都仰望着他，而耶稣深爱他们……"

这个男孩脸上没有显露丝毫兴趣，我假装不介意，翻过这一页，并开始翻阅全书，以寻找其他图画。突然，这个男孩对我说："他在睡觉。"

于是，我对童年之谜的印象有点儿困惑，问他："谁在睡觉？"

他铿锵有力地回答："耶稣，耶稣在睡觉。"他示意把书翻回那一页，以便指给我看。

耶稣的形象高大，俯视着下面的孩子，从而眼睑下垂，就像睡着一样。这样，男孩的注意力转到一个细节，没有一个成人会注意这样的细节。

我继续解释，翻到一张画有耶稣的图画时停下，对他说："你看，耶稣从地上腾飞，而人们惊恐万状：这个孩子眼睛斜视，那个妇女伸出双臂……"我明白这样解释不适合孩子，还有图画也没有选对。然而，此时我感兴趣的是引出他其他谜一般的回答，在如此复杂的画面上，将成人所见和幼童所见加以比较。但这一次，他仅仅哼了一声，小脸上露出不屑一顾的表情。当我开始往后翻书时，他在触摸脖子上挂的兔形小饰物。突然，他喊道："兔子！"我想"这个小饰物让他很开心"，但男孩执意让我翻回《耶稣显圣容》那页。确实，在《耶稣显圣容》的画面上有一只兔子。谁能观察到这么一只小兔子呢？显然，儿童和成人的心理个性截然不同：这不是量的差异，而是质的差异。

当幼儿园或小学低年级的教师，不辞辛苦地给三四岁的孩子讲解一

---

① 多雷（Gustavo Doré, 1842—1883），法国插图画家。出版过 90 多种插图书。

个普通东西时，认为他们降生以来似乎从未见过，其结果类似于把听力正常者视为聋人。人们喊着，强调每个词语，生怕儿童听不到早已听过的东西。儿童没有回答，而是抗议："我根本不聋！"

成人认为儿童只对醒目的东西、鲜艳的色彩和震耳的声音敏感，以为提供这些强烈刺激物可以引起儿童注意。我们都能证实，儿童被歌唱者、教堂钟声、随风飘扬的旗帜、明亮之光等所吸引。但这些强烈吸引力是外在的、支离破碎的；它们会让儿童分心，强迫儿童接受外在醒目的东西，从而驱逐触及感官的刺激。我们作一下比较，虽说不很贴切：比如我们正在阅读一本十分有趣的书，突然街上响起嘹亮的乐声，我们受好奇心驱使，全都站起并跑到窗前。我们看到一个成人沉浸在阅读中，却突然跑到窗前，因为他受到乐声的呼唤，我们就会说此人特别受到声音的刺激。按相同推理，我们来判断儿童。其实，一个强烈外在刺激引起儿童注意是暂时现象，同儿童精神生活的内在建构没有关系。我们可以发现儿童精神生活的表现，当我们观察到他们沉浸在对微小事物的细致入微的静观中，那些事物看来毫无趣味可言。谁发现事物的细枝末节，谁就会全神贯注、饶有兴味地观察，不是为了产生感觉印象，而是钟爱智慧的表现。

实际上，儿童的精神不为成人所知，在成人看来，那是一个令人费解的谜，因为他们不是根据内在精神能量，而是根据外在虚弱的反应来判断。我们必须反思：儿童的任何表现，都有一个可以破解的原因。不存在没有自己动因、自己存在原因的现象。成人容易判断儿童的令人费解的反应、每一困难时刻，他们一言以蔽之：那是任性。在我们面前，那种任性应当提升到有待解决问题、有待破解之谜的高度。确实，这是十分困难的事情，却是非常有趣的事情，尤其是拥有一种新的能力，它代表成人道德上的升华。让成人成为研究的学者，而不当盲目的统治者、对儿童毫不留情的法官。

这里，我记起一个沙龙聚会夫人们的会话。沙龙女主人身旁有个1岁半的男孩，他独自一人安静地玩耍。夫人们谈论儿童读物。一位年轻母亲说："有些书很愚蠢，插图荒唐可笑。我有一本书，书名是《桑博》。桑博是个小黑人，在生日那天，父亲送他各式各样的礼物：帽子、鞋子、袜子和一件五颜六色的漂亮服装。正当父母为他准备丰盛的生日午餐时，桑博急不可耐地要向人炫耀自己的新衣，未打招呼就偷偷溜出家门。在街上他遇到许多猛兽，为了安抚它们，他不得不把自己的着装让给每个动物一部分：帽子给长颈鹿，鞋子给老虎，诸如此类，不一而足。这样，可怜的桑博泪流满面，光着身子回家了。然而，最终父母原谅了他，面对满桌摆放的美味佳肴，他会心地笑了，就像这本书最后一页所画的那样。"

这位夫人还让其他人看这本带插图的书，从一只手传给另一只手，突然孩子说："不，Lola"。所有人都大吃一惊，这似乎就是有待破解的童年之谜。孩子斩钉截铁地重复这神奇的断言："不，Lola"。

他母亲说："Lola 是我家保姆的名字，她照看我儿子才几天。"但孩子呼喊"Lola"的声音越来越大，就像毫无意义的任性行为。最后，我们把《桑博》这本书拿给他看，他指着封三上的最后一幅画，那画未放在正文中，画面上有个泪流满面的可怜小黑人。于是，人们最终懂得，"Lola"在他的童语中含义同西班牙语中的"llora"，意思是"他哭"。

显然，男孩有道理，因为此书最后一幅画不在正文中，正文中的插图描绘丰盛的午餐；而是在封三上，画的是痛哭的桑博。没有人会注意最后一幅插图。这样，孩子的抗议顺理成章。当妈妈说"一切都愉快地结束"时，他立即加以纠正。

显然，对他来说，全书以桑博的痛哭结束，由于他对书的观察胜过母亲，他认真地查看最后一幅插图。饶有兴味的事情是，虽说他没有完全理解这些女士复杂的谈话，却能作出十分精确的观察。

无疑，儿童的心理个性和我们成人截然不同，这是一种质的差异，而不是量的差异。

儿童能够把握事物的细枝末节，他们可能认为我们低能，因为我们综合心智的表象中没有那些细枝末节，他们难以接收那些表象。

在他们眼里，我们没有任何精确性，他们发现我们满不在乎、粗枝大叶，没有把握饶有兴味的细枝末节。如果他们能够表达自己的想法，肯定会向我们表示，在他们心灵中对我们毫不信任。同样，我们也不信任他们，由于他们的思维方式和我们的格格不入。

这就是成人和儿童彼此不理解的原因所在。

# 十　成长道路上的斗争

## 睡眠

当儿童发展到能独自行动时，成人和儿童之间的冲突就开始了。

起初无人能够完全阻止儿童看和听，也就是完全阻止儿童感知自己的世界。

然而，当儿童开始行动、走路、触摸东西时，整个形势截然不同。虽说成人深深地爱着儿童，但成人存在不可抗拒的捍卫自己、反对儿童的本能。现在是两种心理状态，儿童的心理状态和成人的心理状态截然不同，从而不发生适应性变化，成人和儿童几乎不可能共同生活。不难理解，这些适应性变化不利于儿童，因为儿童的社会地位低下，在成人统治的环境中，由于成人对自卫心态浑然不知，却确信自己深爱儿童并慷慨献身，从而对儿童"不当"行为的压制会造成毁灭性后果。成人无意识的自卫心态，稍微意识到就极力掩饰；成人极度贪婪地保护自己有用并珍爱的东西，却标榜"在履行教育儿童的职责，让他们养成良好习惯"；成人害怕儿童破坏自己生活的宁静，却宣称让他们好好休息以保障身体健康。

平民母亲简单生硬，乐于用打孩子脑袋、喊叫、辱骂来自卫，为不受打扰把孩子从家里赶到街上，随后又亲昵地抚爱、热烈地亲吻孩子，仿佛一幅表现母亲疼爱孩子的温馨风俗画。

上层社会固有的形式主义成为道德风尚。在上层社会，某些情感形式受到赞赏，因而被普遍接收：爱、牺牲、负责任、内敛自控。然而，上层社会母亲比平民母亲更急于摆脱子女打扰，她们把孩子交给保姆，让保姆领孩子散步或哄孩子睡觉。

上层社会母亲对所雇保姆颇有耐心、彬彬有礼，甚至谦恭，这是达成的真正妥协默契：只要让淘气包远离父母及其所属物品，什么都可原谅和忍受。

儿童刚摆脱肌肉无力的束缚，开始走路并为此成就而欣喜，因为他们让神奇的运动工具生机勃勃，就遇到强大无比的巨人队伍阻挡他们进入世界。这种悲剧性形势让人不由想起原始民族的迁移，他们想要摆脱被奴役的悲惨境地，奔向不宜居住的陌生之地，正像摩西① 率领希伯来人所为。当他们在沙漠遭受困苦之后，似乎要迎来在绿洲的幸福时，因那里的民族并不好客，反而等待他们的是战争。希伯来人苦涩地回忆起亚玛力人② 对流浪民族的抗拒和敌对，就对一场想象中的战争油然而生恐惧之心。这就使得他们溃不成军，在沙漠中漫无边际地漂泊了 40 年，要知道他们已经穿越了沙漠，但现在每走一步都有许多人因筋疲力尽而永远倒下。其实，这是人类本性使然。那些拥有自己固定环境的人们，奋起自卫反抗入侵者。这是在各个民族之间存在的明显残酷现实，但这些现象的残酷动因恰恰隐藏在人类心灵的潜意识深处。当定居的成人"民族"捍卫自己的安宁生活和财产时，奋起反抗新一代入侵者。然而，入侵"民族"并不退缩，他们绝望地投入战斗，因为他们为生存而战。

这种被潜意识所掩饰的斗争，已经在父母之爱和孩子无辜之间展开。

---

① 摩西（Mosé），《圣经》人物，古代以色列人的民族英雄。摩西带领身为奴隶的以色列人离开埃及，东渡红海进入西奈半岛，在西奈旷野流浪了近 40 年，最后到达约旦河东岸。摩西登上尼波山，遥望上帝"应许之地"迦南，随即去世，享年 120 岁。

② 亚玛力人（amaleciti），古代一个游牧部落或部落集团。据《圣经》记载，亚玛力人是以色列人的敌人。

☆　☆　☆

成人会理直气壮地说："孩子不该乱动，不该乱摸我们的东西，不该大声说话和喊叫，应当多躺一会儿，应当吃好睡好。或者应当去户外，哪怕是跟毫无爱心和非亲非故的外人同行。"由于懒惰，成人选择对他们来说最容易走的道路：让孩子睡觉。

有谁会怀疑儿童需要睡觉呢？

然而，如果一个孩子特别机敏、听话，那么从其本性看不是嗜睡者。他需要正常睡眠，而我们无疑应当谨慎地满足这种需要。但我们必须区分儿童的正常睡眠和成人人为造成的困倦。众所周知，意志坚定者能够影响意志薄弱者，而影响是从后者的困倦开始，试图影响他人者先让被影响者困倦。

成人，无论是无知的母亲，还是有教养的母亲，甚至是专门照看儿童的人员（比如保姆），都齐心合力地命令生龙活虎的儿童去上床睡觉。不仅几个月的婴儿，而且长大的三四岁幼童，甚至更大的孩子，都被成人强迫睡觉，睡眠时间远远超过实际需要。平民的孩子不是这样：他们整天在街上玩耍，从不打扰母亲，于是他们逃脱了这一厄运。现在，众所周知，平民的孩子不似富家子弟那样好激动。卫生学特别强调儿童睡眠时间要长，从而儿童像植物那样，被襁褓紧裹。我记得一位7岁男孩对我说过，他从未见过星星，因为夜幕一降临，大家就急忙让他睡觉。他对我说："我真想在山顶上待一整夜，躺在地上看够星星。"

许多父母吹嘘能让自己孩子惯于晚上早睡，这样他们可以自由外出。

供儿童使用的小床，不同于摇篮，因为摇篮状美并且柔软；也不同于成人床，因为成人可以在那张床上舒适地躺下并入睡。装有铁栏杆的童床仿佛一个囚笼，亲人强迫孩子睡在里面，这样成人居高临下，不用俯身低头就可以掌控，任凭他们在里面哭叫，也不会造成麻烦。

儿童的房间保持黑暗，以便不让黎明的曙光照射进来，避免唤醒沉睡的孩子。

改革童床，改变睡眠时间过长的习惯，是帮助儿童心理生活发展的第一个实际措施。儿童应当享有困时才睡觉、醒来不睡并起床的权利。因此，我们倡议，并且许多家庭实施，废除传统的较高的童床，使用极低、几乎贴着地面的童床，在改革的新童床上，儿童可以随意地躺下和起身。

这种低矮童床既经济又实惠，正如一切改革一样，会帮助儿童心理生活发展。因为儿童适宜他们的少量、简单的事物，相反通常复杂的事物会阻碍儿童心理生活的发展。许多家庭实现了这种改革，把小床垫铺在地板上，再覆盖上一条毛毯。于是，晚上儿童可以自发地高高兴兴地上床，早晨不用大人叫醒就能起床。这些实例说明，在安排儿童生活方面，我们确实犯有严重错误，比如成人辛辛苦苦并希望儿童幸福，由于未意识到按自己自卫本能行动并极易获胜，却真正反对儿童的实际需要。

综上所述，可以看出，成人应当努力理解儿童的实际需要，以便遵从并用关爱来满足这种需要，同时为他们准备适宜他们的环境。只有这样，才能开辟教育的新纪元，帮助新生命成长的新时代。终结那个把儿童视为物的旧时代，在那个时代，成人可以随心所欲地把婴儿抱来抱去，其后让幼童必须服从并追随自己。成人必须确信，我们要屈居次位，我们要努力理解儿童，因为我们愿意做他们的拥戴者，愿意帮助他们成长和生活。这就是接近儿童的母亲和教育工作者的教育方向。如果儿童的个性需要在成长中培养，而他们的个性又脆弱，那么占据优势的成人个性就应当温顺，理解并遵从儿童为我们指出的方向，并把理解和遵从儿童视为自己的荣耀。

# 十一　行走

　　成人应当遵循的行为方式是：适应未成年生命的需求，放弃自己的需要，符合儿童的需要。

　　高级动物本能地做着类似事情：它们自己适应幼崽的条件。再没有比如下情景更加有趣了：当一头母象把小象带到成年象群时，巨大厚皮动物队伍放慢了脚步，以便和小象的步伐协调一致，当小象疲劳止步时，整个象群都停下脚步。

　　在某些文化形态中浸润着为儿童作出牺牲的类似情感。有一天，我观察并追踪一位日本父亲，他带领一个1岁半或2岁的男孩散步。突然，男孩抱住父亲的腿，父亲立即止步，这个孩子开始围着他的腿转着玩。当孩子做完游戏后，又开始缓慢地散步。但过了一会儿，男孩又坐在马路牙子上，此时他父亲止步站立一旁。父亲的面部表情严肃、从容；他没有做任何特殊之事，他就是作为父亲，领着自己的孩子散步。

　　由此可见，我们应当尽可能地让幼童做走路基本练习，在那个年龄段，幼儿机体必须协调许多动作，趋向保持身体平衡，克服人类的巨大困难——靠双脚直立行走。

　　虽然人类和其他哺乳动物都长有四肢，但人类只用两肢而不用四肢行走；猴子有很长的前肢，以便在行走时用爪扶地，只有人类依靠下肢"平衡地行走"，而不是凭借"全身行走"。当四足哺乳动物行走时，按

# 童年的秘密

对角线方向抬起两爪，这样身体总有两个支撑点。但人类走路时，只用一只脚轮换做支撑点。这种困难靠大自然来解决，但采用两种方法：一般动物靠本能，人类靠个体的主观努力。

儿童靠等待不可能发展自己的直立行走能力，而应当在"走路"中学习行走。孩子迈出第一步，令全家欣喜若狂，恰恰是对自然的适应，标志着从1岁成长到2岁。此时生龙活虎的儿童诞生，那个软弱无力的儿童消逝了。对儿童来说，一种新生活开始了。生理学认为，这些功能的确立可以作为判断正常发展的标准。然而，从那时起，儿童的练习就进入游戏阶段。儿童能够保持身体平衡、步伐稳健要靠长期练习，因此必须依靠个体的努力。众所周知，儿童以一种不可遏止的、勇往直前的冲动开始走路。他们走路时不瞻前顾后，是不畏艰险勇夺胜利的士兵。恰恰为此，成人想要保护他们远离危险，结果适得其反，阻碍他们前进。成人竭力把他们禁锢在学步车或童车内，即使他们的双腿已发育得结实，很长时间内仍由成人领着或推着散步。

发生这种情况，因为儿童的步伐比成人的短，走长路缺乏耐久力；成人却不能放慢自己步伐，如果带领儿童散步的成人是保姆，也就是致力于照看儿童的专职人员，那么儿童就必须适应保姆的条件，而不是保姆适应儿童的条件。保姆按自己的步伐走路，径直朝着散步预定目的地前行。只有当保姆到达目的地，我们设想是一座美丽的公园，她才会坐在长椅上，把孩子从童车里抱出，允许孩子在她四周的草地上走走，她看护着这个孩子。所有这些措施都关注"儿童的身体"，其植物性生活和避免任何外在危险；但不关注儿童社会生活的本质性和建构性需要。

1岁半至2岁的幼童可以步行几千米，甚至能够上下坡，走完艰难路段。只是他们走路的目的和我们截然不同。成人走路为了到达一个外在目的地，并且倾向于直奔那里，通常他们以节奏固定的步伐机械地前行；相反，儿童走路为了建构自己的功能，因此其目的是自我创造。他们步伐缓慢，没有节奏，也没有目的地。然而，他们周围的事物吸引他们，并一次次地推动他们前进。成人放弃自己步伐的节奏和自己的目的，就是对儿童的实际帮助。

在那不勒斯，我认识一对年轻夫妇，他们最小的孩子 1 岁半。夏天去海滩玩，他们要沿着一条陡峭的道路，约走 3 里的坡道，货运双轮马车和双座轻便马车无法通行。年轻父母想自己抱孩子走，但抱着他走太累。于是，他们帮助孩子自己走，结果孩子独自走了很长一段路程。每当遇到路旁盛开的野花，他都会停下脚步欣赏，或者坐在草地上，或者静观动物活动。有一次，他聚精会神地注视一头吃草的驴子，足足有一刻钟。这样，孩子每天都能不知疲倦地上坡、下坡，走完漫长而艰难的道路。

在西班牙，我认识两个两三岁的孩子，他们散步路程长达 4 里；还有不少孩子能够在又窄又陡的梯子上活动一个多小时。

在这方面，还有母亲提及自己孩子的"任性"。

有一次，一位夫人就其女孩任性请教过我，那个女孩会走路刚几天。她一见楼梯就喊叫，每当大人抱着她下楼梯就发脾气。母亲害怕自己观察错误，因为她觉得女儿仅仅因被抱着上下楼梯就闹腾和痛哭不合情理，从而她认为可能是简单的巧合。然而，她很清楚，女儿想要"独自"上下楼梯。显然，上下楼梯时，小手可搁在台阶上，或坐在台阶上，比在草地上更有趣。在草地上，高高的青草会"淹没"她的小脚丫，两只手也找不到要扶的地方。然而，只有在草地上，成人才允许她脱离大人的怀抱或禁锢的童车。

人们很容易观察到，户外的滑梯上总是挤满孩子，他们登上、滑下、坐着、站着，自由自在地玩耍滑行。

平民子弟满街乱跑，他们会越过障碍、远离危险，他们会奔跑，甚至会登上开动的车辆。这让我们看到一种潜能，而富家子弟与之相比判若云泥：他们胆小怯懦、懒惰迟钝。无论是平民子弟还是富家子弟，在成长时都没有得到成人的帮助。平民子弟被抛弃在成人的环境中，那里不适宜成长，并充满危险；富家子弟被保护性措施层层包围，旨在远离险象环生的环境，其结果是束缚他们成长，阻碍他们前进。

## 童年的秘密

　　作为人类延续和发展的保障因素的儿童，颇像弥赛亚①，先知们说他"没有立锥之地"。

---

① 弥赛亚（Messia），犹太人期望中的复国救主；基督教眼中的全人类灵魂的"救主"。

# 十二　手

指出如下这点饶有兴味：生理学认为，儿童正常发展的三大阶段中，有两个涉及运动，那就是蹒跚学步和咿呀学语。因此，科学认为这两种运动功能仿佛某种星占，从中可以预见人（儿童）的未来。其实，这两种复杂活动表明，人（儿童）在获取运动和表达手段上已取得首次胜利。现在，语言是人类真正的特征所在，因为语言表达思想，而行走为人类和其他所有动物所共有。

动物不同于植物，"它们能在环境中位移"，而当位移功能交由特殊器官——肢体完成时，行走方式就成为其基本特征。虽说人类"身体在空间中移动"具有杰出价值，让人类成为整个地球的入侵者，但行走并不是睿智的人类的典型运动。

相反，真正与智慧紧密相连的典型运动是说话和运用智力进行劳动的手的活动。众所周知，史前时代人类的最初踪迹，根据打磨光滑的石头和削凿破开的石头，可以判断出那是人类最初劳动的工具。因此，这标志着地球上生物发展史的新纪元。当语言从在空气中消散的声音，变成用手雕刻在石头上的文字时，语言本身就成为记载人类过往历史的文献。从身体形态学和步法的功能方面看，"手的解放"成为人类典型的特征：上肢不再行使简单"在空间中移动"的功能，而行使智力的执行器官的功能。于是，在生物进化中，人类居于一种新地位，显现出精神与运动的功能统一性。

# 童年的秘密

　　手是结构复杂并精细的器官，从而不仅能表现智力，而且能同环境建立特殊关系。我们可以说，人类"凭借自己的双手掌握环境"，并且在智力指导下改变环境，从而能够在世界大舞台上完成其使命。

　　如果我们想要判断儿童的心理发展，那么合乎逻辑的是，考察其智力活动的最初表现，即语言和期待劳动的手的活动。

　　由于潜意识本能，人类重视智力的两种表现活动、人类独有的两大特征，并且把它们紧密结合起来。但人类这样做，仅仅着眼于和成人的社会生活相关的某些象征。譬如，当一男一女结婚时，他们手拉手发誓。当订立婚约时，作出承诺。当男人向女人求婚时，人们常说"求手"。① 人们在发誓时，庄重地举起右手并说出一句话，在宗教仪式中，手被强烈地显现为自我。彼拉多② 为了推卸处死耶稣的罪责，在众人面前郑重其事地洗手，并说出洗手含义的一句话。天主教神父在开始弥撒关键部分之前，总要说："我在无辜者之中洗手。"在走上圣坛之前，他确实洗手了，不仅洗过手，还净化了。

　　所有这一切表明，在人类潜意识中，如何把手视为内在自我的表现。谁能想象出，什么比儿童的手的发展更神圣、更神奇！我们应当以热切期待的心情迎接儿童双手的活动。

　　儿童第一次抬手伸向事物，这一行动表示自我努力进入世界，应当引起成人由衷的赞赏。相反，成人却害怕那双小手伸向其四周价值不大、并不重要的东西；他们摆出捍卫东西、反对儿童的架势。他们不厌其烦地说：不要触摸！同样反复说：不要活动！不要说话！

　　在潜意识阴影中存在的焦虑，形成一种自卫心态，为此请求其他成人帮助，仿佛一定要同危害其安逸和财产的力量展开秘密斗争。

　　儿童为了看、为了听，也就是说从环境中收集最初心智建构不可或

---

① 意大利语为 "domandare la mano"。

② 彼拉多（Pilato），意大利人。公元26—36年，任罗马帝国驻犹太、撒玛利亚、以土利亚总督。耶稣被捕后，彼拉多未查出他的任何罪行，有意释放耶稣。但民众在司祭的教唆下大声叫喊，要把耶稣钉死在十字架上，甚至威胁彼拉多。迫于压力，彼拉多只得同意，并当众取水洗手，表示"流这义人的血，罪不在我，你们担当吧。"

缺的要素，必须让他们对此感兴趣。现在，当他们应当进行建构性活动，使用双手并投入工作时，必须存在有待操作的外在事物，也就是说在环境中必须存在活动的动因。然而，在家庭环境中，人们忽视了儿童的这种需要。因此，儿童四周的所有物品都属于成人并供成人使用。成人禁止儿童使用它们，它们成了"禁忌"之物。禁止儿童触摸东西，成为儿童发展的关键问题。如果一个孩子拿起手边的东西，仿佛一只饿坏的小狗，发现一块骨头，马上躲在角落里啃食，企图从缺乏营养的东西中汲取营养，还害怕人们把它赶走。

现在，儿童不是偶然地活动，他们在自我指导下，建构必要协调以组织运动。伟大的组织者和协调者——自我，凭借持续的整合经验，正在形成精神源泉与表现器官之间的统一。因此，至关重要的是，儿童自发地选择并完成自己的活动。现在，这种自我培养活动具有如下特征：不是混乱无序和鲁莽草率的冲动的结果。儿童不是偶然地跑、跳和拿东西，简单地移动东西，从而造成自己周围杂乱无章并毁坏东西。儿童的建构性活动受到他们观察身边成人活动的推动。他们尽力模仿的活动，总是通过操作或使用每个物品来实现：儿童总是努力完成那种观察成人使用相同物品、进行的类似活动。由此可见，这些活动和各种家庭及社会环境中的日常应用紧密相关。儿童愿意清洗餐具和台布，倒水或洗澡、梳头、穿衣，等等。由于这是普遍的事实，被称作模仿，或可以这样说：儿童去做他们看到的活动。但这种表述并不确切，因为儿童的模仿不同于直接模仿，即人们常常提及的类似猴子的模仿。儿童的建构性活动从建立在认识之上的精神状态出发。由于精神生活是指导因素，和与其相关的运动相比，总具有先在性。由此可见，当儿童想要运动时，事先知道自己想做的事情，他们想做自己了解的事情，即他们看过他人做过的事情。对儿童语言的发展，同样可以这样说。儿童掌握的语言，是他们听自己周围人们说的语言。他们那样说出一个词语，因为他们听别人那样说，学会并铭记在心。然而，他们根据自己当时的需要来使用那个词语。

儿童对听到的词语的认识与应用，跟鹦鹉学舌式的模仿截然不同。

# 童年的秘密

儿童说话不是直接模仿，而是观察的积淀，或获取的认识。儿童说话是同模仿分开的行为。这一差异至关重要，使得我们能认清成人和儿童之间的关系，并能让我们更加深入地理解儿童的活动。

## 基本活动

儿童在能够按亲眼所见成人那样，完成一个具有清晰逻辑动因的行为之前，就已经开始有目的地活动了，他们使用物品的目的，在成人看来往往难以理解。这种情况常常发生在1岁半至3岁的幼童身上。譬如，我看见一个1岁半男孩，他在家里发现一叠整齐排列的熨平餐巾。这个男孩从中抽出一块折叠好的餐巾，小心翼翼地托着，用另一只手护着，怕餐巾散开。他这样托着餐巾，走到房间斜对面的角落，然后把餐巾放在地板上，并说："一块。"接着，他按原路返回，这表明他受某种特殊方向敏感性的指引。当他返回原处后，按以前方式抽出第二块餐巾，仍沿着原路托着它走，摞在地板上已放的那块餐巾上，又说一遍："一块。"就这样，他把全部餐巾都运过来了。随后，他按相同方式又把所有餐巾运回原处。虽说那一叠餐巾不似女仆放置时那样完美，但仍能保持整齐，虽说那一叠餐巾有点儿倾斜，但不能说不成形。幸好，在这次漫长的操作过程中，没有家人在场。有多少次，孩子看见大人站在身旁，并大声疾呼："住手！住手！别碰那东西！"有多少次，那些值得尊敬的小手被打，为让儿童养成不触摸东西的习惯。

取下瓶盖再盖上，是让儿童着迷的另一种"基本"活动。尤其当瓶盖是刻面玻璃的，可以反射出彩虹色。这种取下并盖上瓶盖的工作，似乎是儿童热衷的基本活动之一；对于幼童来说，取下并盖上大墨水瓶或大盒子的盖子，或打开并关上橱柜门，也是具有吸引力的工作。人们完全理解：在儿童渴望而不能触摸的物品面前，成人和儿童之间经常发生冲突。因为那些物品供妈妈使用，或属于爸爸写字台上、客厅小家具上的东西。结果，儿童"任性"的反应频繁出现。然而，儿童并不真正想要那个瓶子或墨水瓶，他们满足于能进行相同活动练习而为他们制作的物品。

这些或类似的基本活动，都没有任何逻辑目的，并可视为人类劳动的最初练习。为这个年龄段的幼童，我们制作了一些教具，比如圆柱体插件，获得普遍的成功。

让儿童活动的想法很容易理解，但在实践时会遇到成人心灵中根深蒂固的巨大障碍。即使成人愿意满足儿童的愿望，让他们自由地触摸、移动物品，往往抗拒不了自己模糊的冲动，最终要统治他们。

一位年轻的纽约夫人，非常熟悉这些思想，并想对自己漂亮的 2 岁半男孩实施这些思想。一天，她看见儿子把盛满水的陶罐从卧室（毫无道理地）运到客厅。她观察到，儿子高度紧张和努力，非常困难地走动并不断地自言自语："小心，小心。"水罐很重，某一时刻母亲终于忍不住要帮他了，她从儿子手中拿过水罐，并把水罐运到儿子想去的地方。儿子放声大哭，感到受到侮辱，母亲也感到痛心：自己造成儿子的痛苦；但她为自己辩解，说她知道应当支持儿子，但她觉得让儿子为只需她瞬间就完成的事情劳累，并丧失大量时间是不正确的。

那位夫人征求我的建议时，对我说："我知道自己做错了。"我思考问题的另一方面，可以称作"对儿童吝啬"的保护自己东西的心态。我对她说："您有一套精细瓷餐具、值钱的杯子吗？您让孩子拿一件轻的，看会发生什么事。"那位夫人采纳了我的建议，后来她向我述说，她的孩子小心翼翼地运了那些瓷杯，每走一步都停一下，把所有瓷杯都安全地运到目的地。母亲因两种情感激动不已：为孩子劳动而高兴，为她的瓷杯担心。她让孩子能够完成一件渴望的工作，这对其心理健康至关重要。

还有一次，我把一块抹布放在一个 1 岁零两个月的女孩手里，这样她可以搞卫生。对她来说，这是一件惬意的工作，她坐着，给许多闪亮的小物品除尘。但她的母亲怕她损坏东西，思想上存有障碍，她不许自己交给女儿一件儿童并不需要的东西。

儿童乐于工作本能的最初表现，会让成人惊叹不已，从而理解这种本能的重要性。成人发现自己必须作出巨大牺牲，几乎是对自己个性的

## 童年的秘密

内在侮辱，献出自己的环境，这和他们的日常社会生活极不相容，因为这种社会生活是属于成人的。无疑，儿童在成人的环境中是个社会额外成员，但这一环境若完全对儿童关闭，正如迄今成人所为，则意味着"压制他们成长"，就像宣判他们变成哑人一样。

让我们准备好环境，以迎接儿童的高超表现，是解决这种冲突的好办法。当儿童说出第一个词语时，无须为他们作任何准备，因为他们的咿呀学语在父母听起来好似令人愉快的乐曲。然而，他们的小手活动，几乎是人类劳动的初步尝试，要求物品形式符合工作，从而引起活动。我们发现，儿童能够完成需作出巨大努力的工作，这种努力往往超过我们认为的实际可能。我有一张照片，照片上一个英国小女孩在运一个棱柱形面包，这是当地的特产。面包很大，以致女孩的双臂难以支撑，不得不倚靠身体。她在被迫上身后仰走路时，看不见双脚落在何处。照片上还有一条狗，这条狗陪伴着她，一直盯着她，兴奋而紧张，随时准备冲上去帮助她。更远处有几个大人在注视着她，努力克制自己——跑去夺下其双臂托着的面包。有时候，如果环境是专为儿童准备的，甚至幼童能够发展其灵巧性和准确性远超其年龄的活动，这会令我们叹为观止。

# 十三　节奏

　　成人如果仍不理解儿童双手活动是生活需要，就不会承认这是劳动本能的初次显现，从而就会阻止儿童活动。我们不应只想到成人自卫的心态，其实还存在其他原因。其中一个原因是，成人关注行为的外在目的，并且根据自己的心智建构来确定行为方式。通过最直接的行为，从而用尽可能少的时间，达到一个目的，在成人看来，这是一种自然法则，恰恰被称作"最小努力法则"。当成人看见儿童作出巨大努力去完成一个无益行为，而成人在一瞬间就能完美无缺地完成，他们就会试图帮助儿童，几乎可以避免令他们烦恼的景象发生。

　　成人看到儿童热衷于毫无意义的事物，就会感到不快，认为那是十分可笑、不可理喻的事情。如果一个孩子发现小桌上铺的台布不整齐，并记起平时台布正常铺的情况，就会油然而生重铺台布的愿望，并按他所见的状况铺就。他有能力铺好，但他铺得较慢，即使他筋疲力尽，仍能满腔热忱地去做。他能这样做，因为"记起"是其头脑伟大的工作，按其所见恢复事物原状，是一种有利于内在发展的行为。然而，只有当成人站得较远，并且没有发现孩子的努力和劳累，他才能取得成功。

　　如果孩子要梳头，成人并未因这种神奇愿望而欢欣鼓舞，反而感到是对其建构性法则的冒犯：他看见孩子很慢地梳头并且梳得很糟，根本不会实现预定目的；而他，一个成人能比孩子梳得既快又好。于是，正在兴高采烈地进行建构自己个性的行为的孩子，看见那个身材高大的成人，那人威力无比，他根本无力对抗；那个成人走近孩子，并从其手中拿走木梳，还说他要给孩子梳头。同样，当成人看见孩子费力地穿衣或系鞋带时，也会这样做。儿童的每次尝试都被破坏。成人不仅因儿童徒劳无益地完成一个行为，而且还因其不同节奏、不同的行为方式被激怒。

节奏不是可以改变的旧观念，或是可以理解的新观念。运动的节奏属于个体属性，是与生俱来的特性，正如形体一样。如果一种节奏和他人节奏类似，则和谐一致；如果不能适应不同节奏，则感到痛苦。

譬如，如果我们和一个偏瘫者同行，定会感到焦虑；如果我们看见瘫痪者把水杯缓慢地送到嘴边，冒着水倾出的危险要喝水，由于和这种难以忍受的不同节奏的冲突，我们会感受到痛苦，要竭力从中摆脱，用我们自己的节奏抗拒并代替他的节奏，这种行为被称作帮助瘫痪者。

成人对儿童所作所为与上述行为类似：成人由于无意识地自卫，试图阻止儿童进行这种缓慢的运动，并且认为这无可非议，正如他们遇到骚扰的无辜苍蝇时，会不由自主地驱逐它们。

相反，成人能够忍受儿童敏捷、快节奏的运动。在这种情况下，成人准备忍受活泼儿童给环境带来的混乱和麻烦。在这种情况下，成人"能够具有耐心"，因为都是清晰和外在的事物。成人的意志总能对有意识行为发生作用。然而，当儿童的运动缓慢时，成人就会不可抗拒地进行干预并越俎代庖。这样，成人并未帮助儿童发展心理需求，而是代替儿童想要独立完成的所有活动，这就封锁了儿童活动的所有道路，使自己成为儿童生活发展的最大障碍。那些"任性"儿童不想让别人帮助洗澡、梳头和穿衣，他们绝望地大声哭叫，这是人类斗争第一幕中的小插曲。有谁思考过：给予儿童这种徒劳无益的帮助，不是所有压迫的最初根源，难道不是成人个体带给儿童致命危害吗？

日本人对儿童冥界有印象深刻的认识。在孩子的坟墓中放置一定数量的小石子或类似东西，成为祭礼的组成部分。这样做，当死去的孩子在阴间遇到魔鬼的袭扰时，使用石子可以自救。比如，一个孩子在修筑古堡，一个魔鬼突至，并向古堡投石头，古堡被摧毁。此时，富有同情心的亲属放置的石子，可以供孩子重修古堡。

　　这是潜意识投射到阴曹地府的印象最为深刻的实例之一。

# 十四　人格的置换

　　成人代替儿童，不仅限于代替他们行动，而且通过自己意志对儿童的渗透，用自己意志代替儿童意志。于是，不再是儿童在行动，而是成人通过儿童在行动。

　　夏尔科在其著名的精神病学研究所里做实验证明，通过催眠术可以置换癔病患者的人格，这给人留下极为深刻的印象。因为他的实验动摇了人们认为颠扑不破的基本思想：人是自己行为的主人。但他通过实验可以证明，接受催眠的受验者甚至能够丧失自己人格，并用催眠者的人格置换自己的人格。

　　虽说这些事实发生在诊所，并且仅仅限于实验，但为研究和发现开辟一条新道路。围绕这些现象，人们开始研究双重人格、潜意识和升华心理状态，最终深化心理分析在潜意识领域所作的研究。

　　人的一生有一个时期最易接受暗示：童年时期意识正在形成，对外在要素的感觉处于创造性阶段。于是，成人乘虚而入，几乎悄悄地渗透，用自己的意志控制并激活儿童意志，从而让儿童行动。

　　在我们学校，我们向学童做练习示范时，如果过于热情，或者动作夸张，特别用力及非常准确的话，我们发现，学童自己将丧失判断能力及根据自己个性活动的能力。我们近乎发现，发生一种脱离制约儿童的自我的运动，或者儿童受另一个陌生却更强大的自我的制约，即使后者采取轻微行动，就能控制，（我说）能剥夺儿童由娇嫩器官构成的个性。

成人的暗示不仅是无意识的，而且他们不想暗示也不知道暗示：成人没有提出问题。

我举几个实例。我亲眼见过一个两岁男孩，把一双穿过的鞋放在白床单上。我身不由己地（我说，在此种情况下，我不够谨慎）拿起那双鞋并放在房间角落的地上，并对他说："这鞋脏！"随后，我用手在床单上放过鞋的地方做了一个除尘的动作。这件事之后，那个男孩无论在哪儿看到一双鞋，都会跑过去拿起那双鞋，并且说："脏。"他把鞋拿走，小手在床上掠过，虽然那双鞋和床单没有任何接触。

另一个实例：一位母亲高兴地收到一个包裹，她打开后发现有一块绸手绢，随手就送给女儿，还有一个小喇叭，她立即放在唇边吹起来。女儿愉快地喊道："音乐！"过去一段时间，每当女孩触摸绸手绢时，都会快乐地说道："音乐！"

当成人意志并非如此坚强以引起儿童行动时，被禁止事情有助于其他成人意志对儿童行为的影响。通常有教养、自控力强的人士，尤其通过精明强干的保姆，来实施这种影响。我想引述一个极有说服力的实例：一个大约4岁的女孩和奶奶住在自家别墅里。有一次，女孩想打开花园里人造喷泉的笼头，以便看到喷水柱。然而，她正要这么做时，突然把手缩回。奶奶鼓励她打开笼头，但女孩回答："不，保姆不愿意。"于是，奶奶试图说服她，表示完全赞同她行动，让她认识到这是在自家别墅。女孩面带微笑，显得心满意足，尤其想看到喷水柱；但她伸手刚一接近笼头，立即缩回未开笼头。她服从未在场保姆的远方命令，这一命令对女孩威力巨大，女孩身旁的奶奶的劝说和鼓励败下阵来。

类似实例涉及一个更大的男孩，他大约7岁。当他坐着看到远处有一个吸引自己的东西时，想要奔过去，但他退回来，又坐下，他似乎受到一个意志的冲击，他没有能力战胜它。谁是命令他的"主人"呢？无人知道，因为"主人"业已在童年的记忆中消逝。

**热爱环境**

儿童对暗示的敏感，可以说是建构性心理功能之一的扩展，也可以说是那种典型内在敏感性的扩展，我们称作"对环境的热爱"。儿童满腔热忱地观察各种事物，被它们所吸引；但尤其受到成人行为的吸引，以便认识它们并模仿它们。现在，从这个视角看，成人肩负着某种使命：充任儿童行为的启示者；成为一本打开的书，儿童从书中可读到自己行动的指南、为更好行动必须掌握的入门知识。然而，成人要完成这一重任，必须始终保持平静，并谨慎、缓慢行事，以便让自己的行动清晰可见，让儿童观察到其细枝末节。

相反，如果成人听任自己快速而颇强的节奏，就不可能启示儿童，只能把自己的意志强加给儿童，通过暗示自己代替儿童。

此外，感觉对象本身也具有吸引力，就像此时一样，对儿童具有一种暗示吸引力，唤起他们的活动。这方面我将引述莱文（Levine）教授用影片介绍的饶有兴味的心理学实验。他实验的目的是，认识智障儿童和我们学校正常儿童（年龄相仿，外在条件相同）应用教具的不同表现。在一张长桌上摆放各种各样的东西，其中有些是我们的教具。

第一组儿童进入教室，他们兴趣盎然，显然受到物品的吸引；他们面带微笑并十分活跃，兴高采烈地置于许多物品之中。

每人拿起一件教具并开始工作，其后又拿起另一件教具，诸如此类，不一而足，从而获得大量经验。第一组画面终结。

第二组儿童进入教室，他们行动迟缓，止步并四下观望，刚拿起一件教具，就注视着它，显得呆滞。第二组画面终结。

那么，哪一组是智障儿童，哪一组是正常儿童呢？那些活泼、快乐、爱动，从这件物品转向那件物品，什么都要尝试的儿童是智障儿童；但在观看影片的公众眼中，他们是聪明的儿童，因为大家惯于把活泼、快乐，从一物转向另一物的儿童视为聪明。

相反，大家从影片中看到，正常儿童平静地活动，他们很镇静，很长时间止步不前，凝视一件教具，似乎在思索。由此可见，正常儿童的形象是平静、较少并有节制地活动、勤于思考。

　　莱文教授的实验结果似乎同普遍认可的观点不一致，因为在普通环境中，聪明儿童就像影片中智障儿童那样表现。正常儿童行动迟缓并乐于思考，是一种新类型；但很快就证明，他们的行动受自我的调控，受理性的指导。他们能够掌控源自事物的暗示，并能自由地支配事物。

　　由此可见，活动并非多多益善，至关重要的是把握自己。至关重要的绝不是个体以任何方式、毫无方向地活动，而是能够掌控自己的运动器官。个体能够根据自我的指导，不是受事物的纯粹吸引而活动，能够聚精会神地关注一个事物，这一切都源于内在力量。

　　其实，那种审慎并深思熟虑的活动是真正正常的活动。这是内在自律、外在有序的现象。外在行为的纪律性是内在纪律性的表现，内在纪律性围绕着秩序逐渐地形成。当上述现象没有发生时，个体的运动就脱离自己个性的指令，而受他人意志的制约，就像一条偏航的小船那样随波逐流。

　　他人的意志很难产生严守纪律的行为，因为它并不创造此种活动不可或缺的组织。于是，可以说受他人意志制约的此人的个性被破坏了。儿童丧失根据天性成长的时机，这几乎可以和这样的人相比：他靠气球在沙漠中降落，突然发现气球随风飘走，把他一人留在荒漠中。他无法让气球回归，也没有发现四周有可以替代的东西。于是，可以说和成人斗争的儿童颇似此人形象：儿童的心智是模糊的，尚未发展并远离其表达手段，那些手段杂乱无章、偏离正轨，并受到某些因素的干扰。

# 十五　运动

　　我们有必要指出运动在心理建构中的重要性。把运动混同于身体的其他功能，没有区分运动功能本质和所有植物性生命功能（如消化、呼吸，等等）的差异，是个严重错误。实际上，这是把运动视为有益于呼吸、消化和血液循环，仅能帮助机体正常活动。

　　虽说运动是动物的典型特征，但对植物生命功能也有影响。因此，可以说运动是所有生命功能的基础。但仅从身体角度看待运动是错误的。譬如，我们考察体育运动，它不仅有益于身体健康，而且能鼓舞勇气和增强自信心，提高道德水准，激起群众的巨大热忱。这意味着体育运动的精神效应大大超过纯身体效应。

　　儿童通过个人努力和训练得以发展，因此，儿童的发展不仅仅是与年龄有关的简单自然现象，而且还是心理表现的结果。至关重要的是，儿童能够收集表象，并能让它们保持清晰、有序，因为自我凭借指导的感觉力量来构建自己智力。通过这种隐秘的内在工作，儿童形成自己的理性。归根结底，理性使人区别于其他动物，理性个体可以进行推理和判断，其运动受其意志的支配。

　　成人采取的态度是，等待儿童的理性随时间流逝得以发展，也就是随其年龄增长而发展。由于成人知道，儿童靠自己努力而成长的艰难，从而不给予任何帮助，他们反而用自己的理性反对儿童正在发展中的理性。尤其是当儿童想要运动时，他们反对儿童的意志。为了理解运动的

# 童年的秘密

本质，必须把运动视为创造性能量在功能上的体现，从而把人类提高到理性动物的高度，让人的运动器官、在外部环境中行动的工具生机勃勃，从而在外部环境中完成自己的使命。运动不仅仅是自我的表现，还是意识建构不可或缺的要素，由于运动是让自我同外部世界发生确定关系的唯一明确手段。因此，运动是构建智力的本质要素，因为智力通过从外部环境中获取表象得以发展、提高。还有，通过和实在的不断接触才形成抽象观念，并通过运动来把握实在。最抽象的概念，比如时间和空间的概念，是通过运动才构想出的。由此可见，运动是联系精神和世界的要素；但精神器官实施双重意义的运动，作为内在思维和外在表现。人类的运动器官功能非常复杂。肌肉数量众多，以致不可能全部使用，因此可以说人们总闲置一些无活力器官。事实上，一位专业人士，比如外科医生，他在工作时要从事一些微妙的手工劳动，使用部分肌肉并让它们发挥作用；相反，芭蕾舞演员却不使用那些肌肉，反之亦然。可以说人只利用自身一部分发展自己的个性。

然而，肌肉必须充分活动，才能维持机体的正常状态，这适用于每个人；在此基础上形成无限可能个体。如果肌肉未能充分正常活动，就会造成个体能量衰竭。

如果我们肌肉在正常情况下应发挥功能，现在却缺乏活力，那么不仅造成体质衰弱，而且引起道德衰退。由此可见，运动活力总源于精神力量。

然而，运动功能和意志之间的直接联系，能够让我们更好地理解运动的重要性。

机体的所有植物性功能，虽说和神经系统有联系，却不受意志制约。每个器官都有其固定功能，并且持续地行使该功能。各种细胞和组织都拥有适应其有待行使功能的结构，正如专业人士和技术工人，在自己擅长领域外无所作为。这些细胞及组织和肌肉纤维之间的根本差异在于如下事实：虽然在肌肉纤维中，细胞都有专职工作，但不再继续独自行动，为采取行动需要一种命令，如果没有命令，它们就不可能行动。我们可以和士兵作比较：士兵等待上级军官下达命令，他们做好战斗准备，纪律严明、训练有素。

上文我们提及的细胞具有确定功能，比如分泌乳汁或唾液、供氧、消灭有害物质或同细菌斗争，通过它们坚持不懈地工作，联合维持器官的正常功能，如同劳动组织在社会机制中活动。这些细胞适应一种确定工作，本质原因是整体发挥作用。

相反，多数肌肉细胞是自由、灵活、快捷的，它们时刻准备服从命令。

然而，为了服从命令，这些细胞必须做好准备，要通过长期训练，因此不可或缺的是，各个细胞群之间进行协调，它们应当联合行动，并正确地执行命令。

这种完美组织建立在纪律之上，纪律保障命令从中心能够抵达任何边缘点和各个个体；在这种条件下，其整体的机制可以创造奇迹。

意志若没有实施的工具又有何用？

恰恰通过工具的运动，意志才能控制所有肌肉纤维并得以实现。我们参与了儿童所作努力和为达目的而坚持的斗争。儿童的渴望，或更确切地说，儿童的冲动，倾向于完善自我和掌控运动器官。如果没有运动器官，儿童什么也不是，也就是说是个缺乏意志的躯壳。在此种情况下，儿童不仅不能将其智力成果外化，而且智力之花也不会结果。意志功能器官不仅是执行工具，而且是建构工具。

在我们学校自由活动的学童，最意料不到和令人惊奇的表现是，热爱并完美地完成工作。在自由条件下生活的儿童，不仅努力把握环境的可视形象，而且热爱行动的准确。此时，精神显现在促进发展自我和实现自我。儿童是发现者，他们仿佛从星云中诞生，作为不确定却神奇的生命，正在探寻自己的形态。

# 十六　*不理解*

由于成人没有认识到儿童运动活动的重要性，他们只会禁止这种活动，仿佛这种活动是造成骚动不安的原因。

甚至科学家和教育者也没有认识到运动活动对造就人的巨大重要性。然而，如果"动物"一词本身包含"活力"的含义，也就是活动的含义，而植物和动物的区别在于前者扎根地上，后者可以活动，那么怎么会试图制止儿童的运动活动呢？

成人从潜意识中产生如下说法："儿童是植物、是花朵。"这意味着儿童"应当安静地待着"。人们还说"儿童是天使"，或者是一种活动或飞翔的生物，但是在人类居住的世界之外。

这样，就揭示出人类心灵不可思议的盲目，即存在于人类潜意识中的那部分盲目，在某种程度上，超过心理分析在"盲点"中指出的严格界限。

这种盲目的程度极深，因为虽说科学应用其精确方法发现了潜意识，却未能揭示它，这一人类生命令人惊异的奥秘。

所有人都承认感觉器官对智力建构的重要性。由于无人怀疑智力的价值，同样无人怀疑聋哑人和盲人在智力发展上会遇到难以克服的困难，由于听和看是通向智力的大门，也就是说它们是知性感觉。人们普遍认为，聋哑人和盲人在内在条件相同条件下，其智力要低于能够使用所有感官的人们。盲人和聋哑人的痛苦（这一点大家普遍认为）具有典型特征，因此可以和完美健康并存不悖。无人会接受如下荒谬观念：故意不让儿童看和听，还能让他们更迅速地掌握文化知识、确立社会道德。人们从来不会优先应用盲人及聋哑人标准来推进文明发展。

然而，让人们普遍认识到如下思想绝非易事："运动对于人的智力及道德建构至关重要。"如果人们在自身建构过程中，忽视了运动器官，那么其发展将会推迟，将会持续处于一种低下状态，比缺少一种知性感觉（视觉、听觉等）造成的低下更严重。

"肉体被囚禁"的人，其痛苦和盲人、聋哑人截然不同，比后者更悲惨、更痛苦。虽说盲人和聋哑人缺少某些环境要素，从而缺少发展的外在手段，但他们的精神却拥有那种适应力量，至少到一定时刻，由于缺少一种感觉，另一种感觉能够成功弥补。相反，运动和个性本身相关，没有任何东西可以代替。不运动的人伤害自己，放弃了生活，跌入爬不出来的万丈深渊，变成永久的囚徒。正如《圣经》故事中被逐出乐园的二人①，他们满怀耻辱和痛苦，冒险来到一个陌生世界受苦受难。

☆　☆　☆

当我们提及"肌肉"时，脑海里通常浮现出某种机械性观念、动力机械真正机制观念。这样，仿佛让我们远离了自己的精神概念，似乎它脱离了物质，因而也就脱离了机制。当我们如同赋予知性感觉那样，也赋予运动对于智力发展、从而对于人类智力发展的重要性时，基本观念仿佛被动摇了。

然而，就是在视觉和听觉中都存在机制。再没有比"生机勃勃的照相机"——眼睛更精巧奇妙的了，耳朵的结构神奇无比，仿佛一个爵士乐队，在这个乐队里有振动的弦和鼓。

但当我们提及这些奇妙器官对智力发展的重要性时，没有想到作为机械装置，而是想到其用途。通过这些生机勃勃的奇妙装置，自我同世

---

① 指亚当和夏娃。

界发生关系，并根据自己的心理需要使用它们。黎明的曙光，美丽的风景，自然奇观和艺术精品引起心灵愉悦；悦耳的人声，美妙的乐曲，让人心旷神怡；所有丰富多彩、持续不断的印象给自我带来生活乐趣，提供维持生命的不可或缺的精神食粮。自我是真正的施动者，唯一的主宰者，那些印象的享有者。

如果没有能看能听能享有的自我，那些感觉器官的机制又有何用？

看和听本身并非重要，只是在看和听时，自我的个性形成、维持、享有并发展。

对于运动，类似推理也可以成立。毫无疑问，运动必须支配运动器官，虽说它们不像耳朵的鼓膜或眼睛的晶体那样具有严格、固定的机制。然而，人类生活的根本问题，因而也是教育的根本问题，却是自我能够让其运动工具充满活力并拥有它们，旨在其行动服从高于庸俗现实和植物性生命功能的要素，这种要素一般来说是本能，但在人类那里属于智慧、一种创造精神。

如果不能实现这些基本条件，自我就自行瓦解，正如本能在世界中迷途，自我脱离应当充满活力的身体。

# 十七　爱的悟性

　　根据自然规律发展并建立人与人和谐关系的一切工作，都能获得以爱的形式显现的意识。我们可以说，这是个体安全的保障和健康的标志。

　　无疑，爱不是动因，而是动因的反映，正如地球接收并反射太阳的光。动因是本能、生命的创造性冲力。然而，在创造实现过程中，本能倾向于让人感受爱，从而儿童意识充满爱，儿童通过爱得以实现自我。

　　事实上，在敏感期，把儿童和周围事物联系起的不可抗拒的冲动，可以视为对环境的爱。这不是普通含义上的"爱"，即表示一种令人激动的情感，这是一种对智慧的爱，在爱中观察、倾听，成长和发展。推动儿童观察和倾听的那种灵性，如但丁所言，可以称作"爱的悟性"。

　　热忱并细致地观察环境特征的能力（那些特征对缺乏活力的成人来说无足轻重），的确是一种爱的形式。让我们注意到他人不会重视并发现的事物特征的敏感性，难道不是爱的特征吗？那些特殊性质如此隐秘，不是只有爱才能揭示吗？由于儿童总满怀爱心、从不冷漠地观察，不易发现的奥秘总向聪明的儿童显现。在爱中积极吸收、热忱、细致和持之以恒，是童年的特征。

　　活泼与快乐被成人视为生活紧张的表现，同时也是儿童的特征；但成人从未想到爱，也就是没有想到伴随创造的精神力量、道德美德。

　　儿童的爱绝无对立面：他们爱，因为他们吸收，因为天性命令他们

# 童年的秘密

这样做。他们吸收自己把握住的东西，以便让吸收的东西供给自己营养，并成为自己生命的一部分。

在环境中，成人尤其成为儿童爱的对象；儿童从成人那里接受物品和实际帮助，他们满怀爱心，热忱地从成人那里获取成长不可或缺的东西。对儿童来说，成人是最可尊敬的人，从成人嘴里，正如从永不枯竭的源泉里，冒出建构自己语言所需和作为指令的词语。成人的词语对儿童产生的作用，就如同超自然的刺激。而成人用自己的行为向如同一张白纸的儿童显现，人们应如何行动；儿童模仿成人行动意味着进入人生。成人的一言一行吸引着儿童，并令他们着迷，成人的言行深入儿童心灵，仿佛某种催眠暗示。因此，儿童对成人特别敏感，甚至让成人影响、左右他们。我们想想那个把鞋放在床单上的男孩，其行为是暗示和服从的结果。成人对儿童说过的话，被后者铭记在心，就像凿子在大理石上雕刻。我们想想那个女孩，她在接到母亲的绸手绢和小喇叭时的反应。因此，在儿童面前，成人应当谨言慎行、字斟句酌，因为他们渴望学习和增强爱心。面对成人，儿童准备绝对服从。但当成人要求儿童放弃根据天性并促进创造的运动时，他们就会拒绝服从成人的命令。这就如同儿童正值出牙期时，成人妄图阻止他们长出乳牙。当儿童任性和不听话时，那只是由于其创造性冲动和对成人钟爱发生了激烈冲突，而成人根本不理解他们。当儿童不服从成人并任性时，成人应当首先想到这种冲突，并发现他们在捍卫发展自我必不可缺的、生龙活虎的活动。

成人必须反思：儿童愿意服从成人并热爱成人。儿童热爱成人超过任何东西，但成人却说："父母多么疼爱孩子啊！""教师多爱学童啊！"人们确信，必须教会儿童爱，爱父母、爱师长、爱一切人、爱动物、植物和天下万物。

然而，谁教他们这些呢？谁又是爱的导师呢？或许是那个把儿童所有表现称作任性的人？莫非是那个对儿童处处戒备并全力捍卫自己东西的人？这种人不配做爱的导师，由于他们不拥有称作"爱的悟性"的敏感性。

相反，儿童是真正会爱的人，他们渴望成人在自己身旁，他们乐于成人关注自己："请看我，靠近我。"

夜晚，当他们上床睡觉时，会呼唤他们所钟爱的人，并希望此人陪伴他们。当我们去用餐时，吃奶的婴儿愿和我们一起去，不是为了去吃饭，而是为了注视我们、亲近我们。成人与这种神秘之爱擦肩而过，毫无觉察。但请你们注意：那个钟爱你们的幼童将会成长并将会消逝。谁能像他那样爱你们？谁能在上床睡觉时呼唤你们，亲切地对你们说"请和我在一起"，而不是冷漠地说"夜安"？谁能热切地渴望我们在身边，仅仅为了凝视我们？我们对那种爱存有戒心，我们从未发现那种爱有多深！我们极不耐烦地说："我没有时间，我不能，我有事！"相反，我们内心深处却说："我必须纠正孩子，否则我终将沦为他们的奴隶。"我们希望摆脱他们，为了从事我们喜欢的工作，为了不放弃我们的舒适生活。

清晨，孩子去叫醒爸爸和妈妈，这被认为是一种可怕的任性行为；而保姆应当绝对禁止这种恶劣行为，她几乎成为孩子父母清晨睡梦的保护天使。

然而，如果不是爱，又是什么情感驱使孩子刚起床就去找父母呢？

太阳刚刚升起，孩子从床上跃起，怀着一颗纯洁童心去找仍在睡梦中的父母，仿佛为了告诉他们："请你们学会圣洁地生活，天亮了，早晨了！"他去找他们不是要当导师，他跑去只为看望他钟爱的人。

父母的房间或许仍然黑暗，百叶窗或窗帘未被拉开，以便黎明的曙光不会搅扰睡梦。孩子摇摇摆摆地走着，他惧怕黑暗，但他克服了恐惧心理，去轻柔地触摸父母。父母抱怨说："我们已经对你说过多次，不要早晨起来就急急忙忙地叫醒我们。"孩子反驳说："我没有叫醒你们，我想给你们一个吻。"

他仿佛在说："我不想实际叫醒你们，我想唤醒你们的精神。"

千真万确，孩子的爱对我们至关重要。终生沉睡的父母，对一切事物都麻木不仁，需要一个新生命来唤醒他们，用生机勃勃的新鲜力量来激活他们（不再拥有这种力量）。这个新生命的行为方式和父母截然不

**童年的秘密**

同，每天早晨对他们说："起床过另一种生活，学会更好地生活！"

的确，更好地生活：感受爱的灵气！

没有儿童帮助成人新生，成人就会衰败。如果成人不洗心革面，在其心灵周围就会逐渐结出一层硬壳，变得麻木不仁，最终如此冷漠导致丧失心肝。这让我们想起基督在最后审判时的话语，他转向那些受罚者、那些在世时没有利用再生手段的人们，诅咒他们："离开我，你们这些该诅咒的人，因为病了，你们不给我治病！"

他们回答道："主啊，我们什么时候见你病了？"

"无论何时，你们遇到一个穷人、一个病人，那就是我。离开我，该诅咒的人，因为我在监狱里，你们不来看顾我。"

"主啊，你何时进过监狱？"

"每一个囚徒就是我。"

《福音书》上富有戏剧性的一幕，正意味着成人应当安慰基督的化身，即每一个穷人、囚徒和受苦者。然而，如果《福音书》神奇舞台上让儿童出场：我们将会看到普救众生的基督呈现儿童的外观。

"我爱你，清晨来唤醒你，但你却拒斥我。"

"但是，主啊，清晨你何时来我家唤醒我，我拒斥过你呢？"

"当你的孩子来叫你，那就是我。他求你不要离开，那就是我！"

糊涂虫！那是救世主来唤醒你们，并教你们爱！然而，我们却认为那是孩子的任性，于是我们失去了自己的心灵！

第二部分

# 十八  儿童的教育

我们必须应对一个给人印象深刻的现实：儿童拥有心理生活，其表现非常微妙，从而往往被人们忽视；而成人能够无意识地破坏其发展趋向。

成人的环境不适合儿童生活，反而处处设置障碍，迫使儿童反抗自卫、畸形适应，变成成人暗示的牺牲品。儿童心理学就是根据这样的环境条件进行研究并判断儿童的性格特征，旨在成为儿童教育学的基础。由此可见，儿童心理学应当彻底地重新审视。根据我们的观察，儿童每一个令人惊讶的反应下面，都存在有待破解的谜。儿童的所有任性行为，都是深层原因的外在表象，再不能用表面冲突、抗拒不适应环境来解释，而是竭力自我表现、更本质、更高级性格的反映。仿佛一场暴风雨、暴风雪，阻止儿童心灵从隐蔽处显现。

显然，所有那些外在假象掩盖了儿童真正心灵，那些任性、那些斗争、那些畸变，不可能反映儿童个性的真相。在这些外在假象后面，还应当存在儿童真正的个性，如果那个精神胚胎——儿童按建构性预设发展其心理的话；还应当存在隐蔽的人、未被认识的儿童、有待解放的被监禁的生命。

这就是教育面临的最为紧迫的任务，在此意义上解放就是认识，甚至是发现未知的秘密。

如果在心理分析研究和未知儿童心理学之间存在差异的话，那么这

# 童年的秘密

种差异首先在于：成人潜意识的秘密是被个体自身压抑的东西。因此，必须转向个体以帮助其解开一团乱麻——复杂而艰难的适应（在长期生活中形成的象征和变形）。相反，儿童的秘密刚刚被环境隐藏。为了解放儿童并能自由表现，必须改造环境。儿童正值创造和发展的时期，为他们敞开大门足矣。事实上，儿童正在创造自我，正处于从无到存在，从潜在到实在的过程中，初创时不可能复杂，表现也不困难。

这样，在准备好的开放性环境中，在适应童年成长的环境中，儿童心理活动会自然地、自发地表现，从而儿童的秘密得以揭示。显然，如果不坚持这一原则，教育的所有努力都会陷入没有出路的迷宫。

真正的新教育的首要任务是发现儿童并解放儿童，可以说这也关乎儿童的生存问题，儿童首先要生存。其次，长期任务是，在向成年迈进的艰难进程中，给予儿童帮助。

然而，这两大任务都以环境作为基础，为儿童提供利于发展、成长的环境，把阻碍发展的障碍减少到最低限度。这样的环境能够让儿童积聚力量，因为它提供开展活动必不可缺的手段。由于成人也是儿童外部环境的一部分，因此他们也应当适应儿童的需要，不给儿童设置障碍，放手让儿童独立活动，不代替儿童活动，正是通过这些活动，儿童才走向成熟。

我们教育儿童方法的独特性，恰恰在于强调环境的重要性。

还有我们教师的新形象也引起广泛兴趣和热烈讨论：消极被动的教师，为学童清除由自己活动及自己权威构成的障碍，目的是让学童积极主动。当教师看到学童独立活动并不断进步时，感到心满意足，却不把功劳归于自己。教师应当受施洗者约翰的情感的启示："他应当增长，我应当减少。"众所周知，我们方法的另一基本原则是，尊重儿童的个性，并达到前所未有的程度。

这三个基本原则应用于起初称作"儿童之家"的特殊教育机构，这个名称能让人想起家庭的环境。

跟踪这一教育运动的人士，知道它迄今为止被广泛讨论。最引起争议的是成人与儿童的地位颠倒：教师没有讲坛，没有权威，并几乎没有教学；而学童成为活动的中心，他们独自学习，自由地选择从事的工作和活动。在某些人眼中，这即使不是乌托邦，至少也过于离谱。

相反，适应学童身体比例的教育环境的思想受到普遍、热烈的欢迎。某些整洁明亮的教室、低矮的窗户、窗台上摆满的盆花、袖珍型的现代家庭家具（小桌、安乐椅、学童小手可及的低矮橱柜、放置在橱柜内学童可以随意取出的物品），这一切似乎在儿童生活方面做出实际意义的真正改善。我相信大部分"儿童之家"恰恰保留这一外部特征，作为其主要特征。

今天，在进行长期研究和实验之后，我们觉得有必要重提此题目，尤其让人们理解其起源。

有些人认为对儿童作偶然观察，就会得出大胆的结论，即设想儿童拥有隐秘本性，受此直觉启发，从而形成一种特殊学校和一种特殊教育方法的理论。显而易见，这样认为大错特错。人们不可能观察到尚未认识的东西，不可能凭借含糊的直觉，想象出儿童具有两种天性，并且说道："现在，我尝试用实验加以证明。"可以说新现象凭借自己的力量显现，最先发现新现象的人，其怀疑态度往往比他人更甚。发现者恰恰如其他人一样，摒弃新现象。新现象在最终被普遍发现、承认和热烈欢迎之前，必须持之以恒地强势显现。被"新曙光"所打动的人，满腔热忱地迎接它，乐于陪伴它，为它着迷，愿把生命奉献给它！由于他激情满怀，错认为新现象是他创造的；相反，他只不过对其显现更敏感而已。然而，我们终于承认新现象，并像《福音书》中描绘的那样行事："天国好像商人寻找的好珍珠，他遇到一颗贵重的珍珠，就去变卖其全部财产，买下了这颗珍珠。"对我们来说，最困难的是发现新现象，其次是确信新现象。恰恰因为我们感到所有大门都对新现象关闭。

人们的头脑就像贵族的沙龙，对陌生人永远关闭，为了进入必须由熟人介绍，"由已知到未知"。相反，新现象应当叩响关闭的大门，或者突然闯入。于是，新现象令人们感到惊讶、引起混乱。当伏打① 看到

① 伏打（A.G.Volta, 1745—1827），意大利物理学家，他发明了电池。

死青蛙肌肉颤动时，不会不激动和怀疑，但他坚持做实验，终于识别出电流。有时，一个简单现象足以让我们眼界大开，能够看到广阔的地平线。恰恰因为人们是天生的探索者、探险家，但如果没有发现并承认一个细微现象，人们将寸步难行。

在物理学和医学领域，根据一种新现象就可以形成严格的概念。新现象是对众多尚未认识，因而也是令人怀疑事实（仿佛不存在事实）的最初发现。一个事实总是客观的，因此并不取决于直觉。当要证实一个新事实存在，必须将它和其他现象区分开。其后，才开始第二阶段，即研究现象出现的条件。在解决这一根本问题后，就可以开始研究新现象。研究新现象需有一个前提条件：新现象显现。现在，存在一种研究方法：完全致力于再现、持续拥有一个现象，从而不让它如幻象那样消逝得无影无踪；而是变成实在，一个可以触及的东西，因此具有实际价值。

第一所儿童之家提供了这样的例证：初步发现最微小事实，就开辟了通向远方的阳关大道。

### 我们方法的起源

我在旧笔记本上写的某些札记，描绘了我们教育方法如何起源。

你们是谁？

1906 年 1 月 6 日，第一所招收 3—6 岁正常儿童的学校创办了。我不能说已经采用了我的方法，因为当时它还不存在，但很快就将诞生。然而，那一天，只有 50 名贫穷的幼儿，他们显得既粗俗又胆小，不少孩子哭哭啼啼；几乎所有孩子的父母都是文盲，那些父母把孩子交给我照看。

起初计划把一幢平民公寓工人的年幼子女聚集起来，以避免在楼梯上放任自流、弄污墙壁和惹是生非。为此，在公寓中专辟一个房间办幼儿园。我被邀管理这个"可能有美好前途"的机构。

我并非明确地感到一项伟大事业将要开始。

在主显节①这天，教堂礼拜仪式的祈祷词"大地一片荒凉、黑暗，此时东方升起晨星，它的光辉将引导众人"，仿佛是对我们事业的祝愿和预言。

出席开学典礼的所有来宾颇感惊奇，他们自问：为什么蒙台梭利女士如此夸大一所穷人幼儿园的重要性？

我开始了自己的事业，就像一位农民把小麦良种弃之不用，却得到一块可自由播种的良田。结果并非如此：我刚刚犁开一块泥土，没有看见麦种，却发现了金子。我不是地道的农民，更像手持神灯的阿拉丁②，但仍不知道神灯就是带来珍宝的神物。

事实上，我对正常学童所做的工作，带给我一系列的惊喜。

以下认识符合逻辑：对智障儿童取得良好教育效果的方法，能够真正帮助正常儿童发展成长；成功纠正错误思维方式并让虚弱心智变强的所有手段，包含智力卫生学的原则，它们同样可以帮助正常心智健康、茁壮成长。所有这一切都不足为奇，但随后诞生的教育理论既实际又科学，从而让公正、严谨之士信服。然而，最初的成效令我非常惊奇，往往连我自己都不敢相信。

相同的教具对正常儿童产生的效果和智障儿童的截然不同。正常儿童更易受教具的吸引，聚精会神地注视着它们，持续不断地工作，其注意力高度集中令人叹服。在工作之后，他们显得心满意足、精神饱满、兴高采烈。在他们自发地完成一件工作后，神采奕奕，面部表情安宁，两眼炯炯有神。那些教具仿佛是给钟表上发条的钥匙，一旦上满发条，钟表会自己持续运转；学童在这里工作后，心理变得更强壮、更健康。让我确信这一切不是幻象，但还需要时间。

每项新实验都向我证明了真相，但我长时间内仍持疑惑态度，同时

---

① 主显节，每年的 1 月 6 日，纪念基督显灵的宗教节日。
② 阿拉丁（Aladino），阿拉伯中世纪文学作品《一千零一夜》中的人物。他是苏丹国一个裁缝的儿子，生活穷苦。在拥有一盏神灯后，想要什么就有什么，还娶公主为妻。后来神灯被偷走，荣华富贵尽失。"阿拉丁的神灯"象征能带来财富和幸福的宝物。

# 童年的秘密

感到震惊、激动和焦虑。每当教师向我讲述学童所作所为时，我总责备教师！我一脸严肃地对她说："别来对我讲那些虚构故事。"我记得那位女教师没有生气，却激动地流出眼泪，回答我说："您有理。当我看见那些情景，我觉得是天使在启示那些学童。"

终于有一天，我怀着无比兴奋心情，把一只手按在胸前，为使我的心灵更虔诚，我怀着极大敬意想起那些学童，自言自语道："你们是谁？"我可能遇到耶稣怀抱的幼童，他们曾启示基督说出神圣话语："无论谁以我的名义接受其中一个幼童，就是接受我"；"你们若没有变得和幼童一样，你们就进不了天国"。

☆　☆　☆

这就是我初遇那些学童时的情况。他们哭哭啼啼，胆小怕事；他们那么害羞，很难让他们开口说话；他们面无表情。他们是被抛弃的穷人家的孩子，在破旧、灰暗的房子里长大，没有精神激励，没有任何照料。在所有人眼中，他们全都营养不良，无须医生诊断，就能看出他们急需补充营养、呼吸新鲜空气和做日光浴。他们是含苞待放的花蕾，但花苞枯黄，心灵被封闭在硬壳内。

由此可见，这些学童发生给人印象深刻的变化，他们甚至显现出儿童的新精神面貌，他们心灵的光辉扩散到整个世界；那么，改变这一切的条件又是什么呢？应当存在特别有利于"解放儿童心灵"的条件。应当存在清除所有阻止儿童前进的障碍的措施。然而，有谁想过哪些是阻碍儿童前进的障碍呢？相反，哪些又是让隐蔽心灵外现的有利环境，或更确切地说，所不可或缺的环境呢？相对于如此崇高的目的，不少条件似乎是不利的和负面的。

我们从学童的家庭环境谈起。他们的家庭属于社会底层，因为其父母不是真正的工人，而是每天都要寻找临时工作的失业者，因此不能关照自己的子女。几乎所有学童的父母都是文盲。

由于不可能为这没有前途的职位找到一位真正的教师，只得雇用一位学过一点儿师范，但长期当工人的女士，从而她既没有任何准备，也没有任何偏见，无疑任何一位真正的教师都会有偏见。如下事实决定了条件特殊：这个私人机构不从事真正的社会事业，因为它是由一家房产公司创办的，这家公司把维修公寓的间接费用用于学校开支。孩子们聚集起来，以避免房屋墙壁污损，公寓经常修缮。因此，不可能想到社会福利事业，比如对患病学童进行治疗，对所有学童提供免费午餐。这家房产公司提供的资金仅够支付一个办公室的花费，也就是说只够买些家具和办公用品。由于这一原因，学校没有购置课桌，而是开始自制家具。没有这样的特殊条件，我们不可能识别学童的纯粹心理因素，并确证它对学童变化的作用。由此可见，儿童之家不是一所真正的学校，而是某种测量机械，在开始工作时要先归于零。由于不可想象在儿童环境中没有课桌、讲台和应备的家具，我们专门制作了一些类似办公室和家庭使用的家具。与此同时，我还让制作了一些科学的、精确的教具，正如我在智障儿童学校使用过的教具，在此之前没人想过为智障儿童制作教具。

千万不要认为：第一所儿童之家的环境，如同今天人们所见的那样优雅和轻松。当时最气派的家具，有教师用的结实的木桌，它端立地上，俨然一个讲台；还有一个又高又大的橱柜，里面可以放置各种各样的物品，橱门往往被锁住，而钥匙在教师手里。供学童使用的课桌按经久耐用的标准制作，桌面很长，可容三个孩子并排入座，并且一张桌挨着一张桌，课桌就像学校那样摆放。新颖的家具只有小木椅和极其朴素的小安乐椅。在儿童之家甚至缺少鲜花，而鲜花后来成为我们学校的特征。院子里有个花园，只长着树木和青草。整体说来，学校不可能让我产生幻想：做些重要的实验。然而，为了试验正常儿童和智障儿童反应的差异，尤其为了验证我兴趣盎然地模糊意识到年龄小些的正常儿童和大些的智障儿童的一致性，我决心尝试科学的感觉教育。

我对女教师没有任何限制，没有强加给她特殊责任；我只教给她使用某些感觉教具的方法，以便让她能够正确地向学童介绍。她对这些教具很感兴趣，觉得使用它们并不困难，她还发挥了自己的积极性。

### 童年的秘密

事实上，过了不久，我发现她本人也制作了其他教具：那是一些用金纸制的精美十字，用来奖励表现优秀的学童。其实，我常常看到一些学童胸前佩戴着那种无害的奖章。她还主动地教给所有孩子行军礼（把手放在前额上），虽说最大的孩子才5岁，但这似乎令她满意，而我觉得这事虽好笑却无害。

这样，我们开始过平静、孤独的生活。很长时间内，没有人关注我们。我想概述这一时期的主要事件，虽然是些如儿童读物开头——"从前……"那样的小事，而不是郑重其事地讲述的大事。我的工作非常简单，甚至有些幼稚，没有人从科学观点关注它们。然而，正规描述会导致整本观察记录，或更确切地说，导致整本心理学发现。

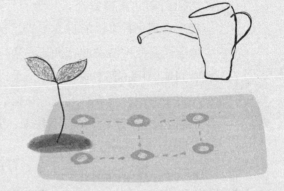

# 十九　重复练习

　　引起我注意的第一个现象是，一个大约3岁的女孩使用圆柱体插件做练习。她如同瓶塞那样拿着插件，在插座上插入又拔出，这些插件大小递增，每个插件都有确定的插孔。我十分惊讶地看到，如此幼小的女孩饶有兴味地、持续不断地做练习。在这种练习中，她没有显现出速度和灵巧上的任何进步，全是连续不断的重复动作。我因有观察的习惯，开始数她练习的次数，其次我想知道她令人称奇的注意力能够坚持多久。我对女教师说，让其他孩子唱歌和活动。其他孩子这样做了，但女孩仍全神贯注地投入工作。于是，我轻轻地抬起她坐的小安乐椅，连同她一起放在小桌上。女孩迅速地抓住她的教具，放在膝盖上，继续做相同练习。从我开始数，她重复这种练习高达42次。然后她停下来，仿佛从梦中苏醒，面带幸福的微笑，两眼炯炯有神，注视着四周。她似乎对干扰她工作的手段浑然不知。现在，没有任何外在原因，那个工作结束了，但什么结束了，又为什么？

　　这是对儿童心灵未被探索奥秘的首次洞察。她那么小，在那个年龄段注意力还不集中、不持久，会不停地从一物转向另一物。然而，她全神贯注地投入自己的工作，以致她能自我摆脱所有外部刺激的干扰。那种聚精会神伴随着手（围绕一种科学、精确、有序的教具）有节奏的动作。

　　类似事情不断发生。每次学童完成练习后，都仿佛得到充分休息，

**童年的秘密**

朝气蓬勃，兴高采烈。

虽然他们如此聚精会神、几乎对外部世界没有感觉的情况并不多见，但我注意到一种奇怪的行为方式，并且几乎在他们所有行为中持续出现，这恰恰是儿童活动的特征，后来我称作"重复练习"。

我看到他们用小脏手做练习，一天我想教给他们洗手。我观察到他们在把手洗干净后，仍要继续洗。在他们离开学校前还要洗一遍手。有些母亲告诉我，发现早晨孩子没在家，后来看见孩子在洗衣房里洗手。他们自豪地向大家展示干净的小手，以致有时被错认为伸手的小行乞者。他们连续不断地重复练习，没有任何外在目的。在许多其他场合，也发生相同现象：教师越是把一种练习做法教得准确、细致，学童就越积极主动、乐此不疲地重复练习。

# 二十　自由选择

　　我们还首次观察到一个非常简单的事实。学童们使用教具，女教师负责分发给他们，他们用完后，再由她放回原处。女教师告诉我，每当她分发教具时，学童们纷纷站起离位并靠拢她。尽管她不止一次地叫他们返回自己的座位，但他们仍然围拢在她身旁。于是，女教师得出学童不听话的结论。

　　我观察过这些学童，懂得他们希望自己把教具放回原处，就决定让他们自由自在地活动。从而，一种新生活开始了：消除杂乱无章状态，让一切井然有序，对他们具有巨大吸引力。如果一个孩子让盛水的玻璃杯落地摔碎，其他孩子立即跑去收拾碎玻璃并擦干地板。

　　有一天，这位女教师把一个盒子脱手，盒内装有 80 个各种色差的色板。我记得她很窘迫，因为识别众多色差非常困难；但孩子们跑来，迅速地按色差给所有色板排序，表现出对色彩的惊人敏感性，远远超过我们，这令我们十分惊奇。

　　有一天，女教师上班迟到了，忘记锁上橱柜。她发现许多学童打开橱柜门，并聚集在四周。接着，有的学童拿起教具并带走。女教师认为这是偷盗本能所致。她认为偷教具的学童不尊重学校和教师，必须严肃处理和进行道德教育。而我认为这表明学童已经充分了解教具，并能够自由地选择教具。事实证明确实如此。

　　于是，孩子们开始了生机勃勃和兴趣盎然的活动：他们具有独特意

**童年的秘密**

愿并选择自己喜欢的工作。从此以后，我们采用低矮的橱柜，这样，放置里面的教具可供孩子们按自己内在需要选择。因此，自由选择原则和重复练习原则同时并举。

根据自由选择，我们可以观察到学童的倾向与心理需要。

最有趣的一个发现是，学童并不选择我让人制作的所有教具，而只选择部分教具。他们几乎选相同的东西，其后有的教具特别受欢迎。相反，有些教具被冷落，上面布满灰尘。

我展示了所有教具，再让女教师分发给他们，并由她讲解教具的使用方法；但学童再也不去自发地取教具。

于是，我懂得，在儿童的环境中，除了井然有序外，一切都应有限度。在淘汰多余教具和消除教具杂乱状态后，恰恰学童产生兴趣，做到注意力集中。

# 二十一　玩具

　　在我们学校虽然有供学童玩的真正漂亮的玩具，但他们却毫无兴趣玩。这使我非常惊奇，我本人想要干预，和他们一起玩玩具，教他们使用小餐具，在儿童小厨房内点炉灶，在不远处放个洋娃娃。孩子们只表现出片刻兴趣，随后就走开，玩具从未成为他们自发选择的对象。于是，我懂得了，对于儿童来说，游戏是某种外在的东西，当缺少更好的东西时，他们才玩游戏，但当他们心灵中有更高需求时，无疑不会对这些无关紧要的东西感兴趣。于是，我们思考自己：在闲暇时，下棋和打桥牌是件乐事，但若每天强迫我们下棋、打桥牌而不干其他事，那就不再令人心旷神怡了。当人们有更高级、紧急的事情要做时，就不会想起打桥牌；孩子们总有更高级、紧急的事情要做。

　　因为逝去的每分钟对儿童来说都很宝贵，用以实现从低级阶段向高级阶段过渡。事实上，儿童在不断地成长，所有利于发展的手段，都令他们着迷，他们对懒散的活动不感兴趣。

# 二十二　奖励与惩罚

　　有一次我去学校，看到一个男孩坐在教室中央的一把椅子上，一个人孤零零的，无所事事。在他的胸前挂着女教师奖励好学生的漂亮奖章。女教师告诉我，这个男孩正受处罚。但就在不久前，她奖励了另一个男孩，把奖章挂在他胸前。然而，当受奖者走到受罚者身旁时，他把奖章摘下，挂在后者胸前，那枚奖章几乎成为渴望工作孩子的无用之物和障碍。

　　受罚孩子冷漠地看着那枚奖章，安静地环视四周，也就是说没有丝毫受罚的感觉。这件事就说明奖励和惩罚毫无意义。相反，我们想要继续长时间观察，在获得丰富经验后，我们这种情况不断发生，以致女教师在奖惩时感到受到侮辱：那些孩子对获奖和受罚同样无动于衷。

　　更令人惊奇的是，学童经常拒绝接受奖励。

　　这标志着意识的觉醒，具有一种尊严感，在此之前并不存在。于是，学校决定不再奖励和惩罚学童了。

# 二十三　肃静

　　一天，我从一位站在院中的妈妈手中接过 4 个月的女婴，走进教室。这个女婴按民间风俗被襁褓裹得严严实实，她的小脸丰盈红润，她从不哭闹。这个小生命的肃静给我留下深刻印象，我想让学童也有同样感受。我对他们说："她毫不做声。"为了开玩笑，我补充说："你们无人能像她这样。"我惊愕地发现孩子们十分紧张地看着我。他们仿佛把每个词铭记在心，并深刻理解我话的含义。我继续说："她的呼吸，多么微妙！无人能像她这样毫无声息地呼吸。"孩子们十分惊奇，各个静止不动、屏住呼吸。在那一时刻，人们会感受到令人难忘的肃静：连平时听不到的钟表的嘀嗒声也变得清晰了。那个女婴仿佛把日常生活中缺少的肃静气氛带进了教室。

　　没有一个孩子做出可以感觉到的动作。从此，他们萌生再次感受那种肃静的愿望，因此要去实践。孩子们全都参与了这种练习。不能说他们满怀激情，因为激情是某种外在表现的、冲动的东西。相反，这是和强烈愿望一致的表现。孩子们协调一致，保持静止不动，甚至控制呼吸，显现出沉思者那样的安宁和关注的神情。在给人留下深刻印象的肃静中，逐渐地可以听到细微柔弱的声音，比如不远处的水滴声和远处飞鸟的鸣叫。

　　就这样，我们肃静的练习诞生了。

　　一天，我萌生利用肃静练习测验儿童听觉的灵敏程度的想法。这

**童年的秘密**

样，我设想和学童隔开一段距离，轻声呼叫他们的名字。听到呼叫自己名字的孩子，应当小心翼翼地悄无声息地走到我身边。40名孩子耐心地等待做这种练习，需要付出巨大努力，我认为这简直不可能。为此，我带了一些糖果和巧克力，以奖励来到我身旁的孩子。然而，孩子们拒绝接受糖果和巧克力。他们似乎想说："请不要损害我们心中美好印象，我们仍沉浸在心灵愉悦之中，请不要打扰我们！"

我认识到，儿童不仅对肃静敏感，而且对肃静中呼叫他们的细弱声音敏感。他们脚尖着地缓缓走来，小心翼翼，不碰东西，不让人听到脚步声。

我清晰地认识到，每种运动练习都可以监控其错误。正如在肃静练习中，产生的噪声会指导儿童完善自己，反复练习会让所有孩子实现运动的精细、完成内在教育，而靠外在教学不可能完成这种教育。

我们的学童学会在物品中间穿行而不碰它们，轻捷地跑步而不发出声音，他们变得既精明又敏捷。现在，他们对自己的完美表现感到心满意足。最令他们感兴趣的事情是发现自我、自己的潜能，在生命发展的隐秘世界中活动。

经过很长时间后，我才确信儿童拒绝糖果具有内在原因。糖果是小东西或奖品，不是儿童不可或缺的、常规的食品。我之前觉得这件事非常奇怪，以致我想要坚持做实验，因为大家知道儿童恰恰爱吃糖果。于是，我又带些糖果来学校，结果有的孩子拒绝接受，有的放在围裙口袋里。我认为把糖果放口袋里的孩子贫穷，想把糖果带回家去。于是，我对他们说："这些是给你的，那些可以带回家。"他们收起所有糖果，但不吃一块，全放进围裙口袋里。

学童很看重这一礼物，当孩子病卧在床、教师探望时，生病的孩子会打开小盒子，取出一大块糖果送给教师。那块诱人的糖果，孩子没有动过，安静地躺在小盒内整整几星期。在学童中这种现象变得很普通，不少参观者来到陆续开办的学校，特意证实在当时众多著作中描述的这种现象。这是一种儿童自发的自然的心理现象，因为没有人想要叫他们苦修和放弃糖果，没有人萌生如此奇思妙想："儿童不应玩耍，也不应吃糖果。"当儿童在精神生活中提高时，他们会自发地拒绝这些外在的、无用的甜品。有一次，一个人把几何图形饼干分发给学童。他们没有吃，而是兴趣盎然地观察它们，他们说："这是一个圆！这是一个长方形！"还有一段佳话，讲一个平民子弟观察妈妈在厨房做饭。当妈妈拿起整块黄油时，孩子说："这是一个长方形！"当妈妈切下一角时，他说："现在是个三角形。"接着补充说："剩下一个不规则四边形。"他一直没说通常应说的话："给我一点儿面包和黄油。"

# 二十四 尊严

　　一天，我萌生一个想法：给学童上一堂带点儿幽默感的擤鼻涕课。我在演示用手绢擤鼻涕的各种方式之后，最终示范用手绢慎重地轻轻一擦、发出极小声音的动作。孩子们聚精会神地听讲和观察，没有一个人笑出声。我一再问自己，成功的原因是什么。然而，当我刚刚结束示范，教室里就爆发出掌声，就像一位艺术家在剧院获得的经久不息的掌声。我从未见过，如此年幼的孩子能够这样热烈鼓掌，他们的小手能显现出如此力量。于是，我突然茅塞顿开，我可能触及那个小小世界社会层面的敏感点。在这方面有个如何对待儿童的问题，他们被置于某种羞辱条件下，持续受到蔑视和贬低。为此孩子们总听到大声斥责声，尤其是平民子女，他们每人都有一个表示地位低下的外号，所有人都斥责他们，所有人都伤害他们，他们进入校园，还要把手绢显眼地别在围裙上以免丢失。然而，没有人教他们如何使用手绢。我们必须明白，孩子们对那些轻蔑行为很敏感，而成人却用这样的行为欺辱他们。我这堂课还他们以正义，让他们在学校抬起头挺起胸。

　　在取得丰富经验之后，我可以这样说明：我发现儿童具有强烈的个人尊严感，而成人从未想象到他们的心灵会受到伤害和压抑。

　　那一天出人意外：当我要离校时，孩子们开始呼喊："谢谢！谢谢您上这堂课。"我走出楼门，孩子们排成一长队，沿着人行道静静地跟着，直至我对他们说："你们回去吧！跑回时脚尖着地，千万不要碰到墙脚。"他们纷纷转身，像小鸟一样飞到楼门里。我已经触及那些贫穷幼童的社会尊严感。

当我们接受参观时，学童的行为举止表现出既有尊严又自爱，他们善于完成自己的工作，并能满腔热忱地接待参观者。

有一次，通知一个重要人物来访，他想和孩子们单独在一起，以便自己观察他们。我嘱咐女教师说："一切顺其自然。"然后我转向学童，补充说："明天有人参观，我希望他们认为：你们是世界上最棒的孩子。"后来，我问女教师这次访问结果。女教师回答说："一次巨大成功。有的孩子给参观者搬来一把椅子，并热情地对他说'请坐'，其他孩子说'您好'。当他离开时，他们把头探出窗外齐声喊道'万分感谢您来访，再见'。"于是，我问女教师："您为什么这样精心准备呢？我对您说过，不要做任何特殊事情，要让一切自然而然地发生。"女教师反驳说："我什么也没有对孩子们说。"她还向我解释，孩子们全都努力工作，每人专心致志地操作不同教具，一切进展神奇，令参观者惊讶不已并深受感动。

很长时间内，我对这一切持怀疑态度，我不相信女教师的话，不断"拷问"她，因为我怕她夸大其词并事先准备。然而，我终于明白，儿童具有自己的尊严，他们尊重参观者，他们为能展现最佳面貌感到自豪。我难道没有对他们讲过"我希望他们认为：你们是世界上最棒的孩子"吗？但是，他们表现优秀，肯定不是由于我的规劝。只说"有人参观"足矣，正如宣布客人已到客厅，这些自觉并优雅的幼童，既有尊严感又有责任感，他们做好准备接受参观和观察。我懂得孩子们并不胆怯，在他们的心灵和环境之间并不存在障碍，他们能自然地、充分地表现，正如莲花受到阳光普照，乳白的花瓣就微微张开，并散发出淡淡的幽香。没有任何障碍，这就是关键。没有任何隐藏，没有任何封闭，没有任何惧怕。就是这么简单。

他们举止从容可以说得益于对环境的直接、完美的适应。他们的心灵生机勃勃，永远感到快乐，他们的精神不时地闪出暖光，化解同他们接触的成人的令人难以忍受的冷漠。那些孩子怀着爱心欢迎所有来宾。

这样，参观者开始对学童产生一种生动的新印象。

看到那些会见使参观者产生不同寻常感受将饶有兴味。譬如，那些仿佛去出席招待会的夫人，衣着华丽、佩戴贵重首饰，曾受到学童纯洁、无邪的欣赏和羡慕，她们因学童表达方式神奇而感到幸福。

孩子们抚摸夫人们的漂亮衣料，爱抚她们芳香、精致的双手。有一次，一个男孩走近一位身着丧服的女士，他的小脑袋依着她，接着拉住她一只手，握在自己手中。后来，这位女士深情地说，那些幼童给予她莫大安慰，没有一个成人可比。

有一天，首相女儿想要陪伴阿根廷共和国大使参观儿童之家。大使嘱咐预先不要通知这次访问，以便得以验证他听说的学童的自发性。然而，当他们来到学校，才知道那天是假日，大楼关门。在院子里有几个学童走上前来，一个男孩态度自然地说："今天是假日，但没有关系。因为我们还在学校，而大楼钥匙就在门房那里。"

其后，他们开始跑向各处，呼唤他们同学的名字，还让门房打开大门，大家在教室里自发地做练习。他们神奇的自发性以无可争辩的方式得以证实。

这些学童的母亲对此类现象非常敏感，她们来学校告诉我家中的情况。她们对我说："这些三四岁的孩子，如果不是我们的宝宝，说的那些话真气人。譬如，他们说'你们手脏，应当洗手'，还有'你们要洗掉衣服上的污迹'。听他们说这些事，我们并未感到气恼。他们告诫我们，仿佛发生在梦境。"

那些贫困的家长变得更整洁更细致：破拖鞋渐渐从窗台上消逝了；窗户玻璃渐渐变得光洁；盛开的天竺葵从冲着院子的窗口探出头来。

# 二十五　纪律

　　虽然学童的行为方式自然随意，但给人留下整体严守纪律的印象。他们安静地工作，每人聚精会神地练习；他们轻捷地走来走去，为了更换教具，为了完成工作。他们走出教室，在院子里望一眼，又返回来。他们以惊人的速度执行女教师的意图。女教师说："他们完全按我说的去做，这使我感到对他们说的每句话都负有责任。"

　　事实上，如果她要求学童做肃静练习，那么她尚未说完，他们就开始静止不动了。这种表面的服从并没有妨碍他们独立活动，他们独自安排自己的时间和一天的工作。他们会自己选取用具，把学校整理得井然有序；如果女教师迟到或外出，让学童自己活动，一切都会顺利进行。参观者感到最富魅力的是，学童的自发性和秩序、纪律紧密结合。

　　这种在肃静中表现出的完美纪律源自何方？那种预先猜出并准备执行命令的服从源自哪里？

　　学童在教室里工作的平静给人印象深刻，令人感动。没有人能激励起这种平静，甚至没有人能外在地实现这种平静。

　　那些孩子可能进入自己的运行轨道，正如星辰乐此不疲地、循规蹈矩地旋转，永恒持续地发光。《圣经》提及星星的一段话非常符合儿童的表现："被呼唤的星星说道：我们在这里；它们愉快地闪闪发光。"这种性质的自然纪律，似乎超越日常事物，表现为支配世界的普遍纪律的独特反映。古代赞美诗说道，这种纪律已在人世间消逝。从而给人如下

**童年的秘密**

印象：应当以这种自然纪律为基础，构建任何其他具有外在、直接目的的纪律，比如社会纪律。这恰恰最令人称奇，最值得我们反思：似乎存在某种神秘莫测的东西，由于它，秩序和纪律紧密结合，实现了自由。

# 二十六　教学开始

**书写与阅读**

　　有一次，两三位母亲作为代表来找我，请我教他们的孩子读和写。这些母亲都是文盲。由于我不同意（这离我的计划相距甚远），她们就持之以恒地劝说。

　　这样，令人称奇的事情发生了。我让一位女教师用硬纸板剪成字母，我再把这几个字母教给四五岁的孩子们。我还叫女教师用砂纸板剪成字母，再让学童用手指肚儿触摸，感受字母笔顺；其后，我把这些字母收集在几块板上，把形状相似字母放在一起，以便让触摸它们的学童小手动作一致。女教师很满意，一切按最初安排进行。

　　我们不明白学童为什么对学习字母如此热情，他们把字母如小旗那样高高举起，列队"游行"并愉快地呼喊。这究竟为什么？

　　有一天，我惊奇地看到，一个男孩独自一人边走边说："要拼 So-fia①，需要一个S、一个O、一个F、一个I、一个A。"就这样，他不断重复构成这个词的语音。从而，他正在学习，分析记住的这个词，并探寻构成此词的语音。凭借有所发现的强烈兴趣，他懂得每个语音都对应

———————————
① 意大利语，人名。

# 童年的秘密

着一个字母。事实上，如果不让符号和语音一一对应的话，那么字母拼写法是什么呢？本义的语言是口语，书写语言只是用字母真实记录的口语。字母拼写法进步的全部意义就在于口语和书面语的平行发展。起初，书面语从口语中脱颖而出，就像渗出的水滴，其后汇集成清澈的激流，也就是词汇和语句。

我发现书写是关键、真正的秘密，有事半功倍的成效：既让学童的手掌握一种类似口语的、不为人知的重要技能，又让其手创造记录口语的另一种语言。这里既用脑又用手。

于是，手可以促使那些水滴渗出，并且让它们汇集成第二条激流。口语、书面语都能突飞猛进地发展，因为两条激流都由水滴汇集而成。

一旦字母表确定，书面语言应当顺理成章地产生，仿佛是自然结果。因此，手必须会描绘符号。由于字母符号是简单象征，不代表任何形象，因此很容易描画。然而，在儿童之家发生一件大事之前，所有这些我都没有想到。

一天，一个男孩开始写字。他非常惊喜，以致开始大声呼喊："我会写了，我会写字了！"孩子们纷纷跑到他身边，饶有兴味地看同学用一段白粉笔在地上写的字。"我也会，我也会！"他们边跑边喊。他们去寻找写字的地方，有的聚集在黑板前，有的趴在地上，这样学童如爆炸那样突然开始写字。

这种乐此不疲的活动就像真正的激流锐不可当。孩子们到处写字，在门上，在墙上，甚至把家里的圆面包也写上字。他们大约四岁。他们突然展现书写才能，我们从未预见。女教师对我说："这个男孩昨天3点钟开始写字。"

我们确实惊叹不已，仿佛面对着奇迹。然而，当我们把图书（许多人知道那些带精美插图的儿童读物取得成功）发给学童时，他们兴趣不大地接受了。千真万确，那些图书配有精美图画，但这些东西只能让他们分心，现在他们正全神贯注地投入有趣的工作——写字。那些孩子可能从未见过图书，我们花费很长时间，努力唤起他们对图书的兴趣。但我们甚至不能让他们理解什么是阅读。于是，我们把全部图书收起，等待更好的时机。学童也不爱读他人写的字。很少发生如下情况：一个孩子兴致勃勃地阅读另一个孩子写的字。他们仿佛不会阅读那些词语。当我大声读出他们写出的字时，许多孩子转过脸来惊奇地看着我，似乎在问我："您如何知道的？"

大约 6 个月后，当他们把读和写结合起来，就开始理解什么是阅读了。学童用眼睛跟随我那只在白纸上描画字母的手，并认识到我在表达自己的思想，正如我在述说一样。他们一旦认清这一点，就开始拿起我写过字的纸条，把它们带到教室的角落里，尝试着阅读。他们在心里默读，并未发出声来。我们发现，他们原先因努力思索而紧绷的小脸突然放松、露出笑容，他们仿佛紧压的弹簧突然弹起，这表明他们读懂了。由于我的每句话都是一个命令，正如我用口说出"打开窗户"、"到我身旁"，诸如此类，不一而足。这样，他们开始阅读了。进而，他们发展到能够阅读命令完成复杂动作的长句。但学童似乎把书写语言理解为另一种表达方式、口语的另一种形式，正如人与人直接交流那样。

事实上，当有人参观时，许多孩子保持沉默，他们起立走到黑板前，写上"请坐，谢谢光临"等等，以前他们几乎都口头致意。

有一次，人们说起西西里发生的大灾难，那里突发的大地震摧毁了墨西拿城，造成成千上万人死亡。此时，一个约 5 岁的男孩起立，走到黑板前，他的板书这样开始："我很遗憾……"我们注视着他，认为他想要表达对这一天灾的悲痛心情。相反，他写道："我很遗憾，因为我是个孩子。"这种想法多么奇特，男孩继续写道："如果我是大人，我会去帮助。"他写出了一篇短文，同时证明自己心地善良。他的母亲是个小贩，靠挎着篮子、走街串巷卖菜为生。

又过了一段时间，一件更令人称奇的事情发生了。正当我们准备制作教具，以教授学童印刷体字母，并重新尝试让他们阅读图书时，孩子们开始阅读在学校里所见的一切文字，确实有些字母很难辨认，比如一张日历上的字母采用哥特体。与此同时，学童的父母来学校述说，孩子们在街上常常驻足，阅读店铺的招牌，以致往往不能和他们同行。显然，孩子们感兴趣的是识别那些字母符号，而不是要知道那些文字的含

## 童年的秘密

义。他们看到不同的文字，首先识别那些字母，然后成功理解一个词语的含义。学童的这种直觉努力，类似于成人长时间站立在一块石碑前，研究雕刻其上的史前文字符号，最终理解碑文的意义，这表明已经认识以前不认识的符号。这就是在学童中激发新激情的动因。

如果我们过快地解释那些印刷符号的含义，学童的兴趣和直觉力量将会丧失殆尽。还有若不合时宜地坚持让学童阅读图书上的词语，那将会帮倒忙，可能为实现无关紧要的目的，削弱生机勃勃心智的能量。于是，我们决定把那些图书束之高阁。等到时机成熟时，再让学童接触图书。此时，发生一件特别有趣的事情。一个男孩十分激动地来到学校，他手中握着一张揉皱的书页，并小声对同学说："你猜猜纸上写着什么？""什么也没有写，是一张破纸。""不对，纸上写着一个故事……""里面有个故事？"他们的对话引来一伙好奇的孩子。那个男孩从垃圾堆上捡到一张散落的书页，他开始朗读，那确实是个故事。

从此以后，他们理解了一本书的意义。在这之后，可以说图书成了抢手货。然而，不少孩子在书中发现有趣的东西，就撕下那页带走。那些图书真倒霉！它们的价值被发现，却带来灾难。学校正常秩序遭到破坏，就需要用纪律约束那些因爱读书而撕书的小手。学童在能阅读图书并尊重图书之前，在我们的帮助下，已经能够纠正拼写错误并书写工整，其水平与三年级小学生不相上下。

# 二十七　身体对比

　　在过去的这段时期内，我们没有刻意努力以增强学童体质。然而，现在无人能从他们红扑扑的小脸蛋儿、生龙活虎的精神面貌，认出那些曾经营养不良、贫血的幼童，那时他们似乎需要紧急救治、食品和补药；现在他们身体健康，仿佛由阳光和新鲜空气治愈。

　　事实上，如果抑制心理状态会影响新陈代谢并降低其活力的话，那么也会发生相反情况：也就是昂扬心理状态同样影响新陈代谢，让它及身体所有功能重新活跃。我校学童的变化就证实了这一点。那些在学科中被研究的生机勃勃的能量，在今天不会给人留下深刻印象，但在当时却引起轰动。

　　人们曾经议论"奇迹"，关于这些神奇儿童的消息瞬间传遍四方，新闻界用溢美之词报道他们。人们撰写了介绍这些孩子的著作。这些孩子甚至给小说家带来灵感，让后者把亲眼目睹的景象准确、生动地描绘出来，仿佛在说明一个未知世界。人们谈论对于人类心灵的发现，提及奇迹，引述了学童的对话。近期，出版了一本英文书，书名叫 *New Children*（《新儿童》）。许多人从世界各地，尤其从美国来到我们这里，以亲眼验证那些令人称奇的事实。我们的学童可以准确地重复主显节（1月6日，"儿童之家"恰恰在这天创办）的教堂祈祷词："请你举目四望并凝视：大家聚集起来投奔你。从大海彼岸也将有众人投奔你。"

# 二十八　结论

我们对事实和印象的简述，让人们困惑不解地提出"方法"问题。人们不理解应用什么方法取得那些成果。

这是关键之点。

人们看不见方法，人们只看见学童。人们看见儿童的心灵，摆脱了羁绊、根据自己本性活动的儿童心灵。我们模糊意识到的儿童特性简单地属于生活，正如飞鸟羽毛的色彩和花朵的芳香。儿童特性完全不是"教育方法"的结果。然而，显然教育活动可以影响那些自然事实，由于它的目的是保护、培育和帮助发展。

比如花卉，其色彩和芳香都是天然的，但人类可以通过施加影响，可以保障某些特性稳固，或者强化自然的原始属性，让花更茁壮更美丽。

现在，在儿童之家里显现的那些现象，就是儿童天生心理特征的反映。然而，这些特征不似植物生命的自然特征，因为精神生命是易变的，从而在不适宜环境条件下它们会消逝，或被其他特征所代替。因此，在展开教育活动前，必须创造一个利于隐秘的、正常特征显现的环境条件。为达此目的，只要"清除障碍"即可，这应当是教育的起点和基础。

因此，至关重要的不是发展儿童现有特征，而应首先发现他们的真正天性，然后再帮助他们正常发展。

## 童年的秘密

如果我们考察偶然促使儿童正常特征显现的条件，就会发现某些条件非常重要。

其中之一是给予儿童一个愉快的环境，在那里他们不会感到压抑，尤其让那些贫困家庭的孩子心情舒畅。整洁的教室，白色的墙壁，崭新的课桌、小木椅和安乐椅，都是专门为学童准备的，他们还能在阳光普照的庭院草坪上嬉戏。

第二个是成人"负面"的条件：学童的父母是文盲；教师当过女工，她没有野心和先入之见。这种情况可以视为一种"心智平静"状态。

人们普遍认为，教师必须平静。但这种平静通常被视为一种性格或神经不易冲动。然而，这里所说的平静具有更深刻内涵：一种虚空状态，或更确切地说，一种心智撤离状态，它会使内心清澈。"精神的谦逊"加"理智的纯净"，是理解儿童的必要准备，因此也是教师的首要准备。

另一重要条件是，为儿童提供科学、适宜并富有吸引力的教具，进行感觉教育所需、不断完善的教具和方法，譬如应用扣件框能够进行动作分析，促使动作准确和注意力集中，而教师讲授时靠语言激励不可能让儿童聚精会神。

由此可见，适宜的环境、谦逊的教师和科学的教具，是儿童正常发展不可或缺的三个外在条件。

现在，我们尝试叙述学童的某些表现。

仿佛神奇的妙手刚一触及，正常特征表现之门立即打开：学童聚精会神地、用智力指挥的双手操作教具做一种练习。于是，具有内在动因的某些特征，比如"重复练习"和"自由选择教具"显现出来。从而，儿童的面貌一新，他们兴高采烈，不知疲倦地工作，因为他们的活动仿佛精神的新陈代谢，这种新陈代谢和生命息息相关，因此和发展也密不可分。于是，选择指导一切，他们热情地接受某些实验，比如肃静练习；他们激动不已地倾听引向正义和尊严的课程。他们急切地吸纳所有益于心智发展的手段。相反，他们拒绝微不足道的东西：奖品、糖果、玩具。此外，他们还向我们证明，秩序和纪律是儿童生命不可或缺的表现。虽然他们仍是孩子，但他们现在朝气蓬勃、天真烂漫、兴高采烈、欢蹦乱跳；激动时大声呼喊、鼓掌、奔跑、大声致敬、衷心感谢，他们呼唤并追随人们，以表达感激之情。他们和所有人亲近，他们赞赏一切，他们适应一切。

为此，我们将他们的偏好及自发表现，他们视为浪费时间而拒绝的东西列表如下：

（一）个体工作：

重复练习

自由选择

监控错误

分析运动

肃静练习

社会交往中的良好举止

环境中的秩序

个人卫生

感觉教育

与阅读分离的书写

先于阅读的书写

不用图书的阅读

自由活动中的纪律


其后

（二）取消奖励和惩罚：

取消识字课本

取消集体大课[1]

取消教学大纲和考试

---

[1]　并不是说在儿童之家不上集体课，而是说这种课不是唯一，也不是主要的授课方式，只有展开辩论和进行特殊活动时采用。——原注

# 童年的秘密

取消玩具和零食

取消教师讲台

无疑，这张表可以勾勒出一种教育方法的大概轮廓。总之，为了构建一种教育方法——让儿童自己选择以指导发展，让他们的生命活力来监控错误，学童已经指出实际的、积极的，甚至实验的方向。

我们甚至惊奇地发现，在一种基于长期经验的真正教育方法的建构过程中，那些方向保持经久不变。这让我们想起脊椎动物的胚胎。在这个胚胎中，会出现一条被称作原始线的线；其后，这条没有物质的真正线段变成脊柱。我们分析比较一下，胚胎可以分为三部分：头、胸部和腹部；其后，那条线上不断有序形成许多特殊之点，那些点逐渐演变，最终实现满意结果——形成脊柱。同样，在一种教育方法的最初蓝图中存在一切，一个基本方针包含三个重要要素——环境、教师、教具，众多细枝末节逐渐建构，正如脊柱形成。

一步一步地追踪这一建构过程饶有兴味，可以说这是儿童在人类社会指导下的第一个活动；并产生起初作为不可怀疑的新发现的那些原则进化的观念。进化是说明这一独特教育方法不断发展的第一词，因为新的独特性源于环境中成长的生命。但这一环境是独特的，虽说它也是成人提供的，但却是对儿童生命成长中展现的新趋向的积极的、富有活力的反应。

各个种族、各种社会条件的儿童的学校，以神奇的速度广泛采用这种教育方法，极大地丰富了我们的经验，从而让我们确定无疑地提出共同点和普遍趋向，甚至可以毫不夸张地说，提出作为儿童教育基础的自然规律。

效法第一所儿童之家的学校特别有趣的事实是，它们坚持等待儿童自发活动出现的相同原则，没有对这一方法的完善做任何外在性准备。

在罗马创建的首批儿童之家中，有一所可以提供令人称奇的例证。这所儿童之家比第一所还要特殊，因为学童都是墨西拿地震（最大灾难之一）幸存的孤儿，从瓦砾中救出的 60 名幼童。我们既不知道他们的姓名，也不知道他们的社会背景。一场可怕的灾难让他们几乎变得彼此相同：灰心丧气、沉默不语、心不在焉；他们难以进食、难以入睡。在深夜可以听到他们的呼喊声和痛哭声。为此，我们给他们创造了舒适的环境，意大利王后也特别关怀他们。我们为他们专门制作了轻巧、明快的家具，带小门的小柜，彩色的窗幔，色彩鲜艳的极低的小圆桌，稍高的正方形木桌、木椅和安乐椅。尤其是我们为学童准备了富有吸引力的餐具、杯、盘、刀、叉、勺和小餐巾，甚至还有适合小手使用的小香皂和小毛巾。

校园里所有装饰既温馨又安全。墙上挂着画，到处摆放花盆。这所学校建在一个方济各女修道院里，有数个宽敞的花园、宽阔的林荫道和精心种植的花草。池塘里游着红色的金鱼，空中飞翔着洁白的鸽子。在这种环境中，修女们身着白袍、裹着大头巾，她们神态庄重，默默地走来走去。

她们细致入微地教孩子们良好举止，这可让孩子们一天天更完美。有些修女出身贵族，她们实践着曾经脱离的世俗生活的规矩，让她们回忆起过去的习惯；那些孩子仿佛对那些优雅生活方式永不餍足。他们学会像王子那样用餐，也学会如高级服务员那样给"顾客"上菜。午餐吸引他们，不再是美味佳肴，而是能做可控运动练习、学习精益求精精神和获得提升自己的知识。他们逐渐变得吃得香、睡得好。这些孩子的变化给人印象深刻：他们欢蹦乱跳，把物品运到花园，把室内家具搬到树荫下的平台上，没有任何损坏，没有任何碰撞，人人脸上洋溢着朝气和快乐的神情。

恰恰在这里首次产生"皈依"这个词。当时一位著名意大利女作家说道："这些孩子给我以皈依的印象：他们战胜忧郁和压抑，提升到更高生活层次。"

这一概念给予难以解释并感动众人的现象一个精神形式，虽然其意义和词汇不同。因为皈依的观念似乎和儿童的天真烂漫状态相对立。然而，这里主要指一种精神变化——儿童摆脱了痛苦和沮丧，重生欢乐。

痛苦和过失这两个条件会导致人们远离生命活力的源泉，在如此条件下重新恢复生命活力就是皈依。于是，痛苦和过失同时消逝，欢乐和

## 童年的秘密

净化结伴而至。

我们的学童确实发生了这些变化：他们从痛苦中获得重生，变得心情舒畅，许多难以纠正的可怕缺陷消逝了；不仅如此，许多通常被认为优秀的品质也消逝了。这一点恰恰显现出儿童的耀眼光辉。一切错误在于成人，一切都有待革新。为了革新，只有一种办法：重返创造性能量的唯一源泉。如果我们学校来自非正常生活条件家庭的孩子没有如此完美的表现，就不可能区分儿童性格中的好与坏，由于成人已经形成自己的判断。他们认为儿童适应成人生活条件就是好，反之亦然。在这些矛盾的判断中，儿童的天性被扼杀了。面对着成人世界，儿童销声匿迹了，儿童变得陌生了，无论好还是坏，同样把儿童葬送了。

# 二十九　家境优裕的儿童

　　另一类儿童——富家子弟，其社会条件优越。人们仿佛认为，教育他们比第一所儿童之家家境贫寒子弟或者墨西拿地震孤儿要容易得多。其后，他们应当皈依什么呢？富家子弟受到社会各种精心照料，恰恰享有特权。然而，为了纠正这种偏见，我将引述我一本书中的有关段落：在欧洲和美国兴办儿童之家的女教师们，简要地提及她们所遇到困难的最初印象。

　　美丽的儿童环境和奇花异草并不能吸引富家子弟，花园的林荫道没有引起他们的兴趣，他们和教具也没有产生共鸣。

　　女教师感到困惑不解，因为学童不像她们所希望的那样，根据自己需要选择教具并投入练习。

　　由于在我们学校学童贫穷，初期他们就会对教具产生兴趣，但这些富家子弟已经厌烦精致玩具，外部提供的刺激很难引起他们的反应。一位美国女教师 G 小姐从华盛顿来信说："孩子们从彼此手中夺取教具，如果我要给一个学童展示一种教具，其他学童立即放下手中的教具，吵吵嚷嚷地、毫无目的地聚拢在我们周围。当我把教具介绍完毕，他们相互争斗要抓住那件教具。学童没有显现出对教具的任何兴趣，他们让一件件教具从手上走过场，从未关注任何一件。一个男孩不能安静地坐一会儿，让十个手指触摸完一件小教具。在多数情况下，他们毫无目的地活动，他们在教室里乱跑，没有预定的目标。在运动时也没有注意爱护公物，事实上常常碰撞桌子，掀翻椅子，踩着教具行走。有时候刚开始在一个地方做练习，就跑到另一个地方，拿起另一种教具，又随心所欲地扔下。"

D女士从巴黎来信说："我应当承认我的经验确实令人沮丧。孩子们不能坚持稍微长点儿的工作。他们没有任何持之以恒的精神，没有任何积极性。有时他们一个跟随一个，就像一群羊。当一个孩子拿起一件教具时，其他孩子都想模仿他。有时因争抢倒地打滚并弄翻椅子。"

罗马一所富家子弟学校向我们简要描述："我们最为担心的是纪律。孩子们在工作时杂乱无章，还顽固地拒绝接受指导。"

以下是纪律形成的描述。

G小姐从华盛顿寄来她的报告："在几天内，这个旋转粒子（不守纪律的孩子们）的星云群开始具有确定形态。孩子们仿佛开始明确方向，对起初他们蔑视的许多教具（视为愚蠢的玩具），现在开始产生新兴趣；作为新兴趣的结果，他们开始作为独立个体行动，特别个性化。于是，一件让一个孩子聚精会神的教具，对另一个孩子没有丝毫吸引力，孩子们的兴趣彼此不同，投入不同的练习。

"战役取得最终胜利，仅当孩子发现某个物品、特殊教具，能自发地引起其兴趣。有时这种激情突然产生，速度之快令人惊奇。有一次，我试验用该教育体系的所有教具来激起一个男孩的兴趣，却没有引起一点儿注意的火星。于是，我随意地给他展示两块色板，一块红色，一块蓝色，我提醒他注意颜色的差异。他立即急切地拿起两块色板，一堂课就学会五种颜色；随后几天，他拿起过去鄙视的体系内所有的教具，逐渐对它们都产生了兴趣。

"一个男孩起初注意力难以集中一小会儿，由于他对一种复杂教具——长杆——产生兴趣，终于摆脱这种混乱状态。他整整一星期，持续不断地用长杆做练习，学会数数和做简单加法。然后，他开始回到更简单的教具：平面插件、圆柱体插件，从而对这个教育体系的所有教具都产生了兴趣。

"儿童一旦发现一件东西能引起其兴趣，无序状态立即消逝，精力不集中现象便消除。"

这位女教师还描述了个性的觉醒:"有两姐妹,一个3岁,另一个5岁。3岁的妹妹没有自己的个性,她在一切方面都效法姐姐。姐姐有一支蓝蜡笔,妹妹若没有就不高兴。姐姐吃面包夹黄油,妹妹也非面包夹黄油不吃,诸如此类,不一而足。妹妹在学校对什么都不感兴趣,只忠诚地追随姐姐,模仿姐姐的一言一行。有一天,妹妹对玫瑰色立方体感兴趣,她用立方体搭木塔,她兴致勃勃地一再重复这一练习,完全忘记了姐姐。姐姐对此感到惊奇,喊住她并对她说:'为什么我给圆涂色,你却搭木塔?'从那天起,妹妹具有自己的个性,并开始独自发展个性,不再是姐姐的简单影子。"

D女士提及一个4岁女孩,她在拿水杯走时做不到不洒水,即使水只有半杯。于是,她总躲避做这一工作,因为她知道自己做不好。随后,她对使用一种教具做练习特感兴趣,在这种练习取得成功之后,她开始毫无困难地拿水杯走。当有的同学画水彩画时,她乐此不疲地端水,没有洒出一滴水。

一位澳大利亚女教师B小姐叙述了另一件独特事情。她学校有一个女孩,还不会讲话,只会发一些含混不清的音,她的父母很担心,领她去看医生,想知道她是否不正常。有一天,女孩对立体插件感兴趣,坚持很长时间做练习,把圆柱体插件从插孔中拔出后再插入。在她怀着强烈兴趣不断重复此练习之后,她跑到女教师面前说道:"你来看!"

D女士叙述:"在圣诞节后返校,班级发生巨大变化。纪律仿佛自然形成,我未做任何事情。和以前放任自流、混乱无序相比,孩子们显得特别投入自己的工作。他们独自去小柜里挑选自己喜欢的教具,而以前那些教具仿佛令他们厌恶。在班级里形成一种工作的氛围。以前孩子们都是随意地拿起教具,现在感到需要一种规则、一种个人和内在的规则:全力以赴、聚精会神地投入精确、系统的工作,对战胜重重困难感到心满意足。这种宝贵工作对他们的性格产生了直接影响。他们成为自己的主人。"

让D女士感动不已的,是个四岁半男孩的事例:他奇迹般地发展其

# 童年的秘密

想象力，以致给他一件教具时，他不观察教具的形状，而是把它和自己都拟人化，不断地说话，不能把注意力集中在教具本身。由于他胡思乱想，没有能力干成任何一件事，比如，他扣不上一个纽扣。突然，一个奇迹开始在他身上发生："我惊奇地证实他发生的变化：他先选择一个练习全神贯注地去做，进而聚精会神地做所有练习，这样他心静如水了。"

在一种教育方法最终确定之前，这些女教师以往准确的描述可能无数次地重复，但内容相同。类似的事情，类似的困难，即使程度减弱，但在所有幸福孩子（有睿智、温馨并关爱他们的父母）那里都存在。某些精神上的困难是和我们称作福利的东西分不开的。这就说明为什么基督的著名话语在所有人心中产生共鸣："赐福给那些卑微的人们，赐福给那些痛哭的人们。"

然而，所有人都受到召唤，如果克服自己的困难，都能成功地前行。因此，被称作"皈依"的现象恰恰是童年的特征。它主要是一种迅速变化，有时瞬间即逝的变化，总因相同原因发生。离开儿童全神贯注地投入一项感兴趣的工作，我不能引述一个皈依的例证。形形色色的皈依就这样发生：过度兴奋的儿童变得平静，心情压抑的儿童重新富有朝气，大家在工作和纪律的大道上携手前进，受到能够显现出的内在能量的推动，通过自己的努力不断进步。

发生的确定事实具有突发性质，我肯定地说其后仍要发展。这类似于儿童长出第一颗牙，就迈出第一步：当第一颗牙长出时，满口牙就将长出；当说出第一个词时，其语言就将形成；当迈出第一步时，就将会永远走路。由此可见，儿童发展滞后，或更确切地说，儿童走上错误的道路，在所有儿童中、在各个社会阶层儿童中都会发生。

我们学校在全世界以及各个种族的普及，证明儿童皈依是全人类普遍的现象。我们可以对无数消逝的特征进行细致入微的研究，它们总因相同生活状况被其他特征代替。因此，在生命的初期，在幼童中，犯下的错误会使人的自然心理类型变形，造成数不胜数的畸变。

在儿童皈依中引人注目的事实是心理治疗，让儿童回归正常条件。那位智力超前的神奇男孩，那位战胜自我及痛苦并找到生活力量和心灵安宁的小英雄；那位喜欢井然有序的工作胜于无关紧要的生活乐趣的富家子弟；所有这些孩子都是正常的儿童。表面看似神奇的事实曾被称作皈依，在经广泛经验证实后，应当视为一种正常化。人的真正本性隐藏于身，因其隐秘不被认识，但确实是真正本性，与生俱来的本性：健康。

然而，这样解释并没有消除皈依的特性，或许成人也可以称作皈依：但这种变化很难被视为简单回归人的本性。

相反，在儿童那里，正常心理特征可以轻而易举地显现。于是，所有偏离常规的条件同时消逝，正如健康恢复时所有病症一并消逝。

如果我们用这种眼光观察儿童的话，即使在困难环境条件下，仍可多次发现正常状态的自发显现；虽然正常状态特征受到摒弃，因为没有获得承认，没有得到帮助，但作为生命能量，它们能够越过障碍，重现并奋力取胜。

可以说，儿童的正常能量，正如基督的声音，教导人们宽容："你们不应宽容七次，而是七倍的七次。"

还可以说，面对成人的压迫，儿童固有天性要重现并宽容成人。因此，这不是一个正常特性坠入深渊的童年生活的短暂插曲，而是要同持续的压迫作斗争。

# 三十 教师的精神 准备

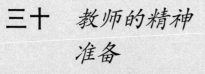

因此，教师认为凭借知识和学习就为自己的使命做好准备，就大错特错了。首先要求教师确立正确的道德立场。

问题的关键是观察儿童的方式，取决于如下事实：我们不能局限于外在考察，似乎仅限于对儿童教育及教学的理论认识。

我们坚定地断言，教师应当做好精神上的准备，持之以恒地研究自身，以便清除自己根深蒂固的缺陷，认识构成自己和儿童之间关系障碍的东西。为了发现隐藏在自己意识中的缺陷，我们需要外在的帮助、某种指示；不可或缺的是，有人指出我们应当在自身发现的东西。

我们说，教师应当按这样的思想顺序开始准备。教师往往过分关注"儿童的倾向"、"纠正儿童错误"的方式、"原罪的遗传"，相反，他们应当开始研究自己的缺点、自己的坏脾性。

"先去掉自己眼中的梁木，才会去掉儿童眼中的刺。"

教师的内在准备只是一种普通准备，和宗教信徒追求的"自身尽善尽美"截然不同。为了达到教育者的高度，没有必要做到"没有缺点、没有弱点"。一位不断提高自己精神境界的人，可能认识不到妨碍自己理解儿童的缺点。由此可见，必须有人教导我们、指导我们。如果我们想要教育别人，首先要先受教育。

对教师教育着重指出其使命所要求的精神条件，正如医生指出损害机体的疾病。

## 童年的秘密

下面是行之有效的告诫："发怒是制约并阻碍我们理解儿童的道德罪恶。"

正如罪恶从不单行，总会导致其他罪恶，和发怒结伴而行的是傲慢，表面看似高贵，实际非常可怕。

我们的坏脾性可以用两种方式纠正：一种是内在的方式，是个人同清晰认识的缺点作斗争；一种是外在的方式，社会公德对我们表现出缺陷的反应。社会公德的反应非常重要，由于揭示道德缺陷，能够促使我们反思。邻居的意见战胜个人的傲慢；生活氛围抑制吝啬；他人强烈反应能熄灭怒火；为为生而劳动益于克服偏见；社会习俗利于抑制纵欲；挣钱艰难会减少挥霍；保持个人尊严益于克服妒忌；所有这些外在情况对我们发出持续而有益的忠告。社会关系利于维持我们的道德平衡。

然而，我们不会像服从上帝那样向社会公德低头。即使我们精神屈服，怀着良好愿望纠正认识到的错误，也很难接受他人让自己蒙羞的教导。低头认错比犯下错误更令我们丢脸。当我们意识到必须纠正自己的行为时，为了捍卫自己的世俗尊严，往往伪装成无可奈何。譬如，当得不到想要的东西时，常用"我不喜欢"的谎言来掩饰。当我们用小小的谎言来抗拒时，就开始了斗争，而不是开始完善自身。由于人们在任何斗争中都感到必须拉帮结伙，个人事业在集体斗争中壮大。

我们用崇高和不可推卸责任的借口来掩饰自己的缺陷，正如在战争时期毁灭性武器伪装成战地非进攻性武器。反对我们缺陷的外在力量越弱，我们就越容易编造自卫的借口。

当我们之中的某人因自身过失遭到批判时，我们就会巧妙地掩饰其错误。我们捍卫的不是生命，而是我们的错误。我们准备使用称作"必要性""责任"等面具来捍卫错误。我们慢慢地确信我们良心认为假的为真的，一天天变得更难纠正。

教师和所有渴望教育儿童的人们，应当摆脱那些危害和儿童相互关系的错误。最基本的错误是傲慢加发怒，坦诚的教师容易认识到这一错误。发怒是主要缺陷，傲慢为其提供诱人的面具、尊贵的长袍，从而要求得到尊重。

然而，发怒是容易受到邻居抵制的罪恶。因此，必须克制自己——不发怒，某人因在心里熄灭怒火而感到屈辱，最终会对发怒感到羞愧。

征途并不艰难，而是容易和清晰：我们面对着可怜的儿童，他们没有能力自卫并理解我们，他们接受我们所说的一切。他们不仅对我们的伤害忍气吞声，而且对我们的所有指责都引咎自责。

教育者应当深刻反思儿童生活困境的后果。儿童不会运用理性来理解不公正，却在心灵中感到不公正，并导致精神沮丧和心理畸变。儿童的反应——害羞、说谎、任性、无缘无故地哭闹、失眠和过分恐惧——是自卫的无意识表现，在他们和成人的关系中，其智力不能确定实际原因。

发怒并不意味着实际暴力。在源自拙劣原始冲动的其他形式下，心理上更微妙的人，会掩饰自己的状态。就其最简单形式而言，发怒是对儿童抗拒的反应，但面对儿童心灵的模糊表现时，发怒和傲慢相融合，形成一个复杂整体，具有专制的确定形态。

专制无须讨论：它把个人囚禁在坚不可摧的公认权威堡垒里。成人凭借公认的自然权力统治儿童，由于是成人这一简单事实就拥有这一权力。讨论这种权力就意味着对一种神圣、确定统治权形式的挑战。如果在最初国家里暴君是上帝的代表，那么对儿童来说，成人就是神性本身，对神性不可能讨论。儿童只能服从，因此儿童应当沉默不语并适应一切。

如果儿童表现出某种抗拒，很难是对成人行为的直接和有意识的反应。更多的是儿童捍卫自己心灵完整，或是受压迫精神的无意识反抗。

随着成长，儿童将学会直接反抗暴君；于是成人用算计、用更复杂巧妙和模棱两可的辩解，妄图让儿童确信那种专制是造福于儿童的。

儿童必须尊重成人，而成人拥有伤害的合法权力，拥有判断儿童并伤害儿童的权力。成人根据自己的利益指导或压制儿童的要求，儿童的抗议被视为不服从，是危险的和不能容许的行为。

这是原始统治的模式，臣民缴纳捐税，却没有任何申诉权。有的民族确信所有东西都是君主慷慨的馈赠；在儿童世界就发生这种情况，他们认为一切都归功于成人。难道不是成人造成的这种迷信？成人扮演了造物主的角色，他们无以复加的傲慢让儿童认为他们创造了与自己有关的一切。成人让儿童聪明、善良和虔诚，他们为儿童提供同环境、人们及上帝接触的手段。多么艰难的事业！为了使画面更完整，成人否定自己施行暴政。此外，有哪个暴君会供认牺牲自己的臣民？

我们教育体系要求教师的准备是自我考察、放弃专制。教师应当从自己心中清除发怒和傲慢，应当学会谦逊和富有爱心。这是教师应当具有的精神素质，这是准确观察的基础，这是心理平衡的不可或缺的支点。教师的精神准备就在于此，这既是起点，也是终点。

另一方面，这并不意味着教师应当赞同儿童所有行为，不应当对儿童的言行做出判断，甚至对他们智力及情感的发展不闻不问。相反，教师永远不要忘记自己的身份，其实际使命是教育。

然而，教师必须谦虚谨慎，必须从心中清除偏见。

我们千万不要抑制有益于教育的素质，但我们必须抑制妨碍我们理解儿童的精神状态和立场。

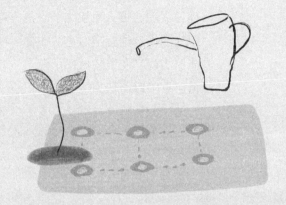

# 三十一　畸变

　　观察正常化中哪些特征消逝时，我们惊奇地发现几乎全部是公认的童年特征。也就是说不仅有那些被认为是缺陷的特征，而且有通常被视为优点的特征。因此，不仅有不守纪律、不服从、无兴趣、贪吃、自私、好争吵、任性，而且有所谓的创造性想象力、喜欢听故事、依恋他人、服从、做游戏，等等。甚至包括那些被科学所研究并公认的童年特征：模仿、好奇、变化无常、注意力不稳定。等于说，人们以前认识的儿童天性，是掩盖另一初始、正常天性的表象。这证实了给人印象深刻的事实，因为它是普遍的事实，却不是一个新事实，因为它被古代所承认：人的两重天性——创造人天性和衰落人天性。衰落归因于影响全人类的原罪，这一过失自身无关紧要，同其深远后果比较极不相称，但远离创造精神和创造既定规律。这之后，人就变成偏离航向、随波逐流的小船，没有能力克服环境中的障碍和自己智力的幻觉，因此人就迷失并堕落。

　　这种生命哲学的综合观点，和儿童显现的事实独特而清晰地相符合。

　　让创造偏离正轨的东西微不足道。这种东西在爱和帮助的迷人伪装下藏匿，但归根结底源于成人心灵的盲目，源于被掩饰和无意识的利己主义，这确实是反对儿童的魔鬼强权。然而，儿童总在不断更新，他们自身携带未受损害的预设，儿童应当根据这种预设发展。

**童年的秘密**

　　如果正常化和唯一、确定事实有关，即全神贯注于和外部实在发生关系的动力活动，那么就应当假设所有畸变都源于一个事实：由于在成长期，即其潜在能量应当通过活体化得以发展的时期受到环境影响，儿童没有能够实现其发展的原初预设。

　　许多后果可以简化为一个简单、清晰的事实，业已证明所有畸变源于的事实属于原初生命时期：人还是一个精神胚胎，这是唯一难以察觉的原因，它可以造成整个生命体的畸变。

# 三十二　*逃避*

　　因此，活体化概念可作为解释性格畸变的指南：心理能量必须在运动中实现活体化，并且构成统一的行为人格。如果不能实现这种统一（由于成人代替儿童，或者因环境中缺乏活动的动因），那么心理能量和运动就会分道扬镳、各自发展，从而造成"分裂的人"。由于从本性上看，什么也没有创造，什么也没有毁灭；由此可见，儿童发生畸变，主要因心理能量脱离自然设定目标沿歧路发展。当这些心理能量丧失目标，在空洞、模糊、混乱中漫游，就发生畸变。智力应当通过运动经验建构，这样才能逃避幻想。

　　起初，智力短暂找寻目标，但没有找到，于是就在想象和象征中漫游。发生这种心理畸变的儿童，在运动时就会无序、无目的和不可抑制。他们刚刚开始活动，就会突然中止，未能干完一件事，因为他们的心力发散在不同事物上，根本不能专注于一个事物。无论成人惩罚，还是以耐心美德宽容那些强壮、不守纪律儿童的毫无章法、令人震惊的行为，其实都在欣赏并鼓励儿童幻想，并把幻想解释成想象力和儿童智力的丰富创造性。众所周知，福禄培尔①发明许多游戏，目的在于促进这种幻想的发展。他制作了立方体和长方体的积木，让儿童以不同方式组合，帮助他们观察并想象成马、古堡或火车。其实，儿童可以赋予任何

_____

① 　福禄培尔（F.Froebel, 1782—1852），德国教育家。

# 童年的秘密

一个东西以象征意义，从而在头脑中产生想象的景象，比如一个旋钮变成一匹马、一把椅子变成一个王座、一支蜡笔变成一架飞机。仅这些例子就足以说明成人为什么给儿童提供玩具。玩具能让他们从事实际活动，但产生各种幻象，都是现实世界的不完美、不结果的图像。

事实上，玩具仿佛无益的环境代表，不可能引起儿童聚精会神，不会展示一个目的，恰恰是送给在幻想中漫游的头脑的礼物。儿童围绕这些玩具立即活动，如同灰内的阴火经风一吹冒出火苗，但火苗立即熄灭，儿童立即抛弃玩具。玩具只是成人供给儿童能自由活动的东西。事实上，成人只让儿童自由地做游戏，或更确切地说，只让儿童自由地使用他们提供的玩具。但成人确信玩具构成儿童的极乐世界。

尽管儿童很容易对玩具厌烦，甚至往往毁坏玩具，但由于上述确信，成人在送给儿童玩具方面总是既豁达又慷慨，并把送玩具提升到惯例、习俗的高度。玩玩具是世界赋予儿童的唯一自由，但儿童应当在人生的这一宝贵时期为高雅生活奠定基础。这些"分裂"儿童在学校里被视为特别聪明的孩子，但也被看作不守纪律、杂乱无章的孩子。然而，在我们学校的环境里，我们发现他们突然投入一件工作，他们的幻想和无序乱动一并消逝，他们变成平静、从容的儿童，贴近现实世界，开始在工作中不断提升自己。于是，他们变成正常儿童（实现正常化）。他们的运动器官瞬间摆脱混乱状态，能够接受精神的指导，从今以后它们变成渴望认识和洞察环境现实的智力的工具。这样，飘忽不定的好奇心变成获取知识的进取心。心理分析承认想象和游戏的反常性，把它们列入"心理逃避"，从而做出清晰解释。

"逃避到游戏和想象之中"；逃避就是逃跑、躲避，并往往隐藏一种在正常状态下会释放的能量；或者代表对自我的下意识防卫，自我逃避一种苦难或一种危险，戴上面具以隐藏真面目。

# 三十三 *障碍*

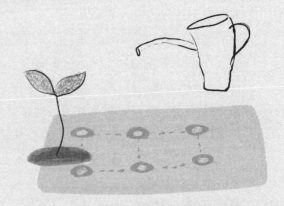

　　在学校里教师证实，那些富有想象力的儿童，并非如人们期待的那样，成为学习上的佼佼者。相反，他们很少成功或一事无成。然而，没有人想过，他们的智力恰恰偏离正轨；却认为巨大的创造性智慧不能致力于实际事物。这是畸变儿童智力低下的显著形式，因为他们不能支配智力，甚至不能引导智力发展。不仅当智力沉湎于幻想世界时发生此种现象，而且在许多相反情况下，当他们灰心丧气时、智力多少受损或丧失。在后种情况下，儿童的智力不是外出逃离，而是闭关自守。他们的平均智力水平低于正常化儿童。这种现象发生，恰恰由于儿童畸变，畸变可以和骨折相比较，虽说不太确切，但都是偏离真正的、正确的位置。从而，人们不难理解，需要多少细致入微的治疗才能让发生畸变儿童恢复正常啊！相反，人们在传授知识和纠正无序混乱时，却往往直接地加重病情。发生畸变的儿童不可能被迫接受一件工作，而不遇到，或更确切地说，不引起非常有趣的防卫心理现象。

　　这不是我们普通心理学中了解的那种和外在事实，如不听话或无兴趣有关的防卫。相反，这种心理防卫完全不受意志制约，它无意识地阻止接受从外部强加的观念，从而也拒绝理解它们。

　　这就是心理分析家使用心理障碍所描述的现象。教师应当认识这些严重事实。儿童的心智被罩上某种薄纱，从而他们在精神上更闭目塞听。儿童心灵下意识地说："你们说，但我不听；你们重复，但我没有听见。"仿佛表达出这种内在防卫功能。我不能构建我的世界，因为我正在修筑不让你们侵入的城墙。

这种长期、缓慢的防御工程，似乎导致儿童行为丧失自然功能，这样就不存在意志的好坏问题。事实上，教师面对着有心理障碍的儿童，认为他们不够聪明，或者天生不能掌握某些课程，比如数学，或不能改正拼写错误。如果聪明儿童的心理障碍涉及多门课程，甚至所有课程，那么就同智障儿童相差无几，在多次留级之后，最终被归入智障儿童之列。在多数情况下，心理障碍不仅具有排斥性，而且还拥有众多协同因素，能够远距离起作用，这些因素在心理分析中被称作"厌恶"。从而，开始是对一门特定课程的厌恶，随后是对学习、学校、教师和同学的普遍厌恶。他们再也没有爱心和满腔热忱，直至他们惧怕学校，甚至和学校彻底决裂。

一个人在童年形成的心理障碍会影响终生。许多人一生都厌恶数学，就是典型例证。他不仅仅是没有能力掌握数学，而且是一听到"数学"这个词，就在内心形成屏障，阻止与其接近，在开始学习之前就感到精疲力竭。我认识一位年轻的意大利妇女，她相当聪明，却常出拼写错误，鉴于其年龄和文化素养简直难以理解。她纠正错误的种种尝试都以失败告终，做的拼写练习越多，所犯错误越多；就是阅读古典名著也无济于事。然而，有一天，我非常惊奇地发现，她书写的意大利文既规范又纯正。这里，我不能准确叙述这一插曲，但确定无疑的是，她的脑海里存在那种规范、纯正的语言，只是受到一种隐秘力量的粗暴压制，才使拼写错误层出不穷。

# 三十四　治愈

　　人们可能会问：逃避和障碍这两种畸变现象，哪个更严重？在我们学校可以实现儿童的正常化，事实证明逃避到想象和游戏中的畸变似乎更容易治愈。打个比方更易理解：某人逃离一个地方，因为在那儿没有找到他所需要的东西，若环境条件发生变化，就能设想他重返原地。

　　事实上，在我们学校，心智混乱和胡打乱闹的儿童迅速改观是常见的现象。他们仿佛从遥远世界瞬间重返故乡。他们不仅改变了混乱无序的工作，而且更深刻的变化是心态平和和心满意足。畸变现象如同自发事实消逝，如同自然的变化；但若在童年没有根除畸变，将会伴随人的一生。许多人被视为想象力丰富，但实际上他们对环境只有模糊感觉，只触及实在的表面。人们称誉他们富有想象力气质，但他们头脑杂乱无章，很容易欣赏霞光、色彩、花卉、风景、音乐，对人生境遇非常敏感，就像对一部浪漫小说。然而，他们并不真正喜爱欣赏霞光，也没有能力驻足认识霞光；给人灵感的星星也不能引起足够注意，从而获得极少的天文学知识。他们具有艺术家倾向，但他们不会创作任何艺术作品，因为他们没有能力深入掌握技巧。他们通常也不知道手有何用；他们不能保持双手静止，也不能让双手工作；他们用手焦躁不安地触摸东西，并轻而易举地损坏它们，他们漫不经心地拔除欣赏的花卉。他们不能创造出任何美的东西，他们不能使自己生活幸福，他们不能发现这个世界的诗情画意。若没有人救助他们，他们将会迷失，因为他们将使器官衰弱，把自己的无能混同于高素质。现在，这种畸变状态会引起真正的心理疾病，源于人类生命的童年，那时成长道路的封闭造成畸变，而起初畸变现象难以觉察。

相反，心理障碍相当顽固，即使在童年也很难治愈。这是在建造一座禁闭和隐藏精神、防御世界进攻的内在堡垒。一出隐秘戏剧在形形色色的障碍里面逐渐展开，而与外面一切美好的及幸福源泉的东西相隔绝。学习、科学及数学的秘密、不朽语言的无穷魅力、音乐，一切都成为必须孤立的"敌人"。能量变化造成一片漆黑，遮盖和隐藏所有爱和生活的对象。学习变得非常艰难，这将导致对世界的厌恶，而不是做好准备成为世界的一员。障碍！这个富有启发性的词让人联想到，在身体卫生学指出最健康的生活方式之前，人们已经封闭自己的身体。人们避免接触阳光、空气和水，置身于不透光的四壁之中，窗户昼夜紧闭，连透透气的缝隙都不留；他们身着厚重的服装，就像洋葱头层层包裹，阻止皮肤毛孔和环境进行净化交换。这种物理环境成为生活的障碍。然而，在社会方面也存在让人想到障碍的现象。为什么人与人老死不相往来，为什么每个家庭冷漠地厌恶其他家庭而"自我封闭"？一个家庭封闭不是为了自我享受，而是为了与他人隔绝。设置障碍不是为了保护爱。家庭障碍比房子墙壁还要坚不可摧、不可逾越。分割开社会等级和各个民族的障碍同样如此。民族障碍并不是使统一、同质的集团和其他集团相隔绝，而是为了保障该集团自由和避免危险。但对隔离和防御的渴望加固了民族之间的障碍，并妨碍人员及生产商品的交流。如果文明化通过交流来实现，那么为什么要设置障碍呢？民族间的障碍或许也是一种造成巨大痛苦和巨大暴力的心理现象。痛苦已经组织化了，从而非常广泛而强烈，日益坚固和密集的障碍让各个民族的生活变得麻木。

# 三十五　依附

　　有些听话儿童的精神力量衰弱，无法逃脱成人的影响，相反，依附于想要代替他们活动的成人，从而过分依赖成人。他们缺乏生命活力（虽然他们没有意识到这一点），使得他们很容易哀怨。他们对某些事抱怨，仿佛受苦的小可怜虫，却被视为多愁善感。他们总是厌烦，自己却不知道，就去求助于他人——成人，因为自己无法摆脱令人压抑的厌烦。仿佛他们的生命活力取决于他人，他们总要依附他人。他们要求成人帮助他们，希望成人和他们玩耍，给他们讲故事、唱歌，不要离开他们。在这样的儿童身旁，成人就变成他们的奴隶。这种扭曲的相互关系让成人和儿童一起退步，但从表面看来相互理解和深爱。这些儿童不停地发问，仿佛渴望认识知识；若认真观察就会发现，他们在继续提问时，根本不听回答。那种貌似追求知识的好奇，只是维持依附他人（需要其支持）的手段。

　　他们乐意放弃自己运动，服从来自成人的任何禁令；成人发现非常容易用自己意志替代顺从儿童的意志。于是，产生一个巨大危险：儿童坠入惰性的深渊，即懒惰成性或无所事事。

　　这种事态很受成人欢迎，因为没有妨害成人自己的活动，这确实是畸变所能达到的极限。

　　什么是懒惰？是精神组织患上抑郁症。仿佛一个身患重病者体力虚弱，在精神领域里创造性活力衰退。基督教认为懒惰属于不可饶恕的大罪，也就是说会造成灵魂死亡的危险。

　　成人代替儿童，对儿童强加自己无用的帮助和暗示，迫使儿童的心灵衰退，甚至扼杀了儿童的心灵，却对此浑然不知。

# 三十六　占有欲

　　婴幼儿或正常化的儿童拥有一种冲力，引导他们趋向活动时需要的力量。他们趋向环境的运动并非冷漠，而是深爱、类似饥饿的生命迹象。饥饿者拥有寻找食物的冲力。这与逻辑无关，譬如，他不会说："我长时间没有进食了。不吃饭人不能强壮，也不可能活着；因此，我必须寻找食物，并把它们吃掉！"不，饥饿是一种痛苦，它不可抗拒地驱使饥饿者寻找食物。儿童有这种饥饿感，引导他们到环境中去，探寻他们的精神所需食粮，并通过活动让精神获取营养。

　　"正如新生儿，我们喜欢精神乳汁。"人类的特性就在于这种冲动，在于对环境的深爱。断言儿童对环境充满激情并不确切，由于激情是某种冲动和暂时的东西，是趋向"一个维持生命所需因素"的冲动。

　　相反，儿童热爱环境的动力促使儿童持之以恒地活动，燃起熊熊烈火，类似于体内营养物质遇到氧气不断作用，造成生物体的温和和合乎自然的体温。积极向上的儿童表现出创造力，如果他们生活在适宜的环境中，也就是说脱离那个环境不能实现自我。如果儿童没有这种精神生活的环境，他们将非常虚弱：一切都畸变，一切都封闭；变成不可捉摸、不可思议的动物：空虚、任性、厌烦、脱离社会。如果儿童找不到活动的动因（注定促其发展），他们就只能看见"东西"，并想占有它们。拿起并拥有某件东西轻而易举，因此智慧之光和爱心无用武之地。精神力量走上一条歧路。于是，孩子说"我要它"，当他看到一块金表，并不认识表上所示时间。另一个孩子说"不，我要它"，他虽然想要拥有金表，但他却准备毁坏它，从而让它无用。这样，就开始了儿童之间竞争和毁坏东西的争斗。

几乎所有道德畸变都可追溯至占有欲（而不是爱心）占上风的第一步，占有欲和爱心通向两条截然不同的道路，儿童一旦走上歧路，就会义无反顾地走下去。儿童的活力外现，就像章鱼的触角紧紧抓住并毁坏渴望占有的东西。所有权情感让儿童猛烈地奔向东西并捍卫夺得的东西，就像捍卫自己的生命一样。

更加强壮和积极的孩子捍卫自己的东西，还要和其他孩子争斗，因为后者同样想拥有那些东西；他们不断地争斗，因为都想要相同的东西，这就引起完全不是爱心的反应，而是非博爱情感的爆发，真正开始为鸡毛蒜皮小事而争斗。然而，造成的后果不是微不足道，而是非常严重：偏离儿童发展的正轨，引起精神力量的畸变。由此可见，占有欲的根源不是东西，而是内在的恶。

众所周知，人们探索通过规劝对儿童实施某种道德教育，以便让他们不要留恋外界东西，这种教育的基础是尊重他人财产。然而，此时的儿童，已经越过桥梁到达彼岸，离开崇高内心生活的此岸，为此已经渴望占有外界东西。这种欲望深深根植于儿童心灵中，人们却认为这是人类本性的特征。

顺从听话的儿童也对毫无价值的外界东西感兴趣。然而，这类儿童"占有"方式却截然不同，他们不善于争吵，一般也不和人争斗。他们更倾向于收集和收藏东西，这让人们认为他们是收藏家。然而，真正的收藏是另一码事：按着知识和认识对东西进行分类。相反，这些儿童收集五花八门的东西，彼此没有任何关系，也没有丝毫魅力。病理学描述一种空洞和无条理的收藏，因为是一种怪癖，也就是说是一种心理异常。不仅成年精神病患者有这种症状，在少年犯中也有这种症状。在少年犯的口袋里装满无用、杂乱的东西。虚弱、听话儿童的收藏类似于此种，却被视为完全正常。如果有人要拿走他们收藏的东西，他们就会以自己擅长的方式来捍卫。

　　心理学家阿德勒①对这些现象的解释饶有兴味。他把这些现象和成人的贪婪加以比较，并且在童年就能识别出贪婪的苗头。如果某人迷恋许多无用的东西，又舍不得让给他人，那么精神就会失去基本平衡，开出致命的花朵。然而，父母乐见孩子善于捍卫其财产。他们认为这是人类本性所在，从而保持和社会生活的联系。在社会中，那些具有占有欲和收藏嗜好的儿童，也被视为可以理解的正常人。

---

① 阿德勒（A.Adler, 1870—1937），奥地利精神病学家。他创立了个体心理学体系，设计了一种灵活的支持性心理治疗方法。

# 三十七 　权力欲

　　和占有有关的另一种畸变特征是权力欲。存在一种权力，是支配环境的本能，这种本能导致对环境的热爱和对外部世界的占有。然而，当这种权力不是个性成长结果，而是导致对外界东西的夺取，就会产生畸变。

　　现在，发生畸变的儿童面对着成人，对他们来说，成人特别强大并支配所有东西。儿童认识到，如果能利用成人行动，那么自己的力量会很大。于是，儿童开始利用成人的行动，以便获得比靠自己努力更多的东西。这个过程是完全可以理解的；几乎所有儿童都逐渐地受其影响，从而被视为极为普遍的现象，却极难纠正。其实，这是儿童最经典的任性：对于虚弱、无能和被束缚的孩子来说，这太符合逻辑和再自然不过了。他们发现此事很奇妙：能够说服永在身旁的、强大的、自由的成人为自己带来益处（他们竭力要得到那些益处）。儿童试着并开始提出超过成人认为合理的要求。事实上，儿童的要求没有限度；儿童富于想象，对他们来说，成人是无所不能的，能够实现其光怪陆离、虚无缥缈的愿望。在童话故事中充分实现了他们的这类愿望，可以说那些故事是儿童心灵的浪漫曲。在那些故事中，儿童感到其模糊愿望以富有魅力的形式被赞美。谁向仙女求助，就会得到远超常人能够得到的恩惠和财富。仙女有好有坏、有美有丑，在森林中，或在迷人的宫殿中，可以发现她们有穷人和富人之分。她们仿佛是儿童对生活在身边成人的理想化

# 童年的秘密

形象：有像祖母一样衰老的仙女，也有如母亲一样年轻、美丽的仙女；有衣衫褴褛的仙女，也有珠光宝气的仙女，就像有贫穷的妈妈和富有的妈妈一样，但她们都宠爱和娇惯孩子。

在儿童身旁的成人，无论谦恭还是傲慢，总是强者；这样，在现实生活中，儿童利用成人的行为最终导致斗争，起初斗争温和，因为成人甘愿屈服，高兴看到自己孩子幸福。确实如此，成人不让儿童自己洗手，但肯定满足了后者的占有嗜好。然而，儿童在取得第一次胜利后，就渴望第二次胜利；成人越让步，儿童越渴望；成人让自己孩子心满意足的幻象酿成苦果。由于物质世界是有严格限度的，而想象力在无限中漫游，于是冲突、激烈斗争的时刻来临。儿童的任性招来成人的惩罚。事实上，成人立即承认自己有错，并说道："是我惯坏了自己的孩子。"

就是顺从、听话的儿童也有自己取胜的办法：他们靠亲热、痛哭、祈求、心情忧郁、优雅的魅力；从而成人也要让步，直至无法满足，那时发生不幸，在生活中产生各种偏离正常状态的畸变。成人在反思：最终发现自己对待儿童的态度酿成恶习，并竭力探寻纠错和恢复正常的办法。

但大家知道，没有任何办法可以纠正儿童的任性，任何规劝、任何惩罚都无济于事。因为，比如对一个发着高烧、神志昏迷的病人，讲述应如何保持身体健康，并威胁说若体温不下降就吃棍棒，同样毫无效果。不，当成人对孩子作出让步时，他们没有惯坏自己的孩子；但当他们禁止孩子生活，并驱使孩子偏离自然发展、产生畸变时，才损害了自己的孩子。

# 三十八　自卑感

　　成人并没有意识到对儿童"表现出轻蔑"。因为父亲确信自己的孩子漂亮完美，为他感到自豪，并对他的未来寄予希望。但一种隐秘推力驱使他举止不可思议，他确信孩子"胸无点墨"和"一无是处"，因此需要让孩子充实或加以纠正。这就是对"儿童的轻蔑"。成人把面前那个虚弱的孩子视为自己的孩子，在孩子面前，成人什么都敢做，甚至有权利显露低下情感，而在成人社会中却耻于显露。在家庭环境中，吝啬、粗暴、专制等隐秘倾向，戴着父亲权威的面具，持续地缓慢地摧毁儿童的自我。譬如，当一个成人看到一个孩子端着一杯水，他就思忖并害怕玻璃杯被摔碎，在那一时刻，吝啬让他把杯子视为宝物，为了让杯子完好无损，他禁止孩子拿杯子。那个成人可能很富有，他渴望自己的财产扩大十倍，让自己的孩子更加富有。但在那一时刻，他感到杯子具有巨大价值，并竭力避免它摔碎。此外，他思忖："为什么这个孩子这样放杯子，而我却那样放呢？难道我不具有决定摆放东西的权威性？"然而，此人内心乐于为自己孩子作出任何牺牲：梦想有一天孩子成功，成为名人或强者。但在那一时刻，他显现出粗暴、专制的倾向，迷失了方向，只想捍卫毫无价值的东西。事实上，若一位仆人那样端杯子，父亲会面带微笑，若一位宾客摔碎一个杯子，父亲会赶忙说不用在意——杯子不值钱。

　　因此，孩子应当不断地感到失望，自己成为唯一对东西造成危险的

# 童年的秘密

人，从而是唯一不能接触东西的冒失鬼，是能力低下的人，似乎还不如东西有价值。

我们还必须考察和儿童精神建构有关的其他因素。儿童不仅需要触摸东西，并使用东西来工作，还需要活动的连续性：这对人格确立具有巨大意义。成人不再注意日常生活中活动的连续性，因为生存本身需要，已成为一种生活方式。当成人在清晨起床时，他知道先做什么、后做什么，仿佛生活中最简单的事情。活动的连续性似乎是自动的，人们不再注意，正如人在呼吸时，没有想着心脏在体内跳动，也没有发现心脏在跳动。相反，儿童需要建构这种基础。但成人千万不要为儿童制订活动计划：如果孩子正在游戏，成人来了，想让他去散步，给他穿好衣服就带走了；或者孩子正在干活，比如把小石子装在小桶里，此时妈妈的一位女友来了，妈妈中止孩子的工作，带孩子见这位来客。在儿童环境中，强大的成人出来干预，从不与儿童商量，从不考虑儿童，就断然安排他们的生活，表示儿童的活动毫无价值。相反，当儿童在场时，一个成人（即使是仆人）对另一个成人讲话，儿童不会不说"劳驾"或"请允许"就打断他。因此，儿童感到和所有成人不同，自己特别低能，应当服从所有成人。

正如我们业已指出的，儿童行为的连续性和内在预设结合至关重要。一天，成人将对儿童解释，应对自己的行为负责，但这种责任的首要基础是行为和行为意义判断之间的联系。然而，儿童总感到自己所有行为都毫无意义。作为成人的父亲，因不能激起孩子的责任感和自控感，而感到痛苦万分，但恰恰是他一点一点地摧毁了儿童对自己生活行为的连续性和尊严感。儿童内心隐秘地确信自己低能和无用。事实上，为了担当任何责任，必须首先坚信自己是其行为的主人，并对自己充满信心。

极度沮丧源于确信自己"无能"。我们设想：一个瘫痪的孩子必须和一个敏捷的孩子赛跑，瘫痪孩子一定不愿跑；一个动作灵活的巨人和一个毫无经验的矮人比赛拳击，后者同样不愿比赛。作出努力的决心，早在开始尝试之前就荡然无存了，在比赛之前，就感到自己的无能。现在，当成人不断地羞辱儿童的尊严感，让儿童确信自己无能时，就是在不断地扼杀儿童努力的决心。成人不满足于禁止儿童自己行动，还对他们说："你不能做这件事，你尝试也无用。"若成人是个粗鲁之人，将会说："笨蛋，为什么你想做这件事，你看不出你没有那个能力吗？"这样对待儿童，不仅破坏儿童工作或其行为的连续性，而且是对儿童人格的冒犯。

这样做会让儿童的头脑坚信，不仅他们的行为没有丝毫价值，而且他们本人也无能、一事无成。从而导致儿童极度沮丧和缺乏自信心。因为，如果比我们强的人阻止我们做事，我们可以设想比我们弱的人会来，从而我们能够重新开始。然而，成人让儿童确信自己无能，于是迷雾笼罩他们的心灵，他们变得羞怯、漠然和胆小，其后形成一种心理分析称作"自卑感"的内在障碍。这种障碍作为自己无能和比人低下的羞辱感将持续存在，从而使他们面对社会人生每一步的考验都裹足不前。

羞怯，作决定时犹豫不决，面对困难和批评立即退缩，也属于这种自卑感；因绝望而轻易流泪和其痛苦心态如影随形。

相反，一个"正常状态"的儿童显现的令人称奇的性格是自信和行动果敢。

当圣洛伦佐儿童之家的学童对绝望的参观者们说，虽说是假日，但他们可以自己打开教室并进行工作，即使教师不在场，他们也能显现出完美平衡性格的力量，不是以力量自诩，而是清醒认识并能够左右自己的力量。

学童了解正在进行的工作，同样了解完成工作所需的连续步骤，从而他们能够轻而易举地完成各个步骤，没有感觉做出丝毫特殊之事。

一个小男孩正在用活动字母拼词，当意大利王后站在他面前，并要求他拼出"意大利万岁"时，他没有受到丝毫打扰，他先把使用过的字母放回原位，然后非常平静地做，仿佛只有他一人。虽然出于对王后的尊重，我们期待他停下手中的工作，立即执行王后的命令。然而，他不能忘记他习惯的工作：在用相同活动字母拼出新词汇之前，必须把使用过的字母放回原位。事实上，在他把活动字母重新排序之后，开始用字母拼出"意大利万岁"。

　　这个小男孩只有4岁，但已经是一个能够控制自己情绪和行为的小大人儿了，在自己的环境中，面对各种情况，他能辨明方向并游刃有余。

# 三十九 恐惧

　　另一畸变是恐惧，而人们认为恐惧是儿童天生的性格特征。当人们说一个孩子害怕，通常认为那种恐惧和内心严重紊乱有关，几乎和环境条件无关，恐惧如同害羞也属于儿童的性格特征。有些顺从听话的孩子，可以说草木皆兵、谈虎色变。相反，有些坚强并活跃的孩子，虽然有勇气面对危险，但有时也显现出神秘的、不合逻辑的和无法战胜的恐惧感。这种心态可以用在过去获得强烈印象的后果来解释：如害怕过马路，害怕床底下有猫，或害怕看见母鸡，类似于精神病学在成人中发现的恐惧症。在依赖成人的儿童身上特别容易发现这些形式的恐惧，而成人为让儿童服从，利用他们的模糊意识，有意让他们惧怕在黑暗中活动的模糊形象。这是成人对付儿童最不光彩的防御手段，从而加重儿童对（充满恐怖形象的）黑暗的天生恐惧。

　　能让儿童接触现实世界并对环境事物取得经验的一切，都能帮助他们增长智慧，克服恐惧的紊乱心态。在我们能让儿童正常化的学校里，潜意识恐惧感的消逝，或未显现这种恐惧感，是取得最显著的成果之一。

　　一个西班牙人的家庭有四个女孩，最小的女孩在我们的一所学校学习。每当夜晚有暴风雨时，她是姐妹中唯一不害怕的女孩，她会把姐姐带到父母的房间躲避。毫无神秘恐惧感的妹妹在场，是对三个姐姐的真正支持。以致每当夜幕降临，姐姐们感到害怕时，就跑到妹妹这里汲取力量，以战胜使人烦恼的心绪。

"恐惧的心态"不同于面对危险出于自我保护正常本能所引起的恐惧。这后一种正常恐惧在儿童身上比成人身上显现得要少，不仅因为儿童比成人缺少外在危险的经历。恰恰可以说，儿童更加自如地面对危险，儿童的这种性格特征比成人更突出。事实上，儿童经常面对危险：城市马路上的儿童追逐并扒上车辆，乡村儿童爬上高高的大树或沿斜坡奔跑。他们常常跳进海里或河里冒险学游泳，更不用提他们救助或想要救助同伴的英雄壮举。我想提及加利福尼亚一家收容所发生火灾的事情，这家收容所有一个盲童分部，人们在遇难者中发现视力正常的儿童，他们生活在大楼的另一部分，在危难时刻跑来救助盲童。在类似童子军这样的儿童组织中，每天都有儿童英雄事迹发生。

人们可能会问，正常化是否促进儿童中常见的这种英雄行为。在我们正常化的经验中，没有任何儿童英雄壮举的记载；虽说有某些崇高愿望的表现，但和真正的英雄行为相距甚远。然而，我们学童普遍学会"谨慎"，从而能够避免危险并能在危险中生活。譬如，他们会使用桌上的餐刀和厨房的小刀，会使用火柴点火、点蜡烛，会无人照看、站在水池旁，会过城市马路。总之，我们的学童会控制自己的行为、不莽撞行事，过一种崇高而平静的生活。由此可见，正常化不是去冒险，而是谨慎小心，从而认识危险和避免危险，在危险中安全活动。

# 四十　说谎

　　虽说心理畸变具有无数独特特征，就像一棵繁茂植物的醒目枝条，但取决于深深扎在土壤中的根系，在根系中可以找到正常化的唯一秘密。然而，在普通心理学和现行教育看来，这些特殊枝条是特殊缺陷，应当分别研究和对付，似乎它们彼此互不相干。

　　最严重的缺陷之一是说谎。谎言是掩饰心灵的外衣，几乎是全部行装，有多少谎言就有多少外衣，形形色色的谎言具有各自不同的重要性和意义。有正常的谎言，也有病态的谎言。旧精神病学曾经广泛研究和歇斯底里有关的疯狂性谎言，即不可遏止的谎言。这种谎言掩盖整个心灵，致使谎话连篇。精神病学还提醒人们注意儿童在未成年人法庭诉讼时的谎言，通常注意儿童在传唤作证时可能无意识地说谎。由于儿童"心灵纯洁无邪"，几乎成为真理的代言人，因此，当人们证实他们在慷慨激昂地编织谎言时，大为震惊。犯罪心理学家提醒人们注意这些令人惊奇的事实，并且承认那些儿童确实真诚，谎言由于精神紊乱才脱口而出，在激动时这种心绪加剧。

　　这种以假乱真的谎言，无论是经常性的还是偶然性的，都和儿童为有意识自卫而说的谎言截然不同。然而，人们还会发现，在正常儿童和日常生活中，有些谎言和自卫没有关系。谎言可能是真正的虚构，出于述说幻想东西的需要。这些幻想东西却别有味道，能让他人信以为真，不是为了欺骗，也不是为了任何个人利益。这是一种真正的艺术形式，

# 童年的秘密

正如演员精湛的演技，他在舞台上惟妙惟肖地扮演一个角色。我引述一个实例。有一次，一些孩子告诉我，他们的母亲邀请一位客人共进午餐，用自己的双手专门制作了一种富有维生素的水果蔬菜汁，以宣传生吃果蔬的好处。那种天然饮料非常可口，那位客人说今后他专喝它，并要广为宣传让人人皆知。孩子的述说如此详尽和有趣，我就请孩子的母亲介绍这种饮料的制作方法。但这位母亲对我说，她从未想过制作类似饮料。这就是儿童想象力的纯粹创造转化为人际关系中使用正式谎言的实例，其目的只是把故事编得形象、生动。

这类谎言和儿童因懒惰及不愿发现真理而说的谎言截然相反。

然而，有时谎言是机智推理的结果。我有机会认识一个 5 岁的男孩，他被母亲暂时送到寄宿学校。负责这个男孩所属那班的女教师敬业尽职，并对这个特殊男孩十分欣赏。过去一段时间后，这个男孩对妈妈抱怨女教师过于严厉。母亲找校长了解情况，得知女教师对儿子特别疼爱，给予他无微不至的关爱。于是，母亲和儿子对质，问他为何说谎。他回答说："我总不能说校长是坏人。"这似乎并不表明他缺少指责校长的勇气，而主要由于他感受到传统习俗的压力。儿童善于使用精明手段以适应环境，可以举出许多实例。

相反，恰恰是软弱、顺从的儿童急急忙忙编造谎言，这类谎言没有任何智力内容，几乎是一种自卫性反射。这类谎言单纯幼稚、临时编造、缺乏条理，因而更易识破。教育者在反对这类谎言时，却忘记其最单纯、最清晰的意义——防御成人的进攻。于是，成人指责儿童软弱、可耻低能、不懂礼貌，以证实这类谎言是素质低下的表现。

谎言是与智力有关的一种现象，在童年这些现象正在形成，随着年龄的增长不断组织化，从而构成人类社会主要的部分。这类谎言就像遮蔽身体的衣服一样，是不可或缺的，合乎礼仪的，甚至是审美的。在我们实现正常化的学校里，学童的心灵摒弃传统习俗造成的畸变，显现出自然和真诚。然而，说谎并不在奇迹般消逝的畸变之列。比转化更不可或缺的是重构：清晰的思想和现实世界的结合，精神自由和对崇高事物的积极兴趣，这一切提供了促使重构真诚心灵的环境。

　　然而，如果分析社会生活，就会发现社会生活充满谎言，如同处于大气包围之中，如果不打乱社会秩序，就不可能让社会生活恢复健康。事实上，我们许多学童进入高一级普通学校，被认为是不懂礼貌和不听话的孩子，只因为他们比其他孩子更真诚，没有学会圆滑以适应环境。那些教师没有发现这一事实：纪律和社会关系根据谎言组织起来，而不为人知的真诚好像在动摇作为教育基础的道德规范。

　　心理分析对人类心灵史的杰出贡献之一，是对潜意识说谎作出的解释——适应环境。这是成人的谎言，不是儿童的说谎，它们类似于动物的皮毛或羽毛，是人为了生存所需的可怕外衣，也就是一种伪装，以掩饰、美化和保护隐蔽很深的险恶用心。隐瞒，是情感的谎言，是人们为了获胜，或为了在世界上更好地生存而自身编造的谎言，因为纯洁、自然的情感会同这个世界发生冲突。由于人们在冲突状态下不可能持续生存，所以其心灵必须适应。

　　成人对儿童的态度特别虚伪。成人为了自己的需要牺牲儿童的需要，却拒不承认这一点，简直无法容忍。成人确信自己在履行一种天赋权利，所作所为是为了儿童的长远利益。当儿童奋起反抗时，成人良心泯灭、无视事实真相，把儿童为拯救生命的所作所为都称作不听话和坏倾向。业已微弱的真理及正义的声音渐渐地消逝，被悦耳的、坚实的、持续的美丽谎言所代替。"心脏凝固了，它冷若坚冰，如水晶般透明。撞击它似以卵击石。""我的心如石头般坚硬，我用手敲击它，搞得满手伤口。"但丁在地狱的深渊（仇恨的庇护所），用坚冰的形象巧妙地比喻仇恨。他用水和冰比喻温暖的爱心和冷酷的恶心。千真万确，隐瞒真情实感的传统习俗，帮助人们适应社会正规化畸变的精神谎言，正在渐渐地把人们的爱心变成恶心。这是一种深藏于潜意识底层的可怕谎言。

# 四十一　对身体健康的影响

心理畸变几乎会连带产生多种特征：鉴于它们对身体功能的影响，有些特征似乎互不相关。现代医学已经深入研究许多身体不适都有心理原因，甚至某些仿佛和身体紧密相关的缺陷，归根结底也有心理原因。其中有些缺陷，比如消化不良，在儿童中尤其常见。强壮和活跃的儿童倾向于贪食，应用教育和卫生手段很难纠正。这些孩子的进食量大于所需量，其难以遏止的贪婪食欲往往被宽宏大量地视为"胃口好"，相反会造成消化不良和中毒，通常他们要去看医生、接受治疗。

从古代起，贪食（贪欲获得比实际需要更多的食物）就被视为一种道德性质的恶习，它不仅无益，而且有害。在这种贪欲中，儿童对食物的正常敏感性退化了。这种敏感性应当驱使人们寻找食物，但也限定其所需食量。所有动物都具有这种敏感性，其健康由自我保护的本能保障。事实上，保护个体有两方面内容：其一涉及避免危险的环境，其二涉及个体的摄食。动物的主导性本能不仅驱使进食，而且确定所需食量。确实，这种本能是所有种类动物的最显著特征之一。每种动物无论吃多吃少，都依照本能启示的食量进食。

只有人染上"贪食的恶习"，不仅毫无意义地囤积超过实际需要的过量食品，而且还贪吃对健康有害的东西。因此，可以说，一出现心理畸变，人们就丧失确保健康的保护敏感性。事实上，证据就在畸变的儿童身上，他们很会就发生饮食的失衡现象。这些孩子受食物外表的引

## 童年的秘密

诱，仅仅因其外在味道就大吃大喝，他们自我保护的敏感性（生命的内在力量）削弱并丧失了。我们学校最令人震惊的成就之一，就是能让心理畸变儿童恢复到正常状态，他们不再贪吃贪喝，而是丧失对食物的贪欲。令他们感兴趣的是，举止的规范和进餐的准确。起初，当人们谈及学童的大转变时，这种生命敏感性的恢复简直难以置信，令人赞不绝口。为了让人确信这是事实，必须详尽、生动地描述学童的表现。到了开饭的时刻，幼童准时入座，面对着诱人的主菜，他们把时间用在摆好餐巾，看着刀、叉和勺以回忆操作及使用的正确方式，或者帮助更小的同伴。有时，他们对此类事情特别专注、细心，餐桌上的主菜放凉了都未察觉。那些未被选中上菜的孩子显得不高兴，因为他们要完成最容易的工作——用餐。

相反事实也能证明心理状态和饮食的关系。听话的儿童明显地并往往难以克服地厌恶进食。许多儿童拒绝吃东西，有时给家庭和教育机构造成实际困难。在招收贫弱儿童的学校里，这种困难巨大；按理他们应抓住一切机会补充营养。有时，厌食会导致身体衰弱，还拒绝治疗。不应把厌食和消化不良相提并论，也就是不应和消化器官的真正异常造成的食欲不振相提并论。儿童不愿进食是由于心理原因。在某些情况下，儿童是出于自卫，因为成人想要喂他们，并迫使他们快吃，也就是按成人的节奏进食。相反，儿童具有截然不同的独特进食节奏；现在儿科专家都承认这一点，他们观察到，儿童不是一次吃完所需食物，而是在缓慢进餐过程中多次间歇。

吃奶的婴儿也有类似情况，他们在吃饱前不会离开其营养源泉，但为了休息，他们会离开，从而他们以缓慢的、断断续续的节奏吃奶。因此，当成人违背自然规律，粗暴地强迫儿童进食时，儿童会修筑工事以奋起自卫。然而，在有些情况下，不能乞灵于这种自卫。儿童没有食欲几乎由于体质的原因。他们面色苍白令人绝望，任何治疗方法，甚至连富氧运动疗法、日光浴疗法和海水疗法都无法战胜顽固厌食症。因为，在这个儿童身旁，有一位他特别依赖的成人，成人制约并压制他。只有一种治愈这个儿童的方法：让他远离那个压迫者，把他带入一个让其心理上自由和积极的环境，从而他才能克服使其精神畸变的依附。心理状态和那些离纯粹心理较远的身体现象的关系，比如和进食现象的关系，一直得到承认。在《圣经》中描述了以扫①的故事。以扫因为贪食，让出了长子继承权，也就是用愚蠢的行动，来反对自己的根本利益。事实上，贪食被列入"模糊心智"的恶习之中。倾听托马斯·阿奎那②关于贪食和智力关系的论述饶有兴味。他指出，贪食会使人的判断力迟钝，从而减弱人对仅能用智力把握的实在的认识能力。儿童以相反的方式提出问题：心理紊乱造成贪食。

基督教把贪食这种恶习和精神性质的紊乱联系起来，并把贪食列入大罪，也就是说它导致精神死亡，导致封闭认识宇宙神秘规律的道路，从而违背那些规律。从现代科学角度看，心理分析间接地支持我们关于主导—本能，即自卫保护敏感性消逝的观点。然而，心理分析作出截然不同的解释，把它称为"死亡本能"。换言之，心理分析承认人具有一种天生倾向，这种倾向帮助和促进不可避免的死亡发生，甚至加速死亡、以自杀方式结束生命。人以一种不可抗拒的倾向依附毒品，诸如酒精、鸦片和海洛因，也就是依附死亡、呼唤死亡、致自己死亡，而不是依附和拯救生命。然而，这一切不是恰恰指出生命内在敏感性的消逝吗？正是这种敏感性负责保护个体。如果类似倾向和死亡必然性相关，那么它应当存在于所有生物中。但并非如此，我们只能说，任何心理畸变引导人走向死亡，并让人竭力摧毁自己的生命。在人的幼年，这种可怕的倾向就以轻微的、几乎不可察觉的方式显现。

各种疾病总能找到其心理协同因素，因为人的精神生命和肉体生命紧密相连。于是，不正常的饮食方式为各种疾病打开了大门，邀请它们登堂入室。有时，疾病只具有假象，它只有心理病因，仿佛想象而非实

---

① 以扫（Esau），《圣经》人物，雅各的孪生哥哥。一天，以扫打猎回来，饥渴难耐，见雅各正煮红豆汤，就向他要红豆汤喝。雅各乘机勒索，要以扫用长子继承权交换红豆汤。以扫急于求食，竟答应了这笔交易。

② 托马斯·阿奎那（Tommaso d'Aquino, 1225—1274），中世纪意大利著名经院哲学家、神学家。主要著作有《神学大全》、《反异教大全》。

际。心理分析指出在疾病中逃避，让人顿时茅塞顿开。在疾病中逃避不是假装，而是表现为实际的症状，如体温的异常、功能的紊乱，有时显得很严重。然而，这些并非真正的疾病，却和潜意识中的心理活动有关，那些心理活动能够制约生理规律。自我凭借这种疾病，能够摆脱不愉快的处境和义务。这种疾病抗拒所有治疗，只有当自我从他想逃避的处境中解放时，疾病才会消逝。当把儿童置于一个自由的环境，让他们正常地生活和活动时，许多疾病和病态，就像道德缺陷一样，都能够消逝。今天，许多儿科专家承认，我们的学校就像健康之家。患有功能性疾病却抗拒普通治疗的儿童被送到我们学校，在这里取得了惊人的疗效。

# 第三部分

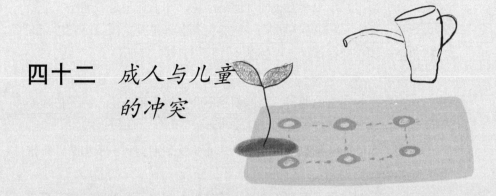

# 四十二　成人与儿童的冲突

　　成人与儿童的冲突对人类生活造成的后果几乎无限地扩展，就像把石子投入平静的湖面，泛起向远方扩散的层层涟漪。这两种情况，振动都以同心圆方式向各个方向传递和扩展。

　　同样，医学和心理分析也发现许多身体和精神疾患的起源。心理分析学家在探寻精神疾病的较远根源时，冒险走过漫漫长途；就像探险家在探寻尼罗河的源头时，必须巧遇奇异的大瀑布，才能到达其发源地——古老而平静的大湖群。科学想要在心理紊乱中探索人的衰弱及无能为力的根源，就需越过直接原因，比认识的原因走得更远，才能抵达源头，遇到平静的湖群——儿童的身体和心灵。

　　如果我们向后走，对书写人类建构秘密的新历史感兴趣，就会从幼年的大湖群出发，沿着生命的戏剧化河流进发，它在山谷和险滩之间急速地奔腾，在弯曲、平坦的河道里缓缓而行，从一个瀑布到另一个瀑布飞流直下，它自由自在地流淌，直至生命的终点。

　　事实上，成人最明显的疾病——身体、心理和精神的疾病，早在童年就有反映。童年的生活向我们指示最初症状。

　　此外，我们还应牢记另一现象：任何大的显著的疾病都伴随无数较轻疾病。患一种疾病而死亡的人数，同患同一疾病而痊愈的人数相比，要少得多。如果疾病标志体力不支，不能抵抗病菌、病毒的侵袭，那么还应存在许多其他弱点，并未直接受到疾病的折磨。

**童年的秘密**

极易感染的异常条件，就像无限回荡的声波。同样，只要提取水样化验，就可得出其余水具有相同性质的结论，知道那水是否纯净、是否可以饮用；于是，当许多人被同一种疾病夺命，或因犯错误而死亡，可以得出全人类生活在错误之中的结论。

这并非一种新思想。早在摩西时代，人们就承认亚当所犯的错误，让全人类作恶和堕落的罪行。原罪似乎不合逻辑和不公正，因为把残酷刑罚强加在亚当的后代，无数无辜者身上。

然而，我们同样亲眼目睹，无辜的儿童受到刑罚——承担数百年错误发展的致命后果。

我们提及的错误根源基于人类生活的根本冲突，这种冲突的后果严重，但至今仍没有充分研究这种冲突。

# 四十三　工作本能

　　在这些童年的新发现之前，人们对心理生活建构规律一无所知。然而，对决定人的成长的"敏感期"的研究，将形成对人类至关重要的一门科学。

　　发展和成长显现出个体与环境的连续、根本的关系日益紧密，由于个性的发展，即称作儿童的自由，只有不断地摆脱成人的制约才能实现。儿童只有借助适宜的环境，在此环境里能找到发展自己功能的必要手段，才能实现真正独立。这一点显而易见，正如给断奶婴儿准备以粮食与果汁为基础的食品，也就是利用环境的产物以代替母乳。

　　在教育中，提及儿童自由，只假设摆脱成人制约而独立，根本没有准备好适宜的环境，这是错误的。在儿童食物方面，要符合儿童需要，就必须构建一门儿童卫生学。然而，在作为新教育基石的本质基础上准备心理环境，为了能够付诸实施，已经被儿童本身草拟清楚。

　　在儿童所作的启示中，有一个是本质的：通过工作实现正常化。对世界各个种族儿童所做的成百上千次实验证明，这种最坚实、最可靠的实验，在心理学和教育领域以前从未做过。对于儿童来说，工作天赋的确是生命本能，因为不工作就不能形成人格，鉴于人格超越自身的正常局限：人在工作中建构自己。任何东西不能代替工作，无论是健康还是温情。另一方面，用惩罚和榜样都不能战胜心理畸变。人在工作中构建自己，从事手工劳动，让儿童的手成为形成个性的工具、表现智力及意志的器官，从而在环境面前抬头挺胸。儿童的本能表明工作是人类的内在习性，是人类的典型本能。

是什么原因，让成人反对工作呢？要知道工作让人心满意足，还是健康和再生（正如在儿童那里所发生）的主要基础。为什么成人还从不相信环境强加的铁的劳动必然性？因为社会劳动建立在虚假基础之上，而意义深刻的工作本能被占有欲、权力欲、伪善与垄断所扭曲，作为衰退的特性隐藏在人身上。在这种情况下，工作只能依赖于外在环境，或者由误入歧途的人们的争斗决定，从而变成强制性劳动，并形成许多心理障碍。因此，工作是严酷和令人厌恶的。

然而，在特殊情况下，工作受内在本能驱动，甚至在成人那里都具有截然不同的特性。此时，工作变得迷人和不可遏止，并引导人们战胜畸变和紊乱。发明家实现技术发明，探险家在地球上的英勇壮举，艺术家创作艺术杰作，都是此类工作的典型实例。在此种情况下，人们具有非凡的力量，从而他们重振体现个性的天赋本能。于是，个性如同投入一潭死水的巨石，打破湖面的死寂，激起波浪，高扬起水花，然后如雨点般落下，从而造福于人类，让人们面貌一新。工作本能是文明进步的动力，正是通过文明，作为人类社会环境基础的劳动本能的根本特性重新显现。

无疑，工作是人类最典型的特征：文明进步和创造利于人类生活环境的多样性技能有关。

然而，令人奇怪的是，在这样的环境中，人们发现生活方式脱离自然生活。这种环境也不能称作人造环境；而应称作建立在自然之上的环境，即超自然的环境，人们日益习惯于这种环境，直至把它变成自己生命的要素。可以将文明史和自然史进行比较：自然界中动物存在缓慢进化过程，比如通过两栖类从海生到陆生，导致形成新物种。人类——"两栖类"，起初在自然中生活，逐渐地创造了"超自然"环境，就广泛参与两类生活，但倾向最终实现一种生活。今天，人们不再在纯自然中生活，而是充分利用自然，可见与不可见的自然，显现的与隐藏宇宙奥秘的自然。然而，人类不是从一种生活环境简单地转向另一种生活环境：人类建构了自己的环境，在新环境中，人类离开其神奇创造物绝对不能生存。由此可见，人类靠自己生存。自然并没有像对其他生物那样援助人类。人类应当在同类中找到需要的东西。在自然界中，人类没有找到给飞鸟准备的"美食"和筑巢的材料。因此，每个人发现自己和其他人息息相关。每个人都用自己的劳动为人类生活的整体环境，即超自然环境作出贡献。

然而，人类依靠同类生存，那么就应是自己生活的主人和主宰。人类没有直接屈从于自然的变迁，而是与之隔绝，并只受社会变迁的制约。因此，如果一个人的人格迷向，由于对人本身存在危险，其整个生命就危在旦夕。

在童年，检验工作本能的力量十分有趣，检验正常化与劳动的紧密关系对人格塑造的作用饶有兴味。

这是对人的工作本能与生俱来这一事实的最好证明，因为自然驱使人建构由其决定并将生存与创造目的结合的东西。事实上，所有生物都对宇宙和谐作出贡献，唯独人类例外就不合逻辑。每种生物均根据自己物种本能活动。珊瑚通过被海浪不断冲刷、侵蚀的海岸，构成岛与陆地。多种昆虫传播植物的花粉，从而保障大部分植物生长和繁衍。神鹰和鬣狗吃未掩埋的动物尸体，从而净化了环境。有的动物以废渣为食物，有些动物"生产"蜜、蜡、丝，诸如此类，不一而足。各种生命的使命既广泛又独特，以致地球凭借拥抱它的生物层（类似大气层）得以生存。事实上，今天在地球之上的生命被视为生物圈。① 所有生物不仅以保存自身为最终目的，而且这样做，从本质上看，也参与保护地球，成为构建地球和谐不可或缺的因素。动物"产出"的东西超过自己所需；从它们的活动中总能产出多余的东西。由此可见，它们都是宇宙的工人和自然规律的遵循者。作为优秀劳动者的人类，不可能逃避这些规律：人类建构超自然环境，但他们生产的财富显然大于生存所需，因此这个超自然环境对宇宙秩序也有影响。

---

① 生物圈，地球表层生物栖居的范围，包括生物本身和生物生存、活动范围的自然环境。

## 童年的秘密

　　为了人类生产完美，就不仅应当满足人类自身的需要，而且应当符合工作本能的神秘预设。一种致命的畸变让人脱离其人生目的、其宇宙中心。在童年塑造人是人类的使命，应当将这一使命同个体建构主导本能紧密结合（如果进展正常）。伟大的秘密就在于此：超自然环境取决于正常教育。

# 四十四　两种工作的特征

　　虽然成人和儿童生来就应相亲相爱并和谐地共同生活，但由于不理解总在不断争斗，从而破坏了生活的基础，并且演变为纠缠不清的压制和反抗。

　　他们之间的冲突产生形形色色的问题，其中一些问题显而易见是由社会关系外在地造成的。成人有一个复杂和艰巨的使命要完成，要他们尊重儿童、适应儿童的节奏及其发展的精神需求，而中断这一使命变得日益困难。另一方面，成人的环境越来越复杂和不平静，根本不适宜儿童。我们可以想象一种简单、平和的原始生活环境：儿童在这里能够找到天然庇护所，身旁的成人被家禽家畜所包围，从事简单的劳动，活动节奏缓慢。在这里，儿童能同现实事物进行接触，他们也可以工作，不用怕引起抗议和斥责。当他们困倦时，就躺在枝叶茂盛的大树下入睡。

　　然而，文明让儿童慢慢地脱离自然环境。一切都秩序井然，处处都受到限制，生活节奏加快。不仅成人生活加快的节奏成为儿童发展的障碍，而且如疾风般飞驰而过的汽车也夺走儿童最后的庇护所。因此，儿童不能积极、愉快地生活。人们给予儿童过分的照料，主要防止各种危险危及其生命，那些倍增的危险严重危害着儿童。但事实上，在世上儿童沦为流亡者、无能为力者和奴隶。没有人想过为儿童创造适宜的生活环境；没有人思考过儿童需要活动和工作。

　　由此可见，必须确信存在两个社会问题，因为存在两种生活方式：

# 童年的秘密

成人的社会问题和儿童的社会问题；存在成人的和儿童的两类工作，人类生活都不可缺少这两类工作。

## 成人的工作

成人应当建构一个超自然的环境。这是一种需要活动、智慧和巨大努力的工作，是具有社会性、集体性和组织性的生产劳动。

为了实现其劳动的目的，人们应当用构成社会法则的规章制度整肃和管理。人们自愿地遵守集体纪律，因为他们承认社会生活的实际秩序不能缺少集体纪律。然而，除代表地域需要并造成不同集团差异的法则外，在几个世纪的进程中，还形成其他基本法则、关于劳动本身性质的法则，这样的法则对所有人和一切时代毫无差别。其中之一是劳动分工的法则，这是人类普遍适用、不可或缺的法则，因为人们不能生产同类产品。另一自然法则涉及劳动者——最大效益法则，人们遵循这一法则，试图用最少劳动获取最大生产效益。这条法则具有至关重要的意义，不是因为人们希望尽可能少地劳动，而是由于人们根据它，用最少的能量消耗获取最大的经济效益。这条法则同样适用于机器。

这些都是适用于劳动的社会和自然的"好"法则。

然而，并非一切都按这些"好"法则运行，因为人们劳动所需原料，即生产财富所需材料有限，于是引起了竞争，爆发类似于动物之间的"生存斗争"。

除此之外，引起冲突的个体"畸变"也发生作用。"占有欲"（同"保存"个体和人类的动因没有丝毫关系）在自然法则之外产生，因此没有限度。"占有欲"压制"爱心"，从而恨代替爱，当它渗入"组织起"的环境，就会在个体和社会组织两方面阻碍劳动生产的发展。于是，劳动分工被剥削他人劳动所代替，这种剥削受"利益"法则支配，并将被"权利"掩饰的人"畸变"的结果定为社会准则。这样，谬误在人类社会获胜，并且竭力"暗示"，以道德秩序和生活必然性的形式介绍那些准则。在灾难性乌云笼罩下，恶伪装成善，一切都扭曲了，所有人都把由此造成的种种苦难作为必然性来接受。

儿童是典型的自然人，他们实际生活在成人身旁，不同家庭的生活条件千差万别。然而，儿童总和成人的社会活动格格不入：儿童的活动不可能应用于社会生产。说实话，我们应当意识到儿童不可能参加成人的社会活动。我们用铁匠劳动象征成人的体力劳动，铁匠挥舞沉重的铁锤在铁砧上敲打，儿童显然不可能从事类似劳动。我们用科学家的工作象征成人的智力劳动，科学家操作精密仪器从事复杂、艰难的科研活动，儿童显然不可能对类似研究作出贡献。再让我们想想立法者，他们殚精竭虑更新法律，儿童绝对不可能担此重任。

儿童完全外在于这个社会，他们能够占有的位置，如同《福音书》所说"我的王国不是这个世界"。因此，他们被成人建立的组织排斥在外，他们置于成人建构的脱离自然的人造世界之外。儿童一出生就进入这一世界，却成为典型的社会之外的人，换言之，是不能适应社会的人。他们不能积极参与社会生产活动，他们不能参与组织的规范化，因此他们干扰了业已确立的平衡。实际上，儿童变成超社会人，在有成人的地方，甚至在父母之家，他们总在扰乱。由于他们生性活泼，并且不能放弃自己的活动，对成人的环境更加不适应。从而，成人要纠正儿童的不适应，强制儿童不活动，不让他们"捣乱"，竭力让他们保持消极被动。成人往往把儿童驱逐到托儿所、游戏室或学校，他们在这些流放地，一直待到能够在成人世界生活、不再制造麻烦为止。只有到那时，他们才被社会所接纳，但他们必须首先屈从于成人，就像一个丧失公民权的人，其实他们不享有公民权。成人是儿童的主人和主宰，而儿童应当永远服从成人的命令，对那些命令不能上诉，因为它们先天正确。

儿童从零开始，逐渐进入成人家庭。成人和儿童相比，像上帝那样伟大和强大，因为只有成人才能养活他们，成人是创造者、保护神、统治者和实施者。从来没有一个人像儿童那样完全、绝对地依赖另一个人。

# 童年的秘密

## 儿童的工作

儿童还是劳动者和生产者。虽然他们不能参与成人的工作，但他们有自己的工作要做，肩负一个伟大、重要、艰巨的任务：造就人的任务。从毫无活力、不会说话、没有意识、不能活动的新生儿，凭借精神生活成果不断丰富的智慧，成长为完美并反映精神之光的成人，这一切要归功于儿童。

只有从儿童才能塑造成人。成人不可能参与这种工作；与儿童被排除在成人统治的超自然社会的生产劳动之外相比，成人更冒险、更绝对地排除在儿童世界之外。儿童工作的性质和成人的截然不同，甚至可以说截然相反：这是一种有正在发展的精神能量实现的无意识的工作，让人想起《圣经》所描绘的创造性工作，称人是"被创造的"。然而，人是怎样被创造的呢？虽然起初人一无所有，但如何具有智慧和对万物的作用能力呢？我们可以在儿童中、在所有孩子中，观察并欣赏这一事实的全部细节。每一天，我们都能亲眼目睹这些神奇景象。

人被创造时如何，仍将如何，当人们来到人世时都将重现那情景。生命出于不朽，有死必有生。面对这显而易见的事实，我们可以不断重复："儿童是成人的祖宗。"成人的所有力量都源于儿童完成肩负的秘密使命的潜能。让儿童成为真正工作者的事实是：他们不是凭借静思和休息来实现应造就人的目的。相反，他们的工作就是积极活动，他们靠自己持之以恒的工作进行创造。我们还必须牢记，他们运用成人使用并改造的同一环境进行工作。儿童通过练习不断成长，其建构性活动就是在外在环境中从事的真正工作。儿童在练习和运动中获取经验：他们这样协调自己的运动，并不断记录来自外部世界的刺激，从而形成自己的智力，通过聚精会神和能够作出的最初努力，艰难地、逐渐地学会说话，通过不可遏止的尝试，终于能够站立和奔跑。儿童在成长过程中，就像最勤奋的学生那样遵循教学大纲和课程表，或如星辰持之以恒地沿它们看不见的轨道运行。事实是，我们可以在儿童的每个年龄段测量他们的身高，而其身高会在预测的范围内。我们还知道儿童 5 岁时的智力水平，到 8 岁时达到的水平。人们可以预测 10 岁儿童的身高和智力水平，因为儿童遵循自然为其确定的成长计划。儿童通过不懈努力、乐此不疲地工作，进行坚决的斗争，承受痛苦和严峻考验，取得经验和成果，才能缓慢地发展其艰难和神奇的活动，实现自我完善的新形式。成人完善环境，而儿童完善自身。儿童的努力类似于不畏艰险的旅行者，为了尽早抵达目的地，他们从不停步、从不休息。因此，成人的完善取决于儿童。

我们成人取决于儿童。在儿童活动的领域，我们是他们的子女和随从，正如在我们工作领域，他们是我们的子女和随从。成人是一个领域的主人，而儿童是另一个领域的主人和主宰，换言之，二者相互依存：他们各自在两个不同的王国里当国王。

## 两种工作的比较

由于儿童工作由同外在世界实际事物发生关系的行为构成，为了将它和成人工作进行比较，可以进行专门研究，探究其规律并确定其原因。成人和儿童都在环境中，进行可视为真正"工作"的直接、有意识、有意志的活动；但除此之外，二者在他们的工作中具有一个并非有意识、有意志的直接目的。没有一种生物，包括植物在内，不以环境为条件而发展。严格说来，这句话并不确切，因为只涉及直接判断。然而，生命本身构成一种能量（产生于维持创造的手段），它不断地创造并完善环境；没有这种活动，环境将会瓦解。譬如，珊瑚虫直接从海水中吸取碳酸钙，为了构建保护它们的"堤坝"；和环境有关，它们的目的是创造新陆地。然而，后一目的和珊瑚虫的直接活动相距甚远，人们可以科学规范地研究珊瑚虫，而根本不用提及新陆地。对所有生物，尤其对人，也可以这样说。

每个成人都是儿童创造性活动的产物，这一事实表明儿童活动存在一个显而易见、确定的非直接目的。当研究儿童的各个方面，或更确切地说，从各个角度研究儿童，就可以研究并认识一切，从人的基本细胞到所有功能的微小特征。相反，在成人那里就不可能发现这一切。

然而，直接行为的两个相距甚远的目的意味着存在一种依赖环境的工作。

大自然可能在最简单的生物体中揭示其部分奥秘。在昆虫中，我们可以记录下真正的生产性工作。其一是蚕丝，人们用这种光洁纤维织成珍贵的织物；其二是蜘蛛网，人们迫不及待地破坏那种不结实的线。然而，蚕丝是幼年昆虫的产物，而蜘蛛网是成年昆虫的产物。无疑，这是两种性质不同的生产者。由此可见，当提及儿童工作并将它跟成人工作比较时，就暗指两种目的不同、性质不同的实际活动。

然而，认识儿童工作至关重要。当儿童进行工作时，不是为了实现一个外在目的。在儿童重复练习时，他们的目的就是工作，当他们完成自己活动时，这个目的跟外在行为无关。就儿童个体反应来说，中止工作跟劳累无关，因为精力充沛、持之以恒地工作恰恰是儿童的特性。

这样，就显现出儿童工作和成人工作的自然规律之间的一种差异：儿童不遵循最大效益法则，却遵循相反法则，因为他们把大量能量消耗在一件没有目的的工作中，在完成每个细节时，不仅使用现有力量，而且发挥潜能。在所有情况下，目的和外在行为都具有偶然重要性的手段。而在环境和内在生活完善之间的关系给人印象深刻，因为在成人看来，这种认识和精神生活一致。当人处于升华状态时，不为外在事物所动，仅在合适时刻，为实现内在完美，才利用它们。相反，当人处于日常状态，或更确切地说，只为自己生活，就会追求外在目的，搭上灵魂和健康，甚至连生命都满不在乎。

成人工作和儿童工作之间另一个确定无疑的差异是：儿童工作不接受报酬和给予；儿童必须独立完成促进成长的工作，并且要求持之以恒。没有人能够代替儿童的辛劳，代替他们成长。儿童不可能加快其成长的速度，在发展过程中，其典型特征是遵循预设和时刻表，不会延迟，也不会疏忽。自然是严厉的导师，它会用"发展的缺陷"和功能的畸变，也就是反常或疾病来惩罚哪怕轻微的不服从行为。

儿童拥有跟成人截然不同的动力，成人总因外在动因强烈而行动，这些动因要求成人付出巨大努力、历经艰辛，甚至牺牲。为让成人完成这一使命，儿童必须把他们塑造完美，让他们成为意志坚定和身体强壮的人。

相反，儿童不会由于工作而劳累；他们在工作中成长，因为工作增强他们的力量。

儿童从不对自己的辛劳索要报酬，而要求独立地、彻底地完成自己的使命。生命本身就存在于成长的工作："不是工作就是死亡。"

如果不了解这一秘密，成人永远不会理解儿童的工作。事实上，成人确实不理解。因此，成人阻止儿童工作，设想休息更有益于儿童成长。成人替儿童干每一件事，以遵循工作的自然规律：付出努力最小，花费时间最少。成人更灵巧更有经验，他们试图给儿童穿衣洗脸，用手抱着走或放童车里推着走，清理儿童身边的东西，不允许他们参与类似活动。

一旦给予儿童一点儿自由空间和时间的话，他们就会有自卫的最初表现，高喊："我要做这事！"在我们学校，有适宜儿童的环境，儿童自己会说："请帮助我独立完成。"这句话反映他们的内在需要。

在这句自相矛盾的话语中，蕴含着具有巨大说服力的真理！成人应当帮助儿童，但目的是让儿童在世界上能够完成自己的工作。这不仅表达儿童的内在需要，而且表达他们需要一个生机勃勃的环境。这个环境不是供儿童征服或享受，而是要提供利于功能发展的手段。顺理成章的是，环境需要由道德高尚者激活，由睿智并富有使命感的成人准备。我们的教育理念既不同于成人为儿童包办一切，也不同于成人把儿童抛弃在消极被动的环境中。

由此可见，仅仅为儿童准备在规模和形状上适宜他们的东西是不够的，必须准备好能够帮助儿童独立成长的成人。

# 四十五　主导本能

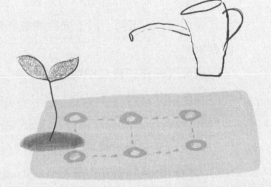

　　在自然中还存在两种生活形态：成人生活和儿童生活；这两种形态截然不同，甚至相互对立。成人的生活以斗争为特征：一种如拉马克①所描绘的，源于对环境的适应；另一种如达尔文②所描述，源于竞争和自然选择。后一种斗争不仅促使物种生存，而且通过赢得异性实现自然选择。

　　人类社会生活的发展可以同成年动物中发生的事情进行比较：为了保存生命和防御敌人，人必须作出不懈努力；为了适应环境，最终为了爱和赢得异性，人也必须展开斗争和付出辛劳。达尔文在物种间不懈努力和竞争中发现进化的原因，即生物体逐渐完善的原因，这样就解释了物种如何能够保存。正如唯物主义历史学家把人类的进化归因于人与人之间的斗争和竞争。

　　然而，在解释人类历史时，我们只可能掌握成人活动的材料，但在自然界并非如此。能够理解生命数不胜数、无比奇妙的差异性的真正关键，存在于年幼的生物体中。起初所有生物都是弱小的，以后逐渐强大才能参与争斗。起初所有生物的器官都不适应环境，因为那时还不具有

---

① 　拉马克（J.B.Lamark，1744—1829），法国博物学家。他最早提出生物进化的学说。主要著作有《法国植物志》、《动物学哲学》。

② 　达尔文（C.R.Darwen, 1809—1882），英国博物学家，进化论的奠基人。主要著作有《物种起源》、《人类起源及性的选择》。

那样的器官。没有一种生物的生命是从成年开始的。

于是，生命的一部分不为人知，应当存在其他生命形式、其他手段和其他动因：一切都不同于强壮的成年生物与环境之间"游戏"中显现的表象。

这可以称作"自然中的年幼生命"。在幼年生命中存在揭示生命奥秘的真正关键，因为在成年生命中发生的事情，只能解释那些保存自身的冒险行为。

生物学家观察生物幼体，从而揭示自然界最神奇、最复杂的面貌。那些生物幼体显现出惊人奇迹（如同宗教中的神迹）和巨大潜能，令整个自然界生机勃勃、诗意盎然。生物学在这一领域研究物种的创造和保存两方面，阐明内在地主导生物体的本能。这种本能由于和大量冲动本能截然不同（冲动本能涉及生物体和环境之间的直接反应），被称作"主导本能"。

在生物学中，所有本能根据其目的可基本分成两类，即为保存个体的本能和为保存物种的本能。在所有两类本能中，存在斗争性，几乎都与个体和环境之间的短暂冲突有关；相反，其他本能是保存生命的真正向导。

譬如，在保存个体本能中，防御不利或威胁原因的自卫本能就适应短暂斗争。在保存物种本能中，以两性结合或争斗形式表现的个体之间的冲突本能是短暂的。生物学首先关注并研究这些强烈、明显的短暂本能。随后，保存个体和物种的本能被更加深入地研究，尤其涉及生物的保持和持久的特性。

但主导本能和生命本身及其伟大功能有关，而不是对环境的反应，它们是微妙的内在敏感性，正如纯粹思维反映心智的全部内在质量。我们可以继续比较，可以把主导本能视为在生物体心灵深处建构的奇思妙想，其后为了实施，就对外在世界产生作用。因此，主导本能不具有暂时斗争的冲动特性，而具有智力和智慧的特征，引导生物体在时间中前行，通过保存个体实现物种永恒。

当主导本能引导并捍卫起初幼小生命时，尤其令人称奇。当生物体几乎不存在或不成熟时，当它们还不具有物种的特性，还没有力量、没有抵抗力、没有斗争的生物武器，甚至没有取得最后胜利（生存是奖赏）的希望，但为了能实现其充分发展，仍然在奋勇前进。这里，向导就像母亲和教师那样行动，她们就像神秘的创造者，隐藏很深、不可思议。向导前来拯救既无力量也无自救手段的弱小生命。

其中一种主导本能和母性有关，法布尔和现代生物学家把这种神奇本能视为物种生存的关键。另一种主导本能和个体的发展有关，荷兰生物学家德·夫里厄斯在对敏感期的研究中对此进行了阐述。

母性本能不仅和母亲有关，虽然她们是物种的直接生育者，并肩负保护儿童的大部分责任，但在父亲那里也存在，有时甚至蔓延到整个群体。

更加深入地研究称作母性本能的东西，最终认识到母性本能是一种神奇能量，并非必须和生物活体相连，而是为保存物种而存在，即使没有物质基础，正如谚语所说："在万物存在之前，我和你同在宇宙中。"

因此，一般来说，人们应用母性本能来说明保存物种的主导本能。在所有物种中，都存在主宰此领域的某些特征：牺牲在成年生物体中存在的所有其他本能，而那些本能都和成年生物体生存有关。猛兽可以变得既温和又柔静，这同其本性格格不入。鸟类飞翔为了寻找生存所需食物，为了逃避危险，但当面对危险找不到其他自卫手段，就会站在鸟巢旁警戒，而不会临阵脱逃。物种固有的一些本能，却突然改变特性。除此之外，许多物种会为修筑一个庇护所而工作，动物为自身不会这样做，因为成年动物如发现自然那样业已适应环境。因此，保护物种的新本能指导建筑工作，目的在于为新生动物准备庇护所。在这种建构活动中，每一物种及其个体都有一个自己的向导。没有任何生物体偶然抓住最先遇到的材料，或者在适应的地方搞"建筑工程"。不，母性本能的指令是固定和精确的。譬如，筑巢方式恰恰属于不同鸟类的差异特性。在昆虫中可见建筑工程的神奇实例：事实上，蜂房是由完美几何体构成的宫殿，整个蜂群为让下一代安居乐业而同心协力造房子。还有不太醒目却非常有趣的实例：蜘蛛本身是杰出的建筑师，它会织成宽大的网，以捉住入侵的敌人。突然，蜘蛛彻底改变了工作，它忘记了自己的敌人和自己的需要，开始缝制一个小口袋，是用精细、缜密的丝织成的全新口袋。口袋是不透水的，通常是双层的，从而保障蜘蛛在寒冷、潮湿的地方有个绝对安全的庇护所，各种各样的蜘蛛通常生活在那种恶劣气候环境中。因此，这是气候所要求的真正智慧。蜘蛛在这小口袋里产卵并保障其安全。然而，令人称奇的是蜘蛛强烈地喜欢这个小袋，根据实验室的观察，这种浑身发黏的灰蜘蛛没有心脏，但当它发现小袋破损或毁坏时，面对这悲惨一幕，它会立即痛苦而亡。事实上，人们发现蜘蛛如此依恋"其建筑"，仿佛"该建筑"成为其身体的一部分。因此，它爱小袋，而不爱卵，也不爱从卵孵化出的活体小蜘蛛。本能让这位蜘蛛妈妈为物种从事一件工作，却没有真正把物种活体作为其工作的直接对象。由此可见，存在一种"没有对象的本能"，它不可遏止地在活动，表明服从内在命令，去从事不可或缺的工作，并爱上工作的成果。

还有一些蝴蝶，它们整个一生都吸食花蜜，它们不被其他东西所吸引，也不了解其他食物。然而，到了产卵时刻，它们从不把卵产在花上。它们接受另外的指令；它们改变属于个体的进食本能，它们被指引到一个不同的环境、一个适应幼虫的环境。然而，这只蝴蝶并不了解幼虫及其食物。蝴蝶自身携带自然的命令，这一命令与自身无关。七星瓢虫和类似昆虫从不把卵产在叶片（幼虫的食物）上端，而是产在叶片下端，为了保护产下的卵。大量昆虫也有类似"睿智的反思"，它们从未以植物作为食物，但为了后代的营养而选择了植物。因此，它们在"理论上"认识其子女的理想食物，并且预见到雨水和阳光的危险。

成年生物肩负保护新生命的使命，从而改变自己的特性并自我改造，此时制约其生命的通常规律仿佛不起作用，期待一个伟大自然事件的出现。

存在创造的奇迹。于是，这些生物超越生存活动，可以说进行围绕这一奇迹的仪式活动。

事实上，自然界最神奇的奇迹之一是，新生儿完全没有经验，由于在"敏感期"得到部分本能的帮助，从而具有在外在世界中辨别方向和捍卫自己的能力。这些本能是向导，引导新生儿克服连续不断的困难，并且时时用不可遏止的冲力让他们朝气蓬勃。显然，自然界没有给予成人如同新生儿享有的保护。自然界有自己的向导，并且严厉地警戒，以便让人们服从。成人只应在保护物种主导本能活动的限度内合作。在多数情况下，正如鱼和昆虫所显现那样，生物成体和幼体的两种指导本能分别地、独立地起作用，即是说父母和子女在生活中没有相遇。在高级动物中，这两种本能和谐地合作，在母性主导本能和新生儿"敏感期"一致时，在父母和子女之间产生有意识的爱，或者产生这种母系关系，这种关系扩展到整个组织起的社会中，由社会负责照料种族新成员（正如在蜜蜂、蚂蚁等群居的昆虫中所发生的那样）。

爱和牺牲不是保护物种的原因。相反，物种得以保护是主导本能的结果。主导本能在伟大的生命创造实验室里深深扎根，并关系到所有物种的生存。

情感有利于成人完成对下一代肩负的使命，并且让他们在一丝不苟地服从自然的命令时感受到特殊快乐。

如果人们想用一句话概括成人世界，可以说这个世界的规律会周期性地出现偏离，那些是自然界最醒目的规律，因此被视为绝对和不可触动的。然而，这些不可触动的规律被违反，变得无用了，它们仿佛给更高级的东西让位，在反对这些规律的事实面前低头，也就是为了依从利于物种年幼生命的新规律而中止。于是，某些自然规律的中止让生命延续并永恒存在。

现在，我们可以发问：人是如何参与这些自然规律？说人在最高综合中，把较低生物的自然现象包含于身；人重现它们并超越它们。此外，由于智慧的优点，人给它们披上由想象、情感和艺术织成的精神外衣，从而更加耀眼。

然而，在人类中两种不同生命（成人生命和儿童生命）如何陈述，在何种崇高外表下显现？其实，这两种生命形式并非显而易见。如果我们到人类世界里探寻，我们应当说在这一世界里发现了斗争，为适应而努力，对内在生活的忧虑。在人类世界所发生的一切都集中于征服和

## 童年的秘密

生产，仿佛没有其他值得考虑的东西。人的力量相互抵触并在竞争中被耗尽。如果成人思考儿童，就会按自己的生活逻辑，把他们视为异己和无用者，让他们远离自己；或者应用称作教育的东西，努力把他们吸引到成人生活的实际范围内。成人的行为就像蝴蝶（如果可能的话），弄破幼虫的硬茧，激励它飞。或者如青蛙，把蝌蚪拉出水域，急切地让它用肺呼吸，并让它把青蛙不喜欢的黑色变成绿色。

成人对待自己的子女差不多就是这样。在儿童面前，成人炫耀自己的完美、自己的成熟、自己的历史性榜样，要求儿童模仿自己。成人绝对没有思考，因为儿童的特性和成人截然不同，因此必须为他们准备好适宜的环境和生活方式。

人是高级、进化、睿智的生物，是环境的统治者、拥有充分能力者、在工作能力上其他生物望尘莫及者，怎样解释竟然有如此错误的认识？

成人作为建筑师、生产者、环境改造者，对待自己的儿童还不如蜜蜂，还不如昆虫，还不如任何其他动物。

人类怎么可能完全缺乏这种生命的最高和最本质的主导本能呢？面对普遍生命的最令人震惊现象，人类真正视而不见、无动于衷吗？要知道物种的生存取决于这一现象。

人类应当并行不悖地感受到其他生物的感受，由于在自然界中一切都在改变，但什么都未被破坏，尤其主导宇宙的能量没有被破坏，即使这些能量偏离自己的对象。作为建设者的成人，在哪儿为儿童建造一个安乐窝呢？在这一建筑作品中，成人应当展现自己的高超艺术，它不被任何外在要求所污染，也不与任何外在要求相一致。在那个地方，慷慨的爱心可以转化为不用于生产的财富。在那里，成人感到必须抛弃习惯的行为方式；在那里，成人感觉到斗争不是生活的本质所在；在那里，成人认识到深刻的真理：战胜他人不是生存的秘诀；在那里，忘我催人奋进、让人生机勃勃。不存在一个地方，在那里心灵渴望粉碎把它束缚在外部世界上的铁的规律？不存在对奇迹的苦苦追寻，求助奇迹以继续生命的急切需要？不存在对超越个体生命并达到永恒的东西的追求？沿着这条道路就可以获得拯救。人感到必须放弃苦思冥想，并准备相信。

当成人的孩子诞生时，所有这些情感都应当在他们那里产生，就像所有其他生命一样，中止自己的规律，牺牲自身，为了促进生命走向永恒。

确实，存在这样的地方，在那里人们不再感到需要征服，而感到需要净化和纯洁，从而渴望淳朴和和平。在那种纯洁的和平中，人们尝试革新生活，几乎是从压迫者世界中复活。

确实，在人类中应当存在伟大的情感，它们和通常生活的情感截然不同，甚至针锋相对。这些情感就像神圣的声音，没有任何力量能够压制它。它呼唤人们，号召人们聚集在儿童身旁。

# 四十六 作为教师 的儿童

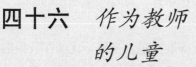

　　发现人的主导本能是当代深入研究的主要课题之一。我们从零开始这一研究，并作出我们自己的贡献。一个新研究领域被开辟，迄今取得的成果证明此种本能的存在，并且初步指出研究的方法。

　　只有在正常儿童中才能进行此种研究，这些儿童必须自由地生活在适宜其发展需要的环境中。在这种情况下，一种新的人性清晰地显现，从而其正常特征作为无可争议的事实被普遍接受。

　　数不胜数的经验证明一个对两个不同领域——教育领域和人的社会组织领域都重要的真理。显然，如果人们的性质和已知的不同，那么他们的社会组织也应不同，而教育能向我们指出让成人社会正常化的方法。这种社会改革不能取决于某些组织者的观念或力量；但通过改革，一个新世界——儿童和少年世界在旧世界中缓慢却稳固地脱颖而出。从这个新世界，慢慢显现出社会正常生活所不可或缺的自然指令。如下假设或希望荒谬绝伦：观念更新或个人努力能够填补由于压迫儿童而在世界中形成的巨大空白。

　　只要儿童未能按自然指令发展，从而发生不可弥补的畸变，随着长大日益不正常，就没有什么灵丹妙药能医治畸变的病痛。

　　这种不为人知的帮助人类的能量潜藏于儿童身上。

　　现在，到了 nosce te ipsum① 的时候了，这句格言是所有生物科学

---

　　① 拉丁文，含义是"让他认识你本人"。

的出发点，它们通过现代医学和卫生学，为极大改善人的身体健康作出贡献，实现了较高的文明。

然而，对人的心理领域尚未认识。对人的身体的初步研究，通过人体解剖研究得以实现。对人的心理的初步研究，通过对新生儿的研究得以实现。我本人对此有亲身体验。

没有上述基本考察，似乎不可能开辟通向进步之路，比如在我们的文明中人类生存之路；似乎所有社会问题都得不到解决，同样，现代科学教育学的有关问题也得不到解决，因为教育的完善只有一个基础——儿童的正常化。

对成人也应采用相同方法，对成人来说，只存在一个问题：认识你本人，即认识引导人心理发展的隐秘规律。但这一问题已经被儿童用切实可行的方法解决了，除此之外，看不到任何解救办法。由于发生畸变的人们渴望获得权力和权威，能够占有各种美好东西，于是，这些美好东西在能被采用之前，就被摧毁了，变成对人类生活构成危险的东西。因此，一切美好东西，比如进步和发现，都能助纣为虐、损害世界。正如机器这种明显的社会进步造成的负面影响一样。任何能够促进提高和进步的发明，很容易用于战争、破坏和财富集中。物理学、化学和生物学的进步，交通工具的完善，正在加大破坏、贫困和野蛮势力得逞的危险。因此，除非人们公认人的正常化是社会生活的基本成就，就不应对外在世界抱任何希望。只有实现这一点，外在进步才能带来福祉和更完美的文明形式。

因此，我们应当把儿童视为我们未来生活的命运。无论谁想给社会带来福祉，都必须尊重和激励儿童，不仅保护他们不致畸变，而且为了认识我们生命的真正秘密。从这种观点出发，儿童的形象变得高大和神秘。我们应当沉思儿童的这一形象，因为儿童自身蕴含着人性的秘密，从而儿童成为我们的教师。

# 四十七　父母的使命

　　父母不是儿童的塑造者，而是儿童的监护人。父母应当保护儿童，并应满怀深厚感情关爱儿童，就像一个肩负神圣使命的人那样，超越外在生活的利益和打算。父母是超自然的监护人，正如宗教所说的护卫天使，他们直接来自天国，比任何人类权威都要强大，并且和儿童结成牢不可破的关系（即使并不醒目）。为了完成这一使命，父母应当净化心灵，保持自然授予的爱心纯洁，并认识到这种爱是深厚情感的有意识表现，不应被自私自利和心灰意冷所玷污。父母应当理解并把握今天提出的社会问题：为争取承认儿童在世界中的权利而斗争。近年来，人们大谈特谈人权，尤其是劳动者的权利，而现在是谈论儿童的社会权利的时候了。由于人类只能依靠人类劳动而生存，劳动者社会问题对社会改革至关重要。因此，全人类的物质存在取决于这一问题。然而，如果工人生产人们的消费品，并在外在世界里从事创造活动，那么儿童则生产人类本身，因此儿童的权利更要求社会改革。显然，社会应当毫不吝惜地给予儿童最完善、最睿智的照料，从而为了未来人类，从儿童那里获取更大力量和潜能。

　　忽略或忘记儿童的权利，打扰或损害他们，仍不了解他们的价值、能力和天性，这些错误行为必将引起人类的强烈反应。

# 四十八  儿童的权利

　　直至不久前，或更确切地说，直至 20 世纪初，社会对儿童漠不关心。社会对他们一无所知，完全托付给家庭照管。他们所拥有的唯一保护是父亲的权威，这是上溯两千年前罗马法的遗风。在如此漫长的时期，从利于成人的法律角度看，文明取得可观的进步，却完全缺乏对儿童的社会保护。儿童只得到其出生家庭提供的物质、道德和智慧上的帮助。如果孩子出生在没有财力的家庭，他必然生活在物质、道德和智慧的贫乏之中，社会没有感到对儿童负有任何责任。迄今，社会并不要求家庭为即将出生的孩子做任何准备或保证。国家在拟定官方文件时如此缜密，对繁文缛节如此热衷，对规范社会责任细微部分如此擅长，却毫不关心了解未来父母的能力，也不关心保护儿童健康成长，更没有给予未来父母合适的教育和培训。

　　谁要组建一个家庭，只需到国家民政机构登记，并履行规定的唯一责任：举行结婚典礼。除此之外，可以断言，早从悠远时代社会对肩负塑造人类使命的"小工人"漠不关心。同造福成人的不断进步相比，儿童一直处于被遗忘和被放逐的境地。

　　他们可能沦为牺牲品，但社会对此毫无察觉，大约 50 年前，当医学开始关注儿童时，科学才承认他们是赎罪的牺牲品。在那时，他们被抛弃的程度比现在更严重：没有专业的儿科医生，更没有儿童医院。当统计数字揭示一岁以下婴儿死亡率较高时，这才引起人们的重视。此

# 童年的秘密

时，人们才发现，即使一个家庭出生很多孩子，但能够存活下来的很少。婴儿死亡似乎很自然，家庭已经习以为常，普遍确信那些孩子实际没有死，而是升入天堂，是一种真正的精神准备，以便被上帝招募为天使，上帝希望他们围在自己身旁。众多儿童死亡，是由无知和缺乏照料造成的，这种现象被称作"正常屠杀儿童"。

这一事实被揭示后，迅速掀起宣传运动，让人们的良心萌生新责任感。人们断言，父母仅给子女生命是不够的，还有义务运用科学指导的手段拯救那些小生命，父母应当接受儿童卫生学的必要教育，应为儿童提供新条件。

然而，儿童不仅在家庭里受折磨；科学观察揭示他们在学校里也受折磨。这发生在 19 世纪最后 10 年，在那时医学发现并研究工人在劳动中所患的疾病，形成劳动卫生学的雏形，奠定为改善劳动者条件而斗争的坚实基础。那时，人们承认除缺乏卫生条件导致的传染病外，儿童还受到其工作引起的疾病。

儿童在学校被迫接受社会强加的痛苦，在读书和写字时长时间趴在课桌上，造成胸腔狭窄和肺结核病；由于那种强迫姿势，造成脊柱弯曲；由于在光线不足情况下用眼，造成近视眼；最终，由于长期待在狭窄、拥挤的地方，整个身体变形并痛苦不堪。

然而，儿童不仅肉体受折磨，精神上也受折磨。由于学习负担重，儿童时而厌烦时而胆怯，他们筋疲力尽，神经系统衰弱。他们受到各种伤害，灰心丧气、郁郁寡欢、染上恶习、缺乏自信，没有童年的欢乐。

家庭对这种状况一无所知，只关注儿童的考试成绩，尽快地结束学业，从而节省时间和金钱。家庭并不关心教育本身和提高儿童文化素养，只关注回应社会呼吁，肩负的外在义务和花费金钱。至关重要的是，让儿童用尽可能短的时间"拥有"一张社会通行证。

在那个时代，对学校所做调查揭示的事实触目惊心：许多儿童由于劳动，到校后精疲力竭。在上学前，有的孩子为订户送牛奶已走数里路，有的孩子在街头卖报纸，有的孩子在家里干活，这样，他们到学校后，又困又饿，只想休息。这些不幸的孩子，由于注意力不集中，听不懂教师讲课的内容，往往受到惩罚。教师出于责任心，更多为维护自己的权威，忧心忡忡，企图通过责备引起他们的兴趣，或用威胁手段迫使他们服从。由于他们缺乏活力、意志薄弱，教师常常当着同学的面羞辱他们。这样，那些不幸的孩子度日如年：在家庭受剥削，在学校受惩罚。

这些早期调查揭示出许多不公正事实，引起社会真正的反应，从而加速学校及其规章制度的改革。于是，一门新的重要的医学分支——学校卫生学诞生了，它在各文明国家所有公立学校对儿童起着某种保护和救助作用。今天，医生和教师联手为学生的健康服务，这是对全人类未意识到的古老错误的首次纠正，是对儿童进行社会拯救迈出的第一步。

如果我们回溯过去，在这值得庆幸的觉醒之前，在整个历史长河中，没有发现任何承认儿童权利的明显事实，或任何认识他们重要性的可靠根据。然而，基督为了让成人从盲目中清醒、振作，并为他们指明通向天国的道路，手指儿童说道："如果你们不改变，不变得像孩子一样，你们将进不了天国。"但是，成人执迷不悟，继续只关注让儿童改变，毛遂自荐——给儿童做完美榜样。成人这种可怕的盲目性简直不可救药。这是人类心灵的秘密之一。这种盲目性就像人类本身，是一种普遍的、古老的现象。

事实上，在全部教育的抱负中，在从古至今的全部教育学中，教育总是惩罚的同义词，教育的目的就是让儿童服从成人，成人替天行道，把自己的目的及意志和生命规律相提并论。《圣经》在所罗门的箴言中指出："对你们的子女不要节省棍棒。"因为节省棍棒就意味着恨他们的子女，即把他们的子女打入地狱。

过去的几千年，情况没有大的改变。在不同国家惩罚孩子的方法也不同。在寄宿学校通常有非常独特的惩罚办法：将"驴耳朵"放在学童头上；学童胸前悬挂写有污辱性语言的牌子；把学童绑在柱子上，让每个过路人嘲笑和辱骂。还有真正的体罚：让学童面对教室墙角罚站，从而让他什么也看不见，感到又劳累又厌烦。

更严重的惩罚是让儿童裸露膝盖跪在地板上，或者公开地被拳打脚

## 童年的秘密

踢，甚至鞭打。根据家庭和学校联手教育的理想原则，现在对儿童的压迫更加严酷：学校和家庭结成组织，一起惩罚和折磨儿童。孩子在学校受惩罚，回家后必须告知家长，为了让家长和教师一起责备和惩罚孩子；其后，孩子必须带着家长签名上学，以证明家长看过通知单。从而，家长知道孩子被惩罚，按照教育原则，也加入迫害孩子的队伍。

在这种情况下，儿童不可能自卫。儿童能向哪个法庭上诉，正如犯有任何罪行的罪犯应当享有的权利？对儿童来说，不存在任何上诉法庭。

对儿童来说，作为慰藉和庇护的爱又在何处？不存在这种爱。学校和家庭在惩罚儿童上达成协议。因为不这样做，惩罚就不会产生相当的教育效果。

然而，家庭不需要学校提醒来惩罚孩子。近期关于家庭惩罚孩子的研究（由国联附属教育研究所进行的一项研究）报告业已证实，直至今天没有一个国家的儿童未在家庭受惩罚。惩罚方式包括：大声呵斥、辱骂、扇耳光、黑屋"禁闭"（以吓唬他们）；甚至以更可怕的惩罚相威胁；被禁止和其他小朋友玩，不给糖果或水果吃，这是他们不知不觉遭受众多折磨后的唯一慰藉、唯一补偿。最终，家庭的惩罚加上禁食，尤其在晚上，家长对孩子说："快上床，没晚饭！"

虽然在文明和有觉悟的家庭，惩罚做法正在迅速消失，但举止粗鲁、大声训斥和威胁，仍是成人对待儿童的通常态度。人们认为惩罚孩子是成人的自然权利，母亲坚信扇孩子耳光是一种责任。

然而，对成人的体罚业已取消，因为它们损害人的尊严，是社会的耻辱。但是，还有比打骂孩子更粗野的行为吗？

显然，人的良心泯灭——沉睡不醒。

文明的进步并不取决于个人进步，也不起因于人类心灵的热情火焰，而是内在力量驱动的难以觉察机器的运转。这种驱动力，正如巨大的非个人力量，源于环境，源于整个社会及其无法逃避的作用。文明勇往直前，永不停步。

社会就像朝着一个遥远目标飞速行驶的列车，而作为社会成员的个人就像在车厢内睡熟的旅客。他们沉睡——良心泯灭，这是接受生命帮助、拯救真理的最大障碍。

如果不是这样，世界将进步得更快，将不存在交通工具日益加快的速度和人类精神日益僵化之间的危险冲突。在任何促使集体进步的社会运动中，走出最困难的一步，是唤醒沉睡、冷漠的人类，迫使人类倾听呼唤的声音。今天，绝对需要全社会记住儿童，记住儿童的重要性，必须紧急行动把他们从巨大危险深渊中解救出来，他们正躺在那里。我们一定让这一深渊消失，通过承认儿童的社会权利建设一个适合儿童的环境。社会所犯的最大罪恶是，把本应培养孩子的钱花在破坏他们或让他们意志消沉上。社会对待儿童就像一个监护人，大肆挥霍不属于自己、而属于受保护者的遗产。成人把钱花掉，并建造自己需要的东西，显然大部分财富应当用于儿童。这个真理存在于生命本身。动物，甚至最卑微的昆虫都证明了这一点。为什么蚂蚁要储存食物？为什么飞鸟要寻找食物并带到鸟巢里？在自然界，没有一种成年动物吞咽所有食物，却让自己的后代一贫如洗。

人们为儿童没有做任何事情，仅让他们维持身体的植物性生命。当挥霍浪费的社会特别需要钱时，就从学校里取钱，尤其从幼儿园和小学校取钱，那里本是生命幼芽的庇护所，却没有保护儿童的正义声音。这是人类最卑鄙的罪行和最荒谬的错误。社会甚至没有发现，当使用这些金钱制造破坏性工具时，造成双重的毁灭：屠杀生命的毁灭，不允许生命成长的毁灭。这两种毁灭是同一个过失，恰恰由于没有确保生命的正常发展，从而人以非正常方式发展。

其后，成人必须重新组织起来，不是为了自身，这次，是为了自己的子女；这次，他们以行使权利的名义大声疾呼，以前习惯性盲目让他们对这种权利视而不见，但一旦他们认识到这一权利，就无可置疑地拥有。如果社会是儿童不忠诚的监护人，就应当把其财产归还给儿童，还儿童以正义。

父母肩负的使命至关重要：他们独自能够并必须拯救其子女，因为他们拥有组织社会的手段，从而也拥有在社会生活中实际行动的手段。他们的意识应当理解大自然交付给他们的使命的重要性。这一使命将他

## 童年的秘密

们置于社会的首位，鉴于他们的手中有着人类的未来——生命，这就让他们决定所有具体的形势。如果他们不这样做，其行为举止就如同彼拉多。

彼拉多本来能够救耶稣，但他没有这样做。民众受古老偏见的教唆，抓住现行法律和习俗不放，定要救世主的命，彼拉多优柔寡断，没有积极反对。

"我应当怎么做，如果这些都是通行的习俗？"他这样思忖。

他去洗手。

他有能力说："不，我不愿意！"但他一言不发。

面对社会习俗，今天的父母所作所为类似彼拉多，这些习俗强大无比，仿佛铁的必然性。

这样，造成儿童的社会悲剧。社会对任何责任都麻木不仁，把儿童抛弃给家庭照料，而家庭反过来又把他们交还给社会，社会又把他们放逐到学校。

这样，儿童重现耶稣的悲惨命运，依照希律的命令，耶稣被押解到彼拉多那里，在两个强者之间被踢来踢去，两人都愿意把责任推给对方。

没有任何捍卫儿童的呼声，即使有一个声音应当捍卫他们，那是血缘的声音，那声音代表生命力：父母的权威。

当父母的良心发现，他们就不会如彼拉多那样行事：彼拉多为了保卫救世主，否定其神性，让士兵鞭打他并首先侮辱他，说道："请视此人。"

这一事实作为历史被记录在案，作为基督受难的第一个插曲，当然不是为了保护他。


### 请视此人！

儿童将如基督那样受难。

然而，一切开始于那个"请视此人"。这里，人自身未蕴含上帝，他的价值尽失，于是他已经受到能够捍卫他的更高权威的羞辱和鞭打。

其后，他被人群和社会权威拖走。

学校是让儿童悲痛欲绝的地方。那些巨大建筑物仿佛是为成人修建的。那里的一切，窗户、门、长走廊、光秃乏味的教室，都按成人身材确定。在学校里，一代代的儿童在整个童年身着黑色校服，仿佛真正的孝服。家庭抛弃他们，把他们留在学校的大门前。事实上，那门就是界限，把两个领域、两种责任截然分开。哭哭啼啼的儿童，毫无希望，以害怕和压抑的心绪，似乎读出门上但丁的诗句："我进入痛苦的城市……"在城市里居住着迷途的人们、被神圣恩典所抛弃的人们！

一个严厉的声音威胁他们，要和许多素不相识的同学一起进校门。他们全都被视为应受惩罚的坏孩子。

"你们要倒霉，捣蛋鬼！"

他们应当去哪儿？

去下达命令、指挥他们的人愿意他们去的地方。他们已经被分类，有人像弥诺斯①那样行事，把尾巴缠绕在身，他指出受诅咒灵魂要去地狱：一层、二层、三层或四层，在那儿受永恒惩罚，并不可能逃出。

一旦进入指定的地方，女教师就关上门。从那一时刻开始，她就成为主人和主宰，她将命令那些小生灵，这里没有证人，也不能上诉。

家庭和社会把儿童交给其权威。人们把令人怜爱的种子留给风，种子随风飘荡落在地上。孩子娇嫩、颤抖的四肢被固定在课桌上三个小时，一个又一个三小时，数天，数月，数年，他们极端痛苦。

就这样，儿童在严厉目光的监视下，四肢被迫一动不动，就像耶稣的身体被钉在十字架上一动不动一样。教师的观念靠强力或以认为更好的方式，灌输给那些渴望知识和真理的头脑，渗透到被屈从、被羞辱的小脑袋，它们仿佛戴着用荆棘编成的冠冕，淌着鲜血。

那些充满爱意的心灵被不了解的世界刺伤，就像被利剑刺伤一样。儿童感到供他们解渴的文化"琼浆玉液"是苦涩的。

---

① 弥诺斯（Minosse），古希腊神话人物，宙斯和欧罗巴之子。他在死后成为冥国的判官。

**童年的秘密**

　　为埋葬其不可能生活在众多诡计中灵魂的坟墓已经准备好，当其灵魂一旦被埋葬，众多卫兵守卫，防止其灵魂复活。

　　然而，儿童总要走出坟墓并重返人间，面带微笑、朝气蓬勃地生活在世上。

　　正如爱默生所说，儿童是永恒的救世主，总要返回堕落的人们之中，以引导他们到天国。

责任编辑：张伟珍
封面设计：王春峥
责任校对：周　昕

**图书在版编目（CIP）数据**

家庭中的儿童　童年的秘密／［意］蒙台梭利（Montessori, M.）著；
　田时纲 译．- 北京：人民出版社，2014.2（2022.8 重印）
　（蒙台梭利文集；3）
ISBN 978－7－01－012696－8

I. ①家…　II. ①蒙…　②田…　III. ①儿童教育－家庭教育　IV. ① G78
中国版本图书馆 CIP 数据核字（2013）第 242253 号

**蒙台梭利文集**
MENGTAISUOLI WENJI
第三卷
家庭中的儿童　童年的秘密

［意］蒙台梭利　著　田时纲　译

**人 民 出 版 社** 出版发行
（100706　北京市东城区隆福寺街 99 号）

北京汇林印务有限公司印刷　新华书店经销

2014 年 2 月第 1 版　2022 年 8 月北京第 3 次印刷
开本：710 毫米 × 1000 毫米 1/16　印张：18.75
字数：270 千字　印数：7,001－8,500 册

ISBN 978－7－01－012696－8　定价：48.00 元

邮购地址 100706　北京市东城区隆福寺街 99 号
人民东方图书销售中心　电话（010）65250042　65289539